मेटावर्स से आर्टिफिशियल इंटेलिजेंस तक

तकनीक

तेरे कितने आयाम

मेटावर्स से आर्टिफिशियल इंटेलिजेंस तक

तकनीक
तेरे कितने आयाम

बालेन्दु शर्मा दाधीच

प्र
प्रभात
प्रकाशन

प्रकाशक • **प्रभात प्रकाशन प्रा. लि.**
4/19 आसफ अली रोड,
नई दिल्ली–110002

संस्करण • 2026
मूल्य • छह सौ रुपए
मुद्रक • नरुला प्रिंटर्स, दिल्ली

TAKNEEK TERE KITANE AAYAAM
by Shri Balendu Sharma Dadhich ₹ 600.00
Published by Prabhat Prakashan Pvt. Ltd., 4/19 Asaf Ali Road, New Delhi-2
e-mail: prabhatbooks@gmail.com ISBN 978-93-5562-037-8

मेरी बहनों और भाई को—

पुष्पा शर्मा *(मथुरा)*, ***प्रमिला जोशी*** *(जयपुर)*,
मधु व्यास *(जयपुर)*, ***सुधीर दाधीच*** *(वापी, गुजरात)*
और ***मीनाक्षी दाधीच*** *(पुणे)*

भूमिका

प्रिय पाठक,

इस पुस्तक का उद्देश्य बहुत सरल है, इसकी सरल भाषा की ही तरह कि प्रौद्योगिकी की दुनिया में जो कुछ नया, महत्त्वपूर्ण और अनोखा हो रहा है, उससे हिंदी पाठकों को भी परिचित कराया जाए। विज्ञान और प्रौद्योगिकी के क्षेत्र में हिंदी में पाठ्यपुस्तकों के इतर बहुत कम लिखा जाता है और छपता है। जो काम होता भी है, वह सामान्य पाठक के साथ कम सामंजस्य बना पाता है, क्योंकि बीच में भाषा की दुरूहता और अभिव्यक्ति की जटिलता जैसी दीवारें खड़ी हो जाती हैं। यह पुस्तक प्रौद्योगिकी की नवीनतम अवधारणाओं को आम बोलचाल की भाषा में बताने का प्रयास करती है, यह मान कर कि विज्ञान और प्रौद्योगिकी के साथ पहले से पाठक का कोई विशेष संबंध नहीं है।

भारत के लोगों के बीच विज्ञान और प्रौद्योगिकी के पक्ष में मानस का निर्माण जरूरी है ताकि हम इनसे दूरी बनाने की बजाय इनके करीब जाएँ और इन्हें समझने की कोशिश करें। ऐसा होगा तो हमारी सोच में वैज्ञानिकता, तार्किकता तथा तथ्यात्मकता आएगी और हमें नवाचार की तरफ जाने की स्वाभाविक प्रेरणा मिलेगी। वैज्ञानिक दृष्टि से जागरूक, ज्ञान-संपन्न समाज का निर्माण हमारे हित में है और वास्तविक अर्थों में भारत को वैश्विक स्तर पर बड़ी शक्ति के रूप में स्थापित करने की दिशा में एक अनिवार्यता है। जिन देशों ने विज्ञान, प्रौद्योगिकी, नवाचार और उद्यमिता को बढ़ावा दिया है, वे आर्थिक दृष्टि से आगे हैं और वहाँ के लोग ज्यादा खुशहाल हैं। जिन देशों की सोच इनसे इतर रही, वे वैचारिक स्तर पर ही नहीं, बल्कि आर्थिक, राजनीतिक, सैन्य तथा सामाजिक स्तर पर भी पिछड़ गए।

हमारा देश बदलाव के मुहाने पर खड़ा है और इस समय हमें विज्ञान, प्रौद्योगिकी, नवाचार और उद्यमिता को एक क्रांति का रूप देने की जरूरत है। उस

क्रम में सही सूचनाओं की भूमिका महत्त्वपूर्ण हो जाती है, जो इन क्षेत्रों से संबंध रखनेवाले लोगों को जुटानी तथा प्रस्तुत करनी होंगी। यह पुस्तक उसी दिशा में एक छोटा प्रयास है।

पुस्तक में प्रस्तुत अनेक लेख पत्र-पत्रिकाओं में प्रकाशित हुए हैं; बहुत से लेख इसी पुस्तक के लिए खासतौर पर लिखे गए हैं। मैं 'दैनिक जागरण', 'दैनिक भास्कर', 'नवभारत टाइम्स', 'जनसत्ता', 'अमर उजाला', 'प्रभात खबर', 'राजस्थान पत्रिका' और 'साहित्य अमृत', जैसे उन पत्र-पत्रिकाओं का आभार प्रकट करना चाहूँगा, उन्होंने मुझे अपने यहाँ लिखने का अवसर दिया। अखबारों में लिखने का एक फायदा तो यह है कि आप ज्यादा-से-ज्यादा पाठकों तक पहुँच पाते हैं और दूसरा लाभ यह कि आप सदैव समसामयिक विषयों की चर्चा करते हैं।

पुस्तक के प्रकाशक का विशेष धन्यवाद, जिन्होंने न सिर्फ यह पुस्तक तैयार करने के लिए प्रोत्साहित किया, बल्कि मुझे अपना काम समय पर पूरा करने के लिए स्नेहपूर्वक टोकते भी रहे, ताकि यह पुस्तक हमारी चर्चाओं तक ही सीमित न रह जाए। अपने कामकाज के लिए अकसर मुझे परिवार के समय में से वक्त चुराना पड़ता है। इसके लिए मुझे सहर्ष छूट देनेवाले अपने परिजनों—मेरी अम्मा श्रीमती गंगा शर्मा, पत्नी चंदा और पुत्रों सार्थक व शाश्वत—को धन्यवाद देने का भी यह सही अवसर है।

15 जून, 2022

—बालेन्दु शर्मा दाधीच

गुरुग्राम

अनुक्रम

भूमिका 7

1. मेटावर्स : इंटरनेट पर हमारी जैसी ही एक वर्चुअल दुनिया 13
2. वॉयस टाइपिंग भूल जाइए, अब कीजिए नजरों से टाइप 16
3. कंप्यूटर ने बनाई पेंटिंग तो कलाकारों ने भी माना लोहा 19
4. ब्लॉकचेन है भविष्य की लेन-देन प्रणाली 22
5. फोल्डिंग स्मार्टफोन है कंप्यूटर का भविष्य? 26
6. डीप फेक : अब वीडियो भी नकली! 29
7. अपने आप चलनेवाली कारें और कुछ धर्मसंकट 32
8. हाइपरलूप : हवाई यात्रा से भी तेज, रेल यात्रा से भी सस्ते! 35
9. जब तकनीक बन जाती है आपकी आभासी नजर 38
10. कंप्यूटर, टी.वी. और मशीनें : बस सोचा और हो गया! 41
11. उपग्रह से मिलेगा फ्री इंटरनेट, मगर आप लेंगे? 44
12. अगर हार्ट अटैक के पाँच साल पहले ही खबर मिल जाए 47
13. अंग खराब? बायोप्रिंटर से नया बना लीजिए! 50
14. कभी हाव-भाव, तो कभी आवाज से चौंकाते मशीनी न्यूजरीडर 53
15. और अब मशीन लिख रही खबरें 56
16. शतरंज का महामुकाबला : इधर भी कंप्यूटर, उधर भी कंप्यूटर! 59

17. कहीं आपका चार्जर ही लैपटॉप को हैक करने में न लगा हो! 62
18. डिजिटल डिटॉक्स यानी गैजेट्स की गुलामी से आजादी 65
19. क्या मैक कंप्यूटरों में वायरस नहीं आते? 68
20. वह ऑनलाइन जॉब ऑफर कहीं कोई फंदा तो नहीं? 71
21. फेक न्यूज का सिलसिला कहाँ जाकर थमेगा? 74
22. ऑनलाइन जालसाजी की नई चुनौती है स्पियर फिशिंग 79
23. जब प्राइवेसी हो प्यारी तो इ-मेल भी हो न्यारी 82
24. क्या मशीनें चख सकती हैं? जहर भी? 86
25. पासवर्ड रहित दुनिया में आपका स्वागत है 89
26. वाईफाई के बाद अब लाईफाई : बल्ब जला और इंटरनेट हाजिर! 92
27. इंटरनेट ऑफ थिंग्स : क्रांतिकारी प्रौद्योगिकी, लेकिन आशंकाएँ भी कम नहीं 95
28. क्या महज खयाली पुलाव है ऑटोमैटिक शेयर ट्रेडिंग? 105
29. 5जी : फास्ट इंटरनेट के साथ कैंसर? 108
30. जब पड़ोस में बैठा सहकर्मी एक रोबोट होगा 111
31. क्या आपके पी.सी. को एंटी वायरस की जरूरत नहीं? 114
32. क्या आप अपने गैजेट्स की निगरानी में हैं? 117
33. ये जो गूगल है, ये सब जानता है! 120
34. शहरीकरण की गुत्थियों का जवाब स्मार्ट सिटी 125
35. श्श्श··· कोई देख रहा है! 136
36. जब हैकरों के आगे नतमस्तक हो जाती हैं सरकारें 141
37. हजारों करोड़ के अंतरिक्ष यान पर भारी प्रोग्रामिंग के एक अक्षर की गलती! 144
38. 3डी प्रिंटेड हार्ट के जमाने में कहाँ जाएगी दिल की बीमारी? 147

39. क्या आप अब भी सिर्फ सूचनाओं को सर्च करते हैं? 150
40. कौन ले गया आपकी मेमोरी : मोबाइल या इंटरनेट? 154
41. क्या कभी दिमाग की बराबरी कर सकेगा कंप्यूटर? 158
42. कब तक चलेंगी नोबेल पानेवाली लीथियम-आयन बैटरियाँ? 162
43. कंप्यूटर हैंग? रिबूट कर लो! मगर कब तक? 165
44. चीन का अपना ट्विटर है, अपना फेसबुक और अपना गूगल! 168
45. हजारों सुपर कंप्यूटरों पर भारी एक क्वांटम कंप्यूटर 172
46. कैसी सुरक्षा जब मिस्ड कॉल से हैक हो स्मार्टफोन! 175
47. कोई भी बना सकेगा ताकतवर सॉफ्टवेयर? 178
48. जिम्मेदार क्यों न बनें नागरिक, जब मददगार बनें एप्स? 180
49. मशीनों में भावनाएँ? 183
50. अब विशिंग या स्मिशिंग के जाल में मत फँस जाइएगा! 186
51. अगर रोबोट्स की नीयत बिगड़ गई तो? 189
52. डॉक्टर और मनोवैज्ञानिक की भूमिका में चैटबॉट्स 192
53. बिटकॉइन के बाद झड़ी लग गई वर्चुअल मुद्राओं की 195
54. इनसानों के बारे में जब बोले तो क्या बोले रोबोट? 198
55. इंटेलिजेंट असिस्टेंट समझते हैं हिंदी 201
56. काम करेगी आर्टिफिशियल इंटेलिजेंस, क्या करेंगे हम? 206
57. फोटो से ही बीमारी पहचान लेंगी मशीनें 211
58. 'बिग डाटा' है बेशकीमती 215
59. डॉ. कट एंड पेस्ट, पी-एच.डी. 219
60. डिजिटल दुनिया में आप कानूनन बेचे जा रहे हैं 223
61. तकनीक की इतनी जानकारी तो जरूरी है! 227
62. ट्विटर और कू : क्या करे आम आदमी? 237

मेटावर्स : इंटरनेट पर हमारी जैसी ही एक वर्चुअल दुनिया

इंटरनेट के शुरुआती दिनों में हमने यह नहीं सोचा था कि आगे चलकर इसपर पूरी-की-पूरी व्यावसायिक दुनिया खड़ी हो जाएगी, शिक्षा का ढाँचा खड़ा हो जाएगा और सरकारें भी उसके जरिए ही चलने लगेंगी। हमने नहीं सोचा था कि जो कुछ भौतिक दुनिया में हो रहा है, उसके लिए इंटरनेट पर भी अलग से कोई जगह पैदा हो जाएगी, जो अतिरिक्त होगी। कोई कंपनी हमारे आसपास अपने स्टोर से भी सामान बेच रही होगी और वही कंपनी इंटरनेट पर भी सामान बेच रही होगी, लेकिन ऐसा ही हुआ।

अब स्वागत है आपका इंटरनेट के भविष्य में, जब यह कहानी एक अविश्वसनीय लगनेवाले, तिलस्मी अंदाज में आगे बढ़ेगी। यह 'मेटावर्स' कहलाता है। आज इंटरनेट पर अनगिनत गतिविधियाँ चल रही हैं, अगर यही इंटरनेट पर जीती-जागती (सजीव) होकर आपके सामने आ जाएँ तो आपको कैसा लगेगा? जिस इ-कॉमर्स स्टोर में जाकर आप ऑर्डर करते हैं, वह आपको एक असली शॉपिंग मॉल जैसा दिखाई दे और आप उसके भीतर जाकर घूम-घूमकर, पसंद करके तथा चीजों को देख-भालकर खरीदारी कर सकें। आप किसी रेस्तराँ में जाकर दोस्तों के साथ पार्टी कर सकें या फिर किसी सिनेमाहॉल में बैठकर सिनेमा देख सकें। कल्पना कीजिए कि एक चश्मा लगाने के बाद या फिर एक खास किस्म का हैडसेट पहनने के बाद आपके सामने वैसी ही डिजिटल, वर्चुअल, आभासी या 3डी दुनिया साकार हो जाए, जैसी असली दुनिया में हम लोग इस समय हैं। एक फंतासी-सी महसूस होनेवाली वह वर्चुअल दुनिया ही मेटावर्स है।

आज मौजूद अनगिनत तकनीकों का इस्तेमाल करते हुए ऐसी आभासी

दुनिया तैयार की जा सकती है। इन तकनीकों में 3डी मॉडलिंग, होलोग्राम, क्लाउड कंप्यूटिंग, आर्टिफिशियल इंटेलिजेंस, वर्चुअल रियलिटी, 5जी, ब्लॉकचेन आदि शामिल हैं। ऐसी तमाम आधुनिक डिजिटल तकनीकों का इस्तेमाल करते हुए एक वर्चुअल दुनिया की परिकल्पना की गई है, जो मेटावर्स की शक्ल में हमारे सामने आएगी। उसमें प्रवेश के लिए एक डिजिटल उपकरण की जरूरत होगी और वह होगा एक खास किस्म का हैडसेट, जिसकी स्क्रीन पर मेटावर्स दिखाई देगा। इन चश्मों में माइक्रोसॉफ्ट के होलोलेंस और ऑक्यूलस के वर्चुअल रियलिटी हैडसेट को गिना जा सकता है, जो क्षमता में किसी बेहद शक्तिशाली कंप्यूटर से कम नहीं हैं, बल्कि उससे भी बहुत आगे बढ़कर हैं। इनकी स्क्रीनों पर जो कुछ आ रहा होता है, वह किसी 2डी वीडियो या एनिमेशन की तरह नहीं, बल्कि हकीकत जैसा ही दिखाई दे रहा होता है, जैसे—हम जैसे ही चलते-फिरते इनसान, इमारतें और दूसरी चीजें।

फेसबुक, माइक्रोसॉफ्ट, गूगल, एपिक गेम्स, एनवीडिया, यूनिटी, रोब्लॉक्स और ऑटोडेस्क जैसी कंपनियाँ मेटावर्स की परिकल्पना को सच बनाने में जुट गई हैं। फेसबुक ने तो अपना नाम ही बदलकर मेटा कर लिया है, जो यह दिखाता है कि वह मेटावर्स में मौजूद संभावनाओं को कितनी गंभीरता से लेकर चल रही है। फेसबुक ने 2014 में ऑक्यूलस हैडसेट बनानेवाली कंपनी का अधिग्रहण कर लिया था।

तो मेटावर्स में क्या कुछ हो सकेगा? वहाँ पर पूरी दुनिया खड़ी होनेवाली है। आप खुद भी एक 3डी वर्चुअल 'अवतार' की शक्ल में इसके नागरिक होंगे और फिर मेटावर्स में वर्चुअल कारोबार खुलेंगे, दफ्तर खुलेंगे, इमारतें बनेंगी, पार्क बनेंगे, सच कहूँ तो पूरे-के-पूरे शहर बननेवाले हैं। भीतर-ही-भीतर यात्राएँ होंगी। तरह-तरह के कामकाज के अवसर भी होंगे, जैसे आप वर्चुअल कक्षाएँ चला सकेंगे, खास किस्म के कपड़े डिजाइन करके बेच सकेंगे, मॉडलिंग कर सकेंगे, भाषण दे सकेंगे, वर्चुअल जमीनें बेच सकेंगे। वहाँ कमाया धन अपने असली बैंक खाते में जमा कर सकेंगे और वहीं पर खर्च भी कर सकेंगे, यानी कल्पना की कोई सीमा नहीं।

मेटावर्स की अपनी समस्याएँ भी होंगी, जिनमें प्राइवेसी और सुरक्षा से लेकर इसके इस्तेमाल की लत लग जाने और साइबर दादागीरी शामिल हैं। वर्चुअल दुनिया में वर्चुअल अपराध भी होंगे। लगातार वी.आर. हैडसेट्स के प्रयोग से सेहत की दिक्कतें भी आएँगी, लेकिन धीरे-धीरे हम इस दुनिया में ढल चुके होंगे।

वैसे मेटावर्स जैसी 3डी दुनिया कोई पूरी तरह से नई बात नहीं है। कई ऐसे डिजिटल गेम आज लोकप्रिय हो चुके हैं, जिन्हें आप दूसरे लोगों के साथ मिलकर खेलते हैं और उन गेमों के भीतर खुद ही मौजूद होते हैं, जैसे कि फोर्टनाइट। शायद आपने 'सेकंड लाइफ' के बारे में सुना हो, जो लंबे समय से इंटरनेट पर मौजूद है। यह भी एक तरह की आभासी दुनिया है, जिसमें आपका वर्चुअल अवतार एक आभासी दुनिया में विचरण कर रहा होता है, लेकिन सेकंड लाइफ एक 2डी दुनिया है, और वह भी बहुत सीमित। मेटावर्स की तो कोई सीमा ही नहीं, जिसे आने में अभी कुछ साल लगेंगे, लेकिन जो चंद हफ्तों में ही डिजिटल दुनिया की सबसे बड़ी चर्चा बन चुकी है।

□

वॉयस टाइपिंग भूल जाइए, अब कीजिए नजरों से टाइप

पहले आप की-बोर्ड पर उँगलियाँ चलाकर टाइप करते थे। उसके बाद ऑन-स्क्रीन की-बोर्ड आया, तो माउस के जरिए या फिर उँगलियों से टच करके टाइप करने लगे। फिर आया स्वाइप की-बोर्ड, जिसने आपको उँगलियों से टैप करने की मुश्किल से भी आजाद कर दिया। अब आप महज उँगलियों को एक कुंजी से दूसरी कुंजी तक फिराकर टाइप करने लगे। अंत में स्पीच टु टेक्स्ट की तकनीक आ गई, जिसने वही काम बोलकर करना संभव बना दिया। मोबाइल हो या क्लाउड, आप बोलिए, टेक्स्ट खुद-ब-खुद टाइप होता चला जाएगा। इसी बीच आपकी लिखावट को टाइप किए हुए टेक्स्ट में बदला जाने लगा। हाथ से लिखा और पलक झपकते ही वह टाइप किए हुए टेक्स्ट में तब्दील हो गया।

सचमुच इनसान को आगे-से-आगे चलकर कितनी सुविधा दी जा सकती है, इसकी कोई सीमा नहीं है। बोलकर टाइप करने की सुविधा से आगे आखिरकार तकनीक कहाँ तक जा सकती है? लेकिन सच्चाई यह है कि तकनीक हमारी कल्पना की उड़ान की तरह है। जहाँ हम आज पहुँचते हैं, कल वह उससे भी आगे जाने की क्षमता रखती है। सो अब आ गई है ऐसी तकनीक, जो स्पीच टु टेक्स्ट से भी ज्यादा आसान है और यह है, सिर्फ आँखों से देखकर टाइप करने की तकनीक।

जी हाँ, माइक्रोसॉफ्ट ने पर्सनल कंप्यूटरों के लिए आई-कंट्रोल नामक सुविधा का विकास किया है, जो आपको अपनी आँखों से ही टाइप करने की सुविधा देती है, लेकिन यह सुविधा महज टाइपिंग तक सीमित नहीं है। असल में आप अपनी आँखों से ऐसा ज्यादातर काम कर सकते हैं, जो फिलहाल आप अपनी उँगलियों और माउस के जरिए करते हैं।

अगर आप भी अपनी आँखों से महज देखकर टाइप करना चाहते हैं तो अपने विंडोज 10 कंप्यूटर में इसे एक्टिवेट कर लीजिए। माइक्रोसॉफ्ट ने इस काम के लिए अनेक तकनीकों का तालमेल किया है और इसके लिए जरूरी एप्लीकेशन को कंट्रोल पैनल में ही उपलब्ध करा दिया है। बहरहाल, इस सुविधा के लिए आपको एक छोटे से हार्डवेयर की जरूरत पड़ेगी, जिसे कहते हैं 'टोबी (Tobii) आई ट्रैकिंग'। यह भारत में भी उपलब्ध है।

इस हार्डवेयर को अपने डेस्कटॉप या लैपटॉप कंप्यूटर में इंस्टॉल करने के बाद आपको विंडोज के कंट्रोल पैनल में जाना है। यह सिलसिला कुछ यूँ चलेगा—Start > Settings > Ease of Access > Eye control (beta) and select Turn on eye control. ऐसा करने पर आपकी स्क्रीन पर लॉन्च पैड सक्रिय हो जाएगा। यह स्टार्ट पैनल जैसा ही एप्लीकेशन है, जिसमें बहुत सारे आइकन दिखाई देते हैं और आप किसी आइकन पर कुछ क्षणों के लिए दृष्टि टिकाकर वही काम कर सकते हैं, जो आप माउस या की-बोर्ड से करते हैं। जैसे—विंडोज के स्टार्ट बटनवाले आइकन पर कुछ पल दृष्टि टिकाइए तो स्टार्ट पैनल खुल जाएगा। जितनी देर नजर टिकाते हैं, उसे Dwell Time कहा जाता है।

लॉन्च पैड में दूसरे विकल्पों के साथ-साथ टाइपिंग का आइकन भी मौजूद है। उस पर नजर टिकाइए तो ऑनस्क्रीन की-बोर्ड खुल जाएगा। अब इस की-बोर्ड की किसी कुंजी पर नजर डालिए, जैसे—अंग्रेजी का आई अक्षर। उसके बाद अंग्रेजी के एन अक्षर पर नजर टिकाइए। आप देखेंगे कि दोनों अक्षर सामने खुले वर्ड, नोटपैड या दूसरे एप्लीकेशन में अपने आप टाइप हो गए हैं। बात यहीं पर खत्म नहीं होती। जब कुछ अक्षर दबाते हैं तो ऑनस्क्रीन की-बोर्ड के ऊपर कुछ शब्द भी सुझाए जाते हैं, जैसे—India, Indus आदि-आदि। इनमें से कोई शब्द आपकी पसंद का है तो कुछ पल के लिए उसे देखिए। लीजिए, पूरा-का-पूरा शब्द ही टाइप हो गया। बधाई हो, आपने अपनी आँखों से कंप्यूटर पर काम करना शुरू कर दिया।

आई-कंट्रोल के लॉन्च पैड पर और भी बहुत सारी सुविधाएँ मौजूद हैं, जैसे—खुद लॉन्च पैड को ऊपर-नीचे खिसकाना, माउस के करसर को आँखों से नियंत्रित करना, माउस का लेफ्ट और राइट माउस बटन दबाना, पेज को स्क्रोल करना, टाइप किए हुए शब्दों को कंप्यूटर से पढ़वाना, स्टार्ट पैनल को लॉन्च करना, सॉफ्टवेयरों को खोलना और आई-कंट्रोल को रोकना या बंद करना।

आप सोच रहे होंगे कि क्या कमाल की तकनीक है। यह आपके बहुत काम आ सकती है। फिलहाल यह हिंदी में नहीं है, लेकिन उम्मीद करनी चाहिए कि माइक्रोसॉफ्ट उसे ज्यादातर भाषाओं में ले आएगा। जरा यह भी सोचिए कि ऐसी तकनीकें उन लोगों का काम कितना आसान बना देंगी, जो हाथों, ध्वनि या दोनों का प्रयोग नहीं कर सकते। जैसे, स्व. प्रो. स्टीफन हॉकिंग।

□

कंप्यूटर ने बनाई पेंटिंग तो कलाकारों ने भी माना लोहा

न्यूयॉर्क में क्रिस्टीज की तरफ से हुई एक नीलामी में एक पेंटिंग करीब तीन करोड़ दस लाख रुपए में बिकी। इसमें कोई बड़ी बात नहीं है, क्योंकि अमेरिका में पेंटिंग्स तो कई मिलियन डॉलर्स में भी बिकती आई हैं, यानी कि सैकड़ों करोड़ रुपए में। लेकिन यहाँ पर बड़ी बात यह थी कि 'द पोर्ट्रेट ऑफ एडमंड बेलमी' नामक जिस पेंटिंग की बात यहाँ पर हो रही है, उसे किसी दक्ष चित्रकार ने नहीं बनाया था। उसे बनाया था टेक्नोलॉजी ने, यानी कि आर्टिफिशियल इंटेलिजेंस ने। मशीन की बनाई हुई पेंटिंग करोड़ों में बिक गई और वह भी कला के विश्वस्तरीय कद्रदानों के बीच में, यह बड़ी खबर थी। शायद यह कामयाब नीलामी एक कलाकार के तौर पर तकनीक के आगमन की एक बड़ी घोषणा भी थी।

इस पेंटिंग को एक आर्टिफिशियल इंटेलिजेंस सिस्टम ने मशीन लर्निंग एल्गोरिदम (कोड) के आधार पर बनाया था और यह सिस्टम फ्रांस के ऑब्वियस नामक कला समूह ने विकसित किया था। पेंटिंग बहुत हद तक पुराने जमाने में बनाए जानेवाले चित्रों से मिलती-जुलती है और इसमें अभिजात्य वर्ग के एक पुरुष की झलक मिलती है। अगर आप इसमें मानव की शारीरिक पहचान को बहुत स्पष्ट देखने की उम्मीद लेकर चल रहे हों तो शायद आपको निराशा होगी, क्योंकि यहाँ सफेद शर्ट और काला कोट पहने हुए एक इनसान की मात्र धुँधली सी झलक ही मिलती है। लेकिन अगर आप एब्सट्रैक्ट आर्ट के प्रेमी हैं तो आपको यह पेंटिंग अच्छी लगेगी, क्योंकि एब्सट्रैक्ट आर्ट में यथार्थवादी संयोजनों की बजाय काल्पनिकता पर फोकस रहता है, किसी सपने या खयाल की तरह।

चित्रकला के क्षेत्र में आर्टिफिशियल इंटेलिजेंस की यह कोई नई उपलब्धि

नहीं है, लेकिन इस कला को कला-जगत् की स्वीकार्यता मिलना भविष्य की दिशा में संकेत करता है (नीलामीकर्ताओं ने इसके लिए ज्यादा-से-ज्यादा सात लाख रुपए की रकम पाने की उम्मीद लगाई थी)। इशारा यह भी मिलता है कि मशीनी कला धीरे-धीरे परिपक्वता की तरफ बढ़ रही है। इसके भीतर बहुत गहरे अर्थ छिपे हुए हैं, क्योंकि मानवीय कल्पना, प्रतिभा और कौशल की सीमा हो सकती है, लेकिन तकनीक के पास श्रम और कौशल का अभाव नहीं है। अगर वह कल्पना और रचनात्मकता जैसी क्षमताएँ पा लेती है तो फिर चंद सेकंड में करोड़ों मास्टरपीस कलाकृतियाँ पैदा करने की स्थिति में आ सकती है। यह समाज, कलाओं, कलाकारों और कद्रदानों के लिए कितना अच्छा या बुरा होगा, यह एक अलग बहस का विषय है, लेकिन फिलहाल हम टेक्नोलॉजी की अद्‌भुत गति से बढ़ती क्षमताओं पर अचंभित हो सकते हैं।

यह पेंटिंग कैसे तैयार हुई, उसकी कहानी भी सुन लीजिए। ऑब्वियस समूह के विशेषज्ञों ने पंद्रह हजार पोर्ट्रेट्स इकट्ठे किए और उन्हें अपने मशीन लर्निंग सिस्टम से गुजारा। ये पोर्ट्रेट चौदहवीं से बीसवीं शताब्दी के भीतर उकेरे गए थे। बाद में इसी सिस्टम ने कई पेंटिंग्स बनाकर दिखा दीं। पहले यह उम्मीद की गई थी कि शायद जो पेंटिंग्स बनकर बाहर आएँगी, उनमें पुरानी पेंटिंग्स की ही नकल की गई हो। लेकिन ऐसा नहीं हुआ। इस प्रयोग से साबित हो गया कि आर्टिफिशियल इंटेलिजेंस या कृत्रिम मेधा को सीखने के लिए कंटेंट की जरूरत जरूर है, लेकिन वह अपनी लर्निंग और 'कल्पना' के आधार पर एकदम नई कलाकृतियाँ तैयार करने में सक्षम है।

संदर्भ चला है तो आपको माइक्रोसॉफ्ट के बहुचर्चित ड्रॉइंग बॉट की याद दिला दें। बॉट से मतलब होता है, ऐसे अनुप्रयोगों से, जो किसी रोबोट की तरह इनसानी कामकाज करने में सक्षम हैं। आमतौर पर यह सॉफ्टवेयर टूल होते हैं, जो किसी एक क्षेत्र में मशीन लर्निंग के जरिए दक्षता हासिल कर लेते हैं। माइक्रोसॉफ्ट का ड्रॉइंग बॉट भी इसी श्रेणी में आता है। इसकी खासियत यह है कि यह आपकी फरमाइश पर चित्र बनाने में सक्षम है। इसे बड़ी संख्या में चित्रों और उनके कैप्शनों (परिचय में लिखे गए वाक्य) के जरिए प्रशिक्षित किया गया था। जब इसकी अच्छी-खासी मशीन लर्निंग हो गई तो यह हमारे बताए हुए वाक्यों को समझकर उन्हें चित्रों का रूप देने में सक्षम हो गया।

ड्रॉइंग बॉट से कहिए कि मुझे एक ऐसे तोते का चित्र बना दो, जिसका रंग

लाल है और चोंच छोटी, जिसका रंग सफेद है तो वह ऐसा ही कर देगा। वह अपनी कल्पना के आधार पर ऐसे ही पक्षी का चित्र बना देगा, फिर भले ही वह हकीकत के पैमानों पर खरा उतरे या न उतरे। वैसे भी आपने जो फरमाइश की, वह हकीकत की पैमाइश पर कहाँ सटीक बैठती थी! भला लाल रंग और सफेद छोटी चोंचवाला तोता होता है कहीं? इन तकनीकों के पीछे कृत्रिम मेधा तो है ही, न्यूरल नेटवर्क का भी प्रयोग हुआ है, जो कंप्यूटर की रचनात्मक प्रतिभा को कई गुना बढ़ा देता है। कुछ साल पहले माइक्रोसॉफ्ट ने कैप्शन बॉट भी जारी किया था, जो किसी चित्र को देखकर उसका ब्योरा देने में सक्षम है। आप प्रधानमंत्री नरेंद्र मोदी की तसवीर उसमें फीड करेंगे तो वह बता देगा कि यह भारत के प्रधानमंत्री नरेंद्र मोदी हैं। गूगल सर्च में भी ऐसा होने लगा है कि अब आप सर्च के लिए सिर्फ शब्दों तक सीमित नहीं रह गए हैं, बल्कि चित्रों को भी की-वर्ड के तौर पर अपलोड कर सकते हैं कि इस चित्र के आधार पर मुझे सर्च नतीजे देकर दिखाओ और वह नतीजे देता है। हालाँकि फिलहाल सभी नतीजे सटीक नहीं आते, लेकिन दिशा साफ है। आर्टिफिशियल इंटेलिजेंस एक के बाद एक चुनौतियों को पार कर रही है और कोई नहीं जानता कि उसकी क्षमताओं की सीमा कहाँ पर है!

□

ब्लॉकचेन है भविष्य की लेन-देन प्रणाली

तकनीकी दुनिया की खबरों से जिनका भी थोड़ा-बहुत ताल्लुक है, उनके मन में आजकल एक सवाल उमड़ रहा है। क्या मैं क्रिप्टोकरेंसी (खासकर बिटकॉइन) में थोड़ी रकम लगाकर देखूँ? कौन जाने मेरी किस्मत बदल जाए! बिटकॉइन और उसके ही जैसी दूसरी क्रिप्टो मुद्राओं ने वाकई बहुतों के भाग्य बदले हैं और सैंकड़ों नए अरबपतियों तथा करोड़पतियों को पैदा किया है। दुनिया की तो बात ही छोड़िए, खुद भारत में तीन क्रिप्टो अरबपति मौजूद हैं, जिनके नाम हैं—जयंती कनानी, संदीप नैलवाल और अनुराग अर्जुन।

लेकिन दूसरी तरफ डर यह कि कौन जाने कब क्रिप्टो मुद्राओं का गुब्बारा फट जाए और निवेशक अपना सबकुछ गँवा बैठें! ऐसा हो भी चुका है जब एक समय पर अचानक बिटकॉइन की कीमत गिरकर आधी हो गई थी। क्रिप्टो मुद्राओं के मामले में यह ऊहापोह आम निवेशक से लेकर नियामकों तक के बीच देखा जा रहा है।

रिजर्व बैंक ने बिटकॉइन के लेन-देन को अमान्य करार देते हुए कहा है कि वह इसके पीछे इस्तेमाल की जानेवाली ब्लॉकचेन तकनीक का खुद इस्तेमाल करना चाहता है। सवाल उठता है कि भला ऐसा क्या है इस ब्लॉकचेन तकनीक में कि बिटकॉइन का प्रतिकार करते हुए भी तमाम सरकारें इस तकनीक को अपनाने पर आतुर हैं?

सीधे शब्दों में कहें तो ब्लॉकचेन एक से दूसरे व्यक्ति के बीच लेन-देन को संभव, आसान, तेज और सुरक्षित बनानेवाली तकनीक है। फिलहाल हम वित्तीय लेन-देन की बात कर रहे हैं, लेकिन भविष्य में यह लेन-देन कई दूसरे तरह का भी हो सकता है। अब आप कहेंगे कि यह काम करने के लिए तो दुनिया भर में तमाम

बैंक उपलब्ध हैं। सो जवाब यह ब्लॉकचेन मौजूदा बैंकिंग प्रणाली के विकल्प के रूप में सामने आया है। हालाँकि इसकी अपनी उलझनें और चुनौतियाँ हैं, लेकिन इस बात के काफी आधार मौजूद हैं कि लेन-देन के मामले में यह मौजूदा वित्तीय प्रणालियों से बेहतर सिद्ध हो सकती है।

आइए, समझते हैं कैसे? आज जब कोई शख्स दुनिया के किसी हिस्से में किसी दूसरे शख्स को पैसा भेजना चाहता है तो वह बैंकों, डाकघर या मनी ट्रांसफर सेवाओं की मदद लेता है। कभी मनीऑर्डर या पोस्टल ऑर्डर, कभी बैंक ड्राफ्ट, तो कभी चेक के जरिए ऐसा किया जाता है। कुछ मौकों पर लोग अपने डेबिट या क्रेडिट कार्ड का इस्तेमाल करते हैं और पेपाल जैसे माध्यमों से धन भेजते हैं। एक लोकप्रिय तरीका है—नेटबैंकिंग। पहला शख्स अपने नेटबैंकिंग अकाउंट में जाकर धन का ट्रांसफर कर देता है। उसके बाद कुछ घंटे या कुछ दिन लगते हैं, जब उसका भेजा धन दूसरे शख्स के पास पहुँचता है। धन के ट्रांसफर के बहुत से मामलों में कुछ-न-कुछ कमीशन या सर्विस चार्ज भी देना पड़ता है।

अब यह जो प्रक्रिया है, इसमें कई समस्याएँ हैं—पहली, दोनों पक्षों के पास बैंक खाते होने चाहिए। दूसरी, धन के ट्रांसफर में कई घंटे या दिन लगते हैं। तीसरी, इस प्रक्रिया में आपको कुछ धन भी खर्च करना पड़ता है। चौथी, कई बार धन सही ढंग से ट्रांसफर नहीं हो पाता और तब आपको बैंकों से संपर्क करना पड़ता है। पाँचवीं, बैंकिंग प्रणाली पूरी तरह सुरक्षित नहीं है। हैकिंग और डाटा चोरी के किस्से आम हैं।

धन के लेन-देन की यह एक केंद्रीकृत प्रणाली है, जिसका नियंत्रण वित्तीय संस्थानों के हाथ में है। ग्राहकों को भीतरी प्रक्रियाओं की कोई जानकारी नहीं होती, क्योंकि सबकुछ गोपनीय ढंग से संपन्न होता है। बैंक इस प्रक्रिया के केंद्र में है। उसके बिना कुछ भी नहीं हो सकता।

मगर ब्लॉकचेन एक ऐसा विकल्प है, जिसके तहत न तो किसी बैंक का वजूद है और न ही कोई दूसरी संस्था बिचौलिए की भूमिका में है। यह लेन-देन की विकेंद्रीकृत प्रणाली है, जिसमें धन का लेन-देन दो व्यक्तियों के बीच सीधे संपन्न होता है, लेकिन इसके बावजूद यह लेन-देन बेहद सुरक्षित और प्रामाणिक है। इतना ही नहीं, धन के हस्तांतरण की प्रक्रिया पूरी तरह पारदर्शी है, यानी दुनिया भर में लाखों लोग, जो ब्लॉकचेन नेटवर्क का हिस्सा हैं, उन सबको इस लेन-देन की

जानकारी है। ब्लॉकचेन के जरिए धन का हस्तांतरण तुरंत होता है और कोई शुल्क भी नहीं लगता। यह किसी भी तरह की हैकिंग से सुरक्षित है।

ब्लॉकचेन के केंद्र में ओपन लेजर की अवधारणा है। आप जानते हैं कि हर बैंक का अपना लेजर (बहीखाता) होता है, जिसमें वहाँ होनेवाले तमाम लेन-देन का ब्योरा दर्ज किया जाता है, लेकिन इसे देखने या अपडेट करने की सुविधा उस बैंक के स्टाफ तक ही सीमित है। यह सूचनाओं को बंद रखनेवाली प्रणाली है। दूसरी तरफ ओपन लेजर इसके एकदम उलट है। इस लेजर में दर्ज सूचनाएँ सबको उपलब्ध हैं और इसीलिए इसका नाम ओपन लेजर पड़ा है। जब एक शख्स ब्लॉकचेन व्यवस्था के जरिए दूसरे शख्स को धन भेजता है तो इस लेजर में एक प्रविष्टि की जाती है और उसी के अनुरूप दोनों व्यक्तियों के पास मौजूद धनराशि भी अपडेट हो जाती है। खास बात यह है कि यह लेजर केंद्रीकृत नहीं है, यानी किसी एक जगह पर नहीं रखा हुआ है, बल्कि दुनिया भर में फैले हुए ऐसे अनगिनत कंप्यूटरों में इसकी प्रतियाँ मौजूद हैं, जो ब्लॉकचेन नेटवर्क का हिस्सा हैं। तो इसका अर्थ यह हुआ कि जब भी ब्लॉकचेन के जरिए कोई लेन-देन होता है तो इन तमाम अनगिनत नेटवर्कों के पास रखी लेजर में उसकी एंट्री हो जाती है। अब तक आप यह भी समझ चुके होंगे कि हर शख्स के पास मौजूद लेजर एकदम समान है, यानी कि एकदम ट्रू कॉपी! ये जो कंप्यूटर ब्लॉकचेन नेटवर्क से जुड़े हुए हैं, उन्हें 'नोड' कहा जाता है।

शायद आपको अंदाजा लग गया हो कि इतनी बड़ी संख्या में नोड्स पर मौजूद लेजर या लेन-देन के ब्योरे को पूरी तरह सिंक्रोनाइज रखना बहुत बड़ी चुनौती होगी। सो ब्लॉकचेन नेटवर्क में हर दस मिनट के अंतराल में सभी नोड्स के पास मौजूद लेजर को अपडेट करने की प्रक्रिया चलती है। हर दस मिनट में यह सुनिश्चित किया जाता है कि सभी नोड्स के पास एकदम समान लेजर मौजूद हो। जाहिर है कि जब भी कोई लेन-देन किया जाता है तो ज्यादा-से-ज्यादा दस मिनट के भीतर दुनिया भर में मौजूद लेजर में इसका ब्योरा दर्ज हो जाता है और धन संबंधित व्यक्ति के पास पहुँच जाता है। यहाँ बैंक की कोई भूमिका नहीं रही, लेकिन दुनिया भर में तमाम लोगों को पता चल गया कि फलाँ व्यक्ति ने इतनी रकम फलाँ व्यक्ति को भेज दी।

आखिरकार बैंक क्या करता है, आपके धन के ट्रांसफर को प्रमाणित ही तो करता है! वही काम यहाँ पर एक अलग व्यवस्था के जरिए एक विश्वव्यापी नेटवर्क

कर रहा है। जिस लेजर की बात हमने ऊपर की है, उसमें की जानेवाली प्रविष्टियाँ ब्लॉक के रूप में होती हैं। एक लेन-देन पर सूचनाओं का एक ब्लॉक तैयार होता है, जिसमें लेन-देन का ब्योरा और इस ब्लॉक की अद्वितीय (यूनिक) आई.डी. और पिछले लेन-देन के ब्लॉक की यूनिक आई.डी. दर्ज होती है। हर लेन-देन से जुड़े ब्लॉक एक सीरीज के रूप में आपस में जुड़े रहते हैं, इसलिए सूचनाओं के साथ बीच में कहीं भी छेड़छाड़ नहीं की जा सकती। अगर एक ब्लॉक को छेड़ा तो सीरीज टूट जाती है और तुरंत पता चल जाता है कि कहीं कुछ गलत हुआ है।

इसलिए ब्लॉकचेन व्यवस्था बेहद सुरक्षित है। अगर कोई हैकर इस लेजर को हैक करके यह टिप्पणी करना चाहे कि कुछ लोगों ने उसके खाते में दस हजार डॉलर की रकम ट्रांसफर की है तो उसके लिए ऐसा करना मुश्किल होगा, क्योंकि वह इस तरह के ब्लॉकों की सीरीज पैदा नहीं कर सकता। दूसरे, चूँकि यह एक ओपन और वितरित (डिस्ट्रीब्यूटेड) लेजर है, इसलिए वह किसी एक, दो, दस या सौ कंप्यूटरों को हैक कर दे, तब भी दुनिया भर में मौजूद लाखों नोड्स में मौजूद डाटा सुरक्षित रहेगा। अगर कोई सचमुच इस व्यवस्था को हैक करना चाहे तो उसे विश्वव्यापी ब्लॉकचेन नेटवर्क के आधे से ज्यादा नोड्स को हैक करना होगा, जो कि लगभग असंभव है।

इसीलिए कहा जा रहा है कि लेन-देन प्रणालियों का भविष्य ब्लॉकचेन में निहित है। फिर भले ही सरकार से धन का ट्रांसफर हो या कर्मचारियों को तनख्वाह भेजने का मामला, किसी विश्वविद्यालय से डिग्रियों को वितरित करने की व्यवस्था हो या फिर आधार जैसी पहचान प्रणालियों की देखरेख, ब्लॉकचेन तकनीक ऐसी अनगिनत किस्म की जरूरतों को सुरक्षित ढंग से पूरा करने में सक्षम है।

□

फोल्डिंग स्मार्टफोन है कंप्यूटर का भविष्य?

अब तक आपने फोल्डेबल या फोल्डिंग स्मार्टफोन को देखा नहीं होगा तो उनके बारे में सुन या पढ़ अवश्य लिया होगा। कई ब्रांड इस तरह के स्मार्टफोन लेकर आ चुके हैं, जिनमें माइक्रोसॉफ्ट, सैमसंग, श्याओमी और हुआवे प्रमुख हैं। कुछ के नाम इस तरह हैं—सैमसंग गैलेक्सील जी फोल्ड, माइक्रोसॉफ्ट सरफेस ड्युओ, सैमसंग गैलैक्सी जी फ्लिप, हुआवे मेट एक्स एस, ओपो फाइंड एन, श्याओमी एम.आई. मिक्स फोल्ड, रॉयेल फ्लेक्सपाइ और टी.सी.एल. ट्राइफोल्ड। एप्पल और गूगल के स्मार्टफोन भी इस रूप में जरूर आएँगे, लेकिन कहा नहीं जा सकता कि कब? हालाँकि एप्पल ने 2016 में इसके लिए पेटेंट लिया था। इस तरह के फोन मॉडलों का आना कई मायनों में एक महत्त्वपूर्ण घटना है।

आप जानते हैं कि स्मार्टफोन और पर्सनल कंप्यूटर के कई हाइब्रिड सोचे गए हैं, जिनमें से कुछ आकर चले भी गए। लेकिन फोल्डेबल स्मार्टफोनों को देखकर लगता है कि स्मार्टफोन और पर्सनल कंप्यूटर दोनों का भविष्य शायद इसी तरह का हो। यह है एक ऐसा मोबाइल फोन, जिसे आपके वॉलेट की तरह बीच में से अनफोल्ड करके बड़े आकार में बदला जा सकता है। यह ऐसे ही है, जैसे दो मोबाइल फोनों को कोने में आपस में जोड़ दिया गया हो और जब जरूरत पड़े, उन्हें किसी जियोमेट्री बॉक्स की तरह खोलकर सिंगल डिवाइस में बदला जा सके।

यह डिवाइस हाइब्रिड डिवाइसेज के बारे में उठे बहुत सारे सवालों का जवाब दे देती है और बहुत सी उलझनों का समाधान भी कर देती है। अब तक हम यही कहते आए हैं कि स्मार्टफोन ही भविष्य का कंप्यूटर है। हम चौबीसों घंटे साथ रहनेवाले और हमेशा काम करनेवाले कंप्यूटरों की दिशा में आगे बढ़ रहे हैं। अपने आकार-प्रकार की वजह से भविष्य की उस परिकल्पना में लैपटॉप या डेस्कटॉप

बहुत फिट नहीं बैठते। दूसरी तरफ स्मार्टफोन की भी अपनी सीमाएँ हैं। सबसे पहली सीमा तो स्क्रीन का आकार ही है। इतनी छोटी स्क्रीन में आप छोटा-मोटा काम तो कर सकते हैं, लेकिन उत्पादकता की डिवाइस वह नहीं है। किसी स्मार्टफोन के जरिए ही दफ्तर के सभी कर्मचारी अपना काम कर सकें, वह स्थिति फिलहाल नहीं आई है और शायद आए भी नहीं। भविष्य का कंप्यूटर आज के कंप्यूटर से ज्यादा मोबाइल और छोटा होगा, जबकि स्मार्टफोन आज से ज्यादा ताकतवर और इस्तेमाल करने में ज्यादा आसान होगा। न तो आज का कंप्यूटर और न ही आज का स्मार्टफोन इन कसौटियों पर खरा उतरता है। ऐसे में यह जो नया मॉडल सैमसंग ने दिखाया है, वह स्मार्टफोन और पी.सी. दोनों की सीमाओं का समाधान सिद्ध हो सकता है।

भविष्य की कंप्यूटिंग डिवाइस का जवाब है ऐसे स्मार्टफोन, जिनकी स्क्रीन किसी टैबलेट की तरह चौड़ी हो, लेकिन जिन्हें आप आसानी से जेब में भी रख सकें। इसी से फोल्ड किए जानेवाले स्मार्टफोन की परिकल्पना निकली है। यह कोई नई परिकल्पना नहीं है। माइक्रोसॉफ्ट ने टेक्नोलॉजी के भविष्य की झलक देनेवाले अपने फ्यूचर विजन वीडियो में ऐसी स्लेट्स की कल्पना की थी, जिनमें किताबों की तरह खुलनेवाली पन्नों जैसी महीन स्क्रीनें मौजूद हैं। दो पन्नों को खोल लीजिए और आपकी स्क्रीन दोगुना आकार ले लेती है। किसी स्मार्टफोन के भीतर से स्लाइड होकर निकलनेवाली दूसरी स्क्रीन ऐसी ही एक अलग परिकल्पना है। इन तमाम कॉन्सेप्ट्स में मूल डिवाइस को मोबाइल बनाए रखते हुए, ऐसा इनोवेशन करने की कोशिश की गई है कि उसका आकार जरूरत के हिसाब से घटाया या बढ़ाया जा सके। एक से ज्यादा स्क्रीनों के इस्तेमाल के तरीके अलग-अलग हो सकते हैं, लेकिन आनेवाले दिनों के हाइब्रिड गैजेट की झलक इनसे बखूबी मिल जाती है, जो कम्युनिकेशन, कंप्यूटिंग और मनोरंजन के तौर-तरीके बदल देंगे।

हाइब्रिड डिवाइसेज अब आसानी से उपलब्ध हैं, हालाँकि उनकी कीमत आम आदमी की जेब के अनुकूल नहीं हैं। लेकिन कुछ वर्षों में वह भी हो जाएगा। फिलहाल उपलब्ध उपकरण एंड्रोइड ऑपरेटिंग सिस्टम का इस्तेमाल करते हैं। यहाँ पर कुछ सीमाएँ आड़े आ जाती हैं, क्योंकि बात सिर्फ स्क्रीन की ही नहीं है। हाइब्रिड डिवाइसों को पर्सनल कंप्यूटर के विकल्प में बदलने के लिए ऑपरेटिंग सिस्टम के स्तर पर बहुत काम किए जाने की जरूरत है। गूगल को बहुत सारा काम अलग-अलग स्क्रीनों के बीच तालमेल पक्का करने और सारे अनुभव को सरल,

सहज और सीमलेस बनाने पर भी करना होगा। सैमसंग और फ्लेक्स पाई आदि ने एंड्रोइड को बेस बनाते हुए अपने कस्टम ऑपरेटिंग सिस्टमों का इस्तेमाल किया है। सवाल यह है कि क्या ये स्मार्टफोन विंडोज जैसा शक्तिशाली अनुभव दे सकते हैं? हम जानते हैं कि एंड्रोइड पर चलने वाले एप्लीकेशन विंडोज पर चलने वाले एप्लीकेशनों का एक छोटा सा प्रतिरूप मात्र हैं और वहाँ पर आपको वास्तविक की तुलना में कामचलाऊ अनुभव ही मिलता है। यह बात स्मार्टफोन के साथ-साथ क्रोमबुक्स नामके सस्ते कंप्यूटरों पर भी लागू होती है, जिन्हें गूगल ने बनाया है और जिनमें एंड्रोइड ऑपरेटिंग सिस्टम इस्तेमाल होता है। एंड्रोइड मूल रूप से स्मार्टफोनों के लिए ही है और वह कंप्यूटर पर छोटा-मोटा उत्पादकता कार्य, कंटेंट का उपभोग और संदेशों के आदान प्रदान जैसे कामकाज तो ठीक से कर देता है, लेकिन जब किसी बड़े काम की बारी आती है तो उसकी सीमाएँ सामने आ जाती हैं। जैसे प्रोग्रामिंग करना, वीडियो संपादन करना आदि।

फोल्डेबल स्मार्टफोन बनाने की दिशा में एक बड़ी चुनौती है, ऐसी स्क्रीन का निर्माण, जो बार-बार फोल्ड किए जाने से खराब न हो। फिलहाल हमारे स्मार्टफोनों में जिस शीशे का इस्तेमाल होता है, वह लचीलेपन के अभाव में फोल्डेबल उपकरणों के अनुकूल नहीं है। सैमसंग ने शीशे की जगह पर ऐसे पॉलिमर का प्रयोग किया है, जो लाखों बार खोले और फोल्ड किए जाने पर भी खराब नहीं होता। कुछ अरसा पहले आपने मोड़े जा सकनेवाले आईफोन को देखा है। इनोवेशनों का दौर कई स्तरों पर चल रहा है और भले ही फिलहाल सामने आई हाइब्रिड डिवाइसेस भारी-भरकम और असहज महसूस होती हों, लेकिन ये अपनी श्रेणी में पहली पीढ़ी की डिवाइसेज हैं, जिनमें लगातार निखार आता चला जाएगा।

बहुत संभव है कि स्मार्टफोन और कंप्यूटर दोनों का विकल्प बनकर कोई फोल्डेबल फोन बहुत जल्दी आपके हाथ में भी आ जाए। यह बात तो हम पिछले एक दशक से करते आ रहे हैं, न कि पर्सनल कंप्यूटर के दिन अब लद गए हैं! हालाँकि कोविड के संकट के दौर में जितने ज्यादा पर्सनल कंप्यूटर बिके, उन्होंने इस सवाल पर भी सवालिया निशान लगा दिया है।

□

डीप फेक : अब वीडियो भी नकली!

हो सकता है कि आपको डोनाल्ड ट्रंप, बराक ओबामा, नरेंद्र मोदी या राहुल गांधी का कोई ऐसा वीडियो देखने को मिले, जिसमें वे कोई बहुत अटपटी, बनावटी, गलत या हँसने लायक बात कर रहे हों। इस वीडियो पर विश्वास मत कीजिएगा। हो-न-हो, यह उस आधुनिक किस्म का फर्जी वीडियो है, जिसमें सच और झूठ के बीच अंतर बहुत घट जाता है। इसे 'डीप फेक' कहते हैं।

सोशल मीडिया के दिग्गज में कुछ साल से फेक न्यूज, मोर्फ की हुई तसवीरों और ट्रॉलिंग की बदौलत लंबा सा तूफान चल रहा है। लेकिन इस समस्या का हल निकले, उससे पहले एक ज्यादा बड़ी और मुश्किल चुनौती आ खड़ी हुई है। डीप फेक का मतलब है—ऐसा फर्जी कंटेंट, जिसे तैयार करने में तकनीकी दुनिया की सबसे आधुनिक शक्तियों का इस्तेमाल किया गया है, जैसे कि आर्टिफिशियल इंटेलिजेंस, मशीन लर्निंग और न्यूरल नेटवर्क। यह वही तकनीकें हैं, जो हमारी दुनिया बदल सकती हैं। लेकिन तसवीर का एक दूसरा पहलू भी होता है।

डोनाल्ड ट्रंप जैसी अनेक हस्तियों के कुछ वीडियो प्रायोगिक तौर पर बनाए गए हैं, जिनमें वे उलटी-पुलटी बातें करते हुए नजर आते हैं। ऐसी बातें, जो हकीकत में वे कभी नहीं करेंगे, लेकिन यही तो डीप फेक है। इस तकनीक का इस्तेमाल करनेवाला व्यक्ति किसी भी सेलिब्रिटी के मुँह से कुछ भी कहलवा सकता है, उस सेलिब्रिटी की अपनी आवाज में और बाकायदा उसके वीडियो में। हाल तक में हम कहते थे कि तसवीरें कभी झूठ नहीं बोलतीं। मोर्फ किए गए चित्रों के जमाने में हमने देख लिया कि तसवीरें झूठ बोल सकती हैं। वीडियो की तासीर तो और भी गंभीर थी। वीडियो को तो एक साफ सबूत माना जाता था और वीडियो के जरिए हुए तमाम एक्सपोजेस ने न जाने कितने लोगों को

आसमान से नीचे ला पटका है, लेकिन डीप फेक के जमाने में आप वीडियो पर भी यकीन नहीं कर सकते।

चूँकि यह आर्टिफिशियल इंटेलिजेंस और मशीन लर्निंग पर आधारित है, सो इस तकनीक में कंप्यूटर को टारगेट सेलिब्रिटी के दर्जनों वीडियो, फोटोग्राफ और ऑडियो क्लिपिंग फीड की जाती हैं। तकनीक इनका विश्लेषण करती है और इनके आधार पर उस व्यक्ति की नकल करने की क्षमता पैदा कर लेती है। अब आप उस व्यक्ति का कोई भी पुराना वीडियो चुनिए और उसकी डॉक्टरी या इंजीनियरिंग, जो भी आप चाहें कर लीजिए। आमतौर पर डीप फेक तकनीक का इस्तेमाल करनेवाला शख्स एक कैमरे के सामने बैठता है, जो उसके चेहरे की मुद्राएँ और आवाज को कैप्चर करता है। इसके बाद डीप फेक तकनीक आर्टिफिशियल इंटेलिजेंस और अपने पास पहले से इकट्ठा किए गए डाटा का इस्तेमाल करके सेलिब्रिटी पर इंपोज कर देती है। तब आप जो कुछ बोल रहे हैं और जिस अदा से बोल रहे हैं, डोनाल्ड ट्रंप या बराक ओबामा या फिर नरेंद्र मोदी ठीक उसी अंदाज में वही बोलते हुए दिखाई देते हैं, खुद अपनी आवाज में। यह सब इतना वास्तविक दिखता है कि शायद खुद यह लोग भी चौंक जाएँ कि मेरा यह वीडियो कब बनाया गया था।

तो आनेवाले दिनों में हमें डीप फेक के लिए तैयार रहना होगा, जब इस तरह के नकली वीडियो किसी भी शख्स को बदनाम करने या उसके मुँह से झूठे बयान निकलवाने के लिए इस्तेमाल कर लिये जाएँगे। सिर्फ बयान ही क्यों, आप कुछ भी करते हुए दिखाए जा सकते हैं, यहाँ तक कि अश्लील हरकतें करते हुए भी। जरा कल्पना कीजिए कि अगर कोई शातिर एक्सपर्ट इसका दुरुपयोग करता है तो क्या नहीं किया जा सकता, खासकर तब, जबकि सोशल मीडिया की ताकत भी उसके साथ हो? सरकारों का वजूद खतरे में पड़ सकता है, गद्दियाँ पलट सकती हैं, लोगों को देशद्रोही सिद्ध किया जा सकता है, परिवार टूट सकते हैं और तमाम किस्म के अपराध शुरू हो सकते हैं।

कल्पना बड़ी भयानक लगती है और खासतौर पर इसलिए भी कि इस तरह की तकनीक वैज्ञानिकों या ऊँचे दर्जे के टेक्नोलॉजी एक्सपर्ट्स तक ही सीमित नहीं है, बल्कि यह किसी-न-किसी रूप में हर किसी इनसान को उपलब्ध होगी। होगी क्या, वह होने भी लगी है। अगर आप गूगल प्ले स्टोर या फिर एप्पल एप स्टोर पर तलाशेंगे तो आपको डीप फेक एप्लीकेशन मिल जाएँगे।

हालाँकि इसका भी कोई-न-कोई रास्ता तकनीक ही निकालेगी, जैसे उसने मोर्फिंग, हैकिंग वगैरह का मुकाबला करने के लिए निकाला है। एक और पहलू काबिल-ए-गौर है कि तब अपना कोई असली रहस्योद्घाटन होने पर नेता यह कह सकेंगे कि यह मेरा बयान नहीं—यह तो 'डीप फेक' है।

□

अपने आप चलनेवाली कारें और कुछ धर्मसंकट

क्या टेक्नोलॉजी के सामने भी कभी धर्मसंकट आ सकता है? आप कहेंगे कि टेक्नोलॉजी का धर्म या आस्था से क्या वास्ता? लेकिन क्या टेक्नोलॉजी को नैतिकता के मुद्दों का सामना करना पड़ सकता है? जी हाँ, जब टेक्नोलॉजी इनसानों की तरह सीखने लगी हो, इनसानों जैसे ही काम करने लगी हो, उनकी ही तरह बरताव करने लगी हो तो ऐसे हालात जरूर आ सकते हैं, जब उन्हें इनसानों की तरह फैसला भी करना पड़े और कई बार यह फैसला ऐसा हो सकता है, जिसे लेने में इनसान भी धर्मसंकट का सामना करता है। मिसाल के तौर पर, अगर कोई सेल्फ ड्राइविंग कार बड़ी तेजी से किसी सड़क पर गुजर रही है और रास्ते में पाँच लोग एक साथ सड़क पार कर रहे हैं तो यह कार क्या करेगी? कार की रफ्तार इतनी तेज है कि वह रुक नहीं सकती, हद-से-हद तेजी से घूमने की कोशिश करके अपनी लेन बदल सकती है।

आ गया न टेक्नोलॉजी के सामने धर्मसंकट! अब यह कार क्या करे? क्या वह इन पाँच लोगों को कुचलकर आगे बढ़ जाए या फिर घूमकर लेन बदल ले, जहाँ सिर्फ एक शख्स सड़क पार कर रहा है, ताकि पाँच की बजाय एक ही व्यक्ति मारा जाए? या फिर वह सड़क छोड़कर फुटपाथ पर चढ़ जाए, जहाँ पर दो लोग खड़े बतिया रहे हैं? एक सवाल यह भी है कि क्या वह पाँच, दो या एक बाहरी व्यक्तियों को मारने की बजाय सड़क किनारे की दीवार पर दे मारे, जिससे कार के भीतर बैठे व्यक्ति की मौत हो जाए, बनिस्पत बाहर मौजूद बहुत सारे लोगों के? भविष्य में जब सेल्फ ड्राइविंग कारें आम हो जाएँगी तो उनके सामने भी इसी तरह के सवाल आकर खड़े हो जाएँगे, जो आज सड़कों पर वाहन चलाते इनसानों के सामने आते हैं और इनका जवाब एक सेकंड के भी बहुत छोटे हिस्से में लेना होता है।

इस सवाल के बहुत सारे जवाब हो सकते हैं। कुछ साल पहले मैसाचुसेट्स इंस्टीट्यूट ऑफ टेक्नोलॉजी ने इसी धर्मसंकट पर एक सर्वे किया था, जिसमें 233 देशों के लाखों लोगों ने हिस्सा लिया और सर्वे में पूछे गए सवालों के करीब चार करोड़ जवाब दिए गए। सर्वे के निष्कर्ष हाल ही में 'नेचर' पत्रिका में प्रकाशित हुए हैं। इनसे पता चला है कि अलग-अलग देशों के लोग इस सवाल पर अलग-अलग ढंग से सोचते हैं। यह सवाल 'ट्रॉली प्रॉब्लम' के नाम से मशहूर है। इसमें और सवालों के साथ-साथ एक सवाल यह भी था कि अगर कार के सामने एक लेन में 80 साल की बुजुर्ग महिला और दूसरी लेन में दो साल का बच्चा हो तो वह उनमें से किसे कुचलकर आगे बढ़ेगी? कुछ देशों में लोगों ने महिला के पक्ष में जवाब दिया और कुछ में बच्चे के पक्ष में जवाब आया। महिला के पक्ष में जवाब देनेवाले एशियाई देशों के लोग थे, जहाँ पर बुजुर्गों के प्रति ज्यादा सम्मान देखा जाता है। बच्चे के पक्ष में राय देनेवाले पश्चिमी देशों के लोग ज्यादा थे, जहाँ पर पारिवारिकता या सामूहिकता की प्रवृत्ति कम है और व्यक्ति-आधारित विचार ज्यादा प्रभावशाली होते हैं। चूँकि आनेवाले समय में इनसानों जैसे काम करनेवाली कारों और दूसरी तकनीकों को भी इस तरह के फैसले करने पड़ेंगे, इसलिए उनमें भी इसी तरह की सोच के पैटर्न देखने को मिलेंगे।

एक अहम सवाल यह है कि जहाँ कोई इनसान अपनी कार के सामने आनेवाली स्थिति के हिसाब से मौके पर सही फैसला कर सकता है, वहीं कार के फैसले की कई परिस्थितियाँ हो सकती हैं। पहली यह कि उसमें पहले से ही फीड किया गया हो कि वह ऐसी स्थिति में किसकी जान लेगी? दूसरे, वह पुराने मामलों का विश्लेषण करते हुए उसी समय निर्णय ले। तीसरे, वह दूसरी कारों की कंप्यूटिंग प्रणालियों के साथ संपर्क करके निर्णय ले। चौथी, इस बारे में कोई स्पष्ट दिशा-निर्देश पहले से बना लिये जाएँ, जिनका पालन उस कार को करना अनिवार्य हो। पाँचवें, जो प्रोग्रामर या तकनीकी लोग सेल्फ ड्राइविंग कारों की टेक्नोलॉजी को विकसित कर रहे हैं, उनके अपने विचार इन कारों के फैसलों को प्रभावित करें। मसलन ये लोग अगर एशिया के हैं तो कार अलग ढंग से सोचे और अमेरिका के हैं तो अलग ढंग से। जाहिर है, स्थिति आसान नहीं होगी।

आपको याद होगा कि मशहूर विज्ञान कथा लेखक इसाव असिमोव ने रोबोट्स के बारे में कुछ मशहूर नियम बनाए थे। इनमें से पहला नियम यह था कि रोबोट को कुछ भी ऐसा नहीं करना है, जिसकी वजह से किसी इनसान की जान चली जाए।

दूसरा यह था कि उसे अपने मालिक का हर हुक्म मानना है, लेकिन तभी, जब वह पहले नियम के खिलाफ न जाता हो। तीसरा नियम था कि रोबोट हर हाल में अपनी रक्षा करेगा, बशर्ते यह बात पहले दो नियमों के विपरीत न जाती हो। बाद में उन्होंने एक चौथा नियम भी जोड़ा था कि अगर इनसानों को बचाने की स्थिति आई, तब रोबोट निष्क्रिय नहीं रहेगा, बल्कि यह पक्का करने की कोशिश करेगा कि उन्हें कोई नुकसान न पहुँचे। संभवत: सेल्फ ड्राइविंग कारों के लिए भी इसी तरह के कुछ नियम बनाने होंगे, जिनका पालन वे करेंगी।

कुछ और दिलचस्प स्थितियाँ जो उनके सामने आएँगी, वे इस तरह की हो सकती हैं—क्या दुर्घटना की स्थिति आने पर ये कारें जानवरों के ऊपर इनसानों को वरीयता देंगी ? पुरुषों और महिलाओं के बीच वे किसे चुनेंगी ? इसी तरह स्वस्थ और बीमार, ऊँचे सामाजिक दर्जेवालों तथा निचले सामाजिक दर्जेवाले लोगों, सेलिब्रिटी और सामान्य व्यक्ति, अपराधियों और सामान्य व्यक्तियों, कार के बाहर वाले लोगों तथा कार के भीतर बैठे लोगों में से किसे बचाने की कोशिश की जाएगी ? कृत्रिम मेधा के दौर में इन सवालों के जवाब अभी से ढूँढ़े जाने की जरूरत है।

लेकिन फिर से कई सवाल हमारे सामने आकर खड़े हो जाते हैं। मान लीजिए कि कारों के लिए दिशा-निर्देश तय किया जाता है कि पाँच लोगों को मार डालने की बजाय वे कार के भीतर बैठे एक व्यक्ति की जान ले लें और कार को इस तरह से ठोक दें कि कोई बाहरी व्यक्ति मारा न जाए, लेकिन तब शायद बड़ी संख्या में भीतर बैठे लोग मारे जाने लगेंगे और इसे देखते हुए इन कारों को कोई खरीदेगा भी नहीं। आखिरकार कौन व्यक्ति होगा, जो यह चाहेगा कि वह अपनी जान जोखिम में डाले ? फिर एक बड़ा धर्मसंकट यह है कि फैसला लेने की प्रक्रिया कैसे बनाई जाए ? क्या फैसला लेने में कार में बैठे व्यक्ति की कोई भूमिका नहीं होगी ? आखिरकार वही एकमात्र शख्स है, जो मौके पर मौजूद है और वही एकमात्र शख्स है, जो अन्य परिस्थितियों में ऐसे मामलों में निर्णय लेने का अधिकारी था। सर्वे में 44 फीसदी लोगों ने यही कहा कि कोई ऐसा रास्ता ढूँढ़ा जाना चाहिए कि यात्री को फैसला करने या फिर फैसले को प्रभावित करने का अधिकार हो। हालाँकि 33 फीसदी लोगों ने कहा कि फैसला सरकारें या जनप्रतिनिधि करें और 12 फीसदी लोगों ने कहा कि यह निर्णय कार निर्माता कंपनी पर छोड़ दिया जाए। आप क्या सोचते हैं ?

□

हाइपरलूप : हवाई यात्रा से भी तेज, रेल यात्रा से भी सस्ते!

हाइपरलूप सिस्टम से 1000-1200 किलोमीटर प्रति घंटे की रफ्तार के जमीनी सफर का सपना पूरा हो सकता है। शायद हाँ, शायद न। विमानों के लिए यह रफ्तार आम बात है, लेकिन हाइपरलूप जमीनी परिवहन में वैसी ही क्रांति ला सकता है, जैसी कि कभी विमानों के आविष्कार से दुनिया की दूरियाँ सिमट आई थीं। हाइपरलूप, माने जमीन के भीतर गहराई में बनी हुई हजारों किलोमीटर लंबी ट्यूब्स या सुरंगों के भीतर से छोटी-छोटी पॉड्स या वाहनों का गुजरना। परिवहन का यह तौर-तरीका अब तक की किसी प्रणाली से नहीं मिलता—न रेलवे, न हवाई यात्रा, न जमीनी वाहन, न होवरक्राफ्ट, न मोनो रेल, न बुलेट रेल। यह सबसे अलग और अद्वितीय है।

जिन ट्यूब्स या सुरंगों के भीतर से पॉड्स को गुजरना है, उनमें से हवा को पूरी तरह से निकाल दिया जाता है, ताकि उनके भीतर घर्षण न हो। चूँकि घर्षण रफ्तार को कम करता है, इसलिए उसकी गैर-मौजूदगी में ये पॉड वाहन 1200 किलोमीटर प्रतिघंटा तक की रफ्तार से यात्रा कर सकेंगे। इन वाहनों में पहिए नहीं होते और वे खाली स्थान में तैरते हुए आगे बढ़ते हैं। कुछ-कुछ इसी अंदाज में बुलेट ट्रेन भी यात्रा करती है, लेकिन यहाँ पर बात जमीन की गहराई में सुरंगों के भीतर यात्रा करने की हो रही है। हाइपरलूप के परीक्षण हुए हैं, लेकिन फिलहाल यह इस्तेमाल के लिए उपलब्ध नहीं है।

दो कंपनियाँ इस काम में सबसे आगे हैं—पहली अंतरिक्ष परिवहन के क्षेत्र में जुटी स्पेसएक्स और दूसरी हाइपरलूप वन। दोनों के मालिकों के नाम आपने सुने होंगे। यह हैं—एलन मस्क और रिचर्ड ब्रैन्सन।

यात्राओं के इस विकल्प की जरूरत क्यों पड़ी? यह सवाल बहुत मुश्किल नहीं है। परिवहन की रफ्तार को तेज से और तेज करते चले जाने की जरूरत पड़ रही है, ताकि मुसाफिरों और सामान को ढोने का समय कम-से-कम किया जा सके। परिवहन महँगा भी हो रहा है और ट्रैफिक बढ़ रहा है। आधारभूत सुविधाओं के निर्माण के खर्चे बढ़ रहे हैं, प्रदूषण बढ़ रहा है, विमान यात्राओं पर माँग का दबाव बढ़ रहा है। दूसरे विकल्प बहुत तेज नहीं हैं। समुद्री यात्राएँ बहुत धीमी हैं, रेल यात्राओं का भी वही हाल है और जमीनी वाहनों का भी। बुलेट ट्रेन जैसी तकनीकें बेहद महँगी हैं, जिसके टिकट विमानों से भी ज्यादा महँगे हैं। हाइपरलूप परिवहन के लिए सुरंगें बनाने पर तो बहुत ज्यादा खर्च होगा, लेकिन बाकी प्रणालियों में बिजली का इस्तेमाल होना है। इसकी खपत भी बहुत कम होगी। इसका मतलब यह कि यात्रा न सिर्फ सुपर फास्ट होगी, बल्कि सुपर सस्ती भी और इसमें प्रदूषण का नाम भी नहीं होगा और न ही ट्रैफिक जाम जैसी चीजें कभी आएँगी, क्योंकि हर पॉड को एक ही सुरंग के भीतर से गुजरना है। मिसाल के तौर पर अमेरिका के लॉस एंजिलिस और सैन फ्रांसिस्को शहरों के बीच 620 किलोमीटर की यात्रा का टिकट 20 डॉलर मात्र का होगा। भारतीय मुद्रा में करीब 1400 रुपए। यात्रा आधे घंटे में पूरी हो जाएगी।

आपको यह जानकर खुशी और हैरत दोनों होंगी कि हाइपरलूप के लिए शुरुआती तौर पर जो रूट प्रस्तावित हैं, उनमें अमेरिका, कनाडा, यूरोप और दुबई के कुछ मार्गों के साथ-साथ भारत के भी कई मार्ग शामिल हैं। मसलन मुंबई से पुणे, चेन्नई से मुंबई, अमरावती से विजयवाड़ा और चेन्नई से बेंगलुरु। दुनिया के दूसरे अहम मार्गों में न्यूयॉर्क से वाशिंगटन, पेरिस से एम्सटर्डम, टोरंटो से मॉन्ट्रियल और जाबेल अली से दुबई शामिल हैं।

तकनीक क्रांतिकारी है, मगर आसान नहीं है। अमेरिका के नेवादा रेगिस्तानी क्षेत्र में छोटी दूरियों के बीच इसके सफल परीक्षण हो चुके हैं, लेकिन चुनौतियाँ भी बहुत हैं। एक हजार किलोमीटर प्रतिघंटे से भी ज्यादा तेज रफ्तार से चल रहे वाहनों को अगर इमरजेंसी में ब्रेक लगाना पड़ा तो क्या होगा? क्या वाहन खुद और यात्री इसके प्रभाव को झेल पाएँगे? अगर वाहनों को कहीं घूमना पड़ा, तब क्या वे ट्यूब के किनारों से नहीं टकरा जाएँगे? जरा सोचिए कि हम अपनी कार या मोटरसाइकिल से 50-60 किलोमीटर प्रतिघंटे की रफ्तार से भी जब सड़क पर टर्न लेते हैं तो वह कोई कम खतरनाक अनुभव नहीं होता! बीस

गुना ज्यादा रफ्तार से चल रहे वाहन के साथ क्या होगा, वह भी तब, जब सुरंग बहुत सँकरी है? इस सँकरेपन की वजह से पॉड्स की चौड़ाई बहुत कम होगी और लोगों को बैठने तथा इधर-उधर हिलने-डुलने के लिए अधिक आजादी नहीं होगी। बहुतों के लिए यह एक डरावना अनुभव भी हो सकता है, खासतौर पर इसलिए कि वाहनों में खिड़कियाँ भी नहीं होंगी और आप बाहरी दुनिया से पूरी तरह कटे होंगे। एक आशंका यह भी कि अगर बीच रास्ते में बिजली चली गई तो? अगर कभी भूकंप आया या फिर कोई हलकी सी भी भूगर्भीय गतिविधि हुई, तो यात्रियों की सुरक्षा और पूरे ढाँचे की बनावट खतरे में तो नहीं पड़ जाएगी? सवाल बहुत हैं और चिंताएँ भी। लेकिन आनेवाला समय इनके जवाब तलाश ही लेगा, उम्मीद करनी चाहिए।

□

जब तकनीक बन जाती है आपकी आभासी नजर

साउंडस्केप नामक एप, जो कि आईफोन पर उपलब्ध है, किसी दृष्टिहीन व्यक्ति का सपना सच कर देनेवाला है। दृष्टि नहीं है, लेकिन आप अपने आसपास की गतिविधियों, रास्तों, घटनाओं आदि से अपरिचित नहीं हैं। इसे अपने हैडफोन से कनेक्ट करने के बाद जब आप पैदल चल पड़ते हैं तो अचानक एक ध्वनि गूँजती है और आपको पता चल जाता है कि आपका बस स्टॉप आ गया। यह आवाज इसलिए आई, क्योंकि बस स्टॉप पर लगे एक उपकरण, जिसे 'बीकन' कहते हैं, ने साउंडस्केप को संकेत भेजा और उसने आपको जानकारी दे दी। लोकेशन और बीकन्स की व्यवस्था के जरिए यह एप एक दृष्टिहीन व्यक्ति के मन में उसके आपसास की पूरी तसवीर खींच देता है। यह 3डी ध्वनि आधारित तसवीर है, जिससे उसे अंदाजा लग जाता है कि उसका गंतव्य कितना पास या कितना दूर है और वह अपने रास्ते पर है या उससे इधर-उधर भटक चुका है। दूरियों के अनुसार आवाज की गहराई और स्तर बदलता रहता है, जिससे तैयार होता है एक वर्चुअल 3डी ध्वनि मानचित्र।

साउंडस्केप हमारी दैनिक जिंदगी में तकनीक के सकारात्मक दखल का एक मजबूत उदाहरण है। ऐसा ही एक और एप है—सीइंग ए.आई., जो आईफोन पर चलता है, मगर बनाया इसे माइक्रोसॉफ्ट ने है। फर्ज कीजिए कि कोई दृष्टिहीन कर्मचारी किसी बैठक में हिस्सा लेने के लिए आता है। अब उसे कैसे पता चलेगा कि मीटिंग हॉल में कौन सी कुरसी खाली है? सही जगह तक पहुँचना और बैठना बहुत मुश्किल होगा, उसके लिए बशर्ते कोई अन्य व्यक्ति उसकी मदद न करे।

जब वही व्यक्ति दफ्तर जाने के लिए घर से निकलता है और अपने सुपरिचित

रास्ते पर आगे बढ़ता है, तब उसे कैसे पता चले कि सामने कोई कुत्ता उसी की दिशा में दौड़ता हुआ आ रहा है? एक और दृश्य पर गौर कीजिए। वही व्यक्ति दो लोगों के साथ बैठा है और तल्लीनता से अपनी बात कह रहा है। उन दोनों व्यक्तियों के चेहरे पर उसके लिए कैसे भाव हैं—खुशी के, जिज्ञासा के या तिरस्कार के? कैसे जानेगा वह?

रोजमर्रा के जीवन में घटित होनेवाली बहुत सी बातें और अनुभव, जो हमारे लिए बहुत सामान्य और स्वाभाविक हैं, वही अनुभव किसी दृष्टिहीन इनसान के लिए कितने मुश्किल और जटिल हो जाते हैं! जैसे यह कि जिस रेस्तराँ में वह खाना खाने आया है, उसके मेन्यू में आज क्या-क्या है या फिर यह कि गुसलखाना किधर है?

एक दृष्टिहीन इनसान, जिस रास्ते से रोज घर लौटता है, वहाँ आज अचानक एक गड्ढा हो गया है, इसे वह कैसे जाने? सड़क पर चलते हुए इतनी अप्रत्याशित घटनाएँ होने की आशंका रहती है कि दृष्टिहीन लोग या तो घर के बाहर निकलने से ही बचते हैं या फिर उन्हीं रास्तों तक सीमित रहते हैं, जिन पर उनका नियमित आना-जाना है।

सीइंग ए.आई. का इस्तेमाल कर दृष्टिहीन लोग अपने आसपास घटित हो रही गतिविधियों, लोगों, चीजों, स्थानों आदि को 'सुन' सकते हैं। माइक्रोसॉफ्ट रिसर्च के तहत विकसित यह इनोवेटिव तकनीक 'मशीनी दृष्टि' (कंप्यूटर विजन) को रोजमर्रा की जिंदगी में ले आई है।

यह एप आपको बता देगा कि सामने क्या हो रहा है या सामने कौन है। वह बताएगा कि सामने करीब 65 साल का एक बुजुर्ग व्यक्ति उदास बैठा हुआ है या 23 साल की लड़की बैडमिंटन खेल रही है। अगर आप कुछ लोगों के साथ बैठकर गपशप कर रहे हैं तो वह बताएगा कि 45 साल का एक शख्स बोर होकर उबासियाँ ले रहा है, जबकि 34 साल की एक महिला आपकी बातों को सुनकर रोमांचित भाव से मुसकरा रही है।

जब आप रास्ते में निकलते हैं तो यह तकनीक आपको बोलकर बता सकती है कि आसपास क्या हो रहा है? जैसे यह कि 500 मीटर की दूरी से एक कार आपकी तरफ आ रही है या यह कि अभी-अभी एक साइकिल सवार आपकी बाईं तरफ से गुजरा है। यह भी कि सामने रोड पर लगे साइन बोर्ड पर 'महात्मा गांधी रोड' लिखा है। अगर आप किसी पुराने स्मारक में हैं तो वह सूचना पट्ट पर लिखा

ब्योरा भी पढ़कर सुना देगा। एप अगर थोड़ा असुविधाजनक महसूस हो तो स्मार्ट ग्लास में भी यह तकनीक उपलब्ध है। इसे पहनने के बाद इसके फ्रेम पर उँगली फेरने भर से वह सामने का हाल सुना देता है। जाहिर है कि टेक्नोलॉजी न सिर्फ दृष्टिहीनों की रोजमर्रा की जिंदगी को आसान बना रही है, बल्कि वह उनको सड़क पर या अनजान हालात में सुरक्षित भी बना रही है। वह उन्हें किसी भी दूसरे शख्स की तरह सबकुछ जानने और ऑब्जर्व करने की क्षमता भी दे रही है।

□

कंप्यूटर, टी.वी. और मशीनें : बस सोचा और हो गया!

आनेवाला समय ऐसे कंप्यूटरों और मशीनों का हो सकता है, जिनके साथ काम करने के लिए आपको हाथों का प्रयोग न करना पड़े। आप इन उपकरणों को अपने विचारों भर से चला सकेंगे। मस्तिष्क और मशीन के बीच संदेशों का आदान-प्रदान अब विज्ञान कथाओं की बात नहीं रह गया है। माइक्रोसॉफ्ट को एक ऐसे उपकरण के लिए पेटेंट मिल गया है, जिसके जरिए यूजर महज सोचकर तमाम किस्म की मशीनों और उनके भीतर चलनेवाली प्रक्रियाओं पर नियंत्रण कर सकेगा। आम लोगों की तो छोड़िए, जरा सोचिए कि अलग-अलग तरह की विकलांगता से प्रभावित लोगों के लिए कितने कमाल की क्रांति दस्तक दे रही है।

यह उपकरण एक हैडबैंड के रूप में आएगा, जिसमें बहुत सारे सेंसर लगे होंगे। यह सेंसर हमारे मस्तिष्क में विचारों से पैदा होनेवाले संकेतों को ग्रहण कर सकेंगे, उन्हें समझ सकेंगे और कंप्यूटर या दूसरे उपकरण को जरूरी निर्देश भेज सकेंगे। मतलब यह हुआ कि अगर आपने सोचा कि कंप्यूटर ऑन हो जाए तो वह हो जाएगा, माइक्रोसॉफ्ट वर्ड के खुल जाने की कल्पना की तो वह खुल जाएगा, नई फाइल बना लूँ तो नया डॉक्यूमेंट खुल जाएगा और इसमें यह शीर्षक 24 पॉइंट में बोल्ड टाइपफेस के साथ टाइप कर दूँ, तो वह भी हो जाएगा। फाइल सेव भी हो जाएगी और आपने चाहा तो कंप्यूटर बंद भी। सिर्फ कंप्यूटर ही क्यों, जैसा कि माइक्रोसॉफ्ट को मिले पेटेंट के दस्तावेजों में लिखा है, इस उपकरण के जरिए आप दूसरी मशीनों पर भी नियंत्रण कर सकेंगे।

खबर है कि इलेक्ट्रॉनिक उपकरण बनानेवाली कंपनी सैमसंग ऐसे स्मार्ट टी.वी. पर काम कर रही है, जिसे इनसान अपने दिमाग से कंट्रोल कर सकेगा। वह

स्विट्जरलैंड के इकोल पॉलिटेक्निक फेडरल डी-लॉसैन (EPFL) के सेंटर ऑफ न्यूरोप्रोस्थेटिक्स के साथ मिलकर 'प्रोजेक्ट पॉइंट्स' नाम की परियोजना पर काम कर रही है। परियोजना का मकसद यह है कि दर्शक महज सोचकर ही टेलीविजन चैनल बदल सके और उसकी आवाज कम या ज्यादा कर सके। आप जानते हैं कि आज भी बोलकर ऐसा करना संभव हो गया है। बहरहाल, मस्तिष्क नियंत्रित मशीन के इस दौर में टेक्नोलॉजी के विकास की कोई सीमा नजर नहीं आती। जल्दी ही इस स्मार्ट टी.वी. का ट्रायल शुरू होने की उम्मीद है।

स्वाभाविक जिज्ञासा है कि ऐसा कैसे हो सकता है ? मैं अपने मस्तिष्क में जो कुछ सोचता हूँ, वह मेरे मस्तिष्क से बाहर कैसे जा सकता है और किसी भौतिक मशीन के लिए निर्देशों का रूप कैसे ले सकता है, जब तक कि मैं खुद ही अपने शरीर के किसी अंग, अपनी आवाज या कम-से-कम आँखों के जरिए उसे जाहिर न करूँ ? इस सवाल का कुछ-कुछ जवाब इलेक्ट्रोएन्सिफैलोग्राफी (ई.ई.जी.) में आज जो कुछ रोजमर्रा के तौर पर हो रहा है, उससे मिल जाता है। ई.ई.जी. में मस्तिष्क के भीतर की विद्युतीय गतिविधियों को मापने के लिए सिर के ऊपरी भाग पर इलेक्ट्रॉड्स लगाए जाते हैं। मस्तिष्क के भीतर न्यूरॉन्स में प्रवाहित होनेवाली आयनीय धारा में वोल्टेज का उतार-चढ़ाव चलता रहता है। ये इलेक्ट्रॉड्स, जो कि नॉन-इन्वेजिव (शरीर के भीतर नहीं घुसाए जानेवाले) हैं, इन्हीं वोल्टेज परिवर्तनों को मापते हैं, तरंगों जैसी आकृतियों के रूप में अंकित करते जाते हैं।

इसी तरह इस हैडबैंड के भीतर बने सेंसर भी मस्तिष्क के भीतर प्रवाहित होनेवाले संकेतों को ग्रहण कर सकते हैं। उन्हें और बेहतर बनाने के लिए इस उपकरण को प्रशिक्षित किया जाता है। जैसे—आप कई बार कंप्यूटर को बंद करने के बारे में सोचेंगे और उपकरण को बताएँगे कि मेरे मन में अभी क्या विचार था! आप किसी सॉफ्टवेयर को खोलने के बारे में सोचेंगे और उपकरण को बताएँगे कि मैंने यह सोचा था। की-बोर्ड पर कोई खास कुंजी दबाने से लेकर माउस का दायाँ या बायाँ बटन क्लिक करने और वेब ब्राउजर में कोई खास वेबसाइट खोलने तक आप जो कुछ सोचते हैं, वह ट्रेनिंग सत्र के दौरान उपकरण को बताते रहते हैं। वह दोनों स्थितियों के बीच तुलना करना सीखता रहता है। इस तरह की मॉनीटरिंग के बाद यह प्रणाली आपके संकेतों को समझने में काफी सक्षम हो जाती है। याद कीजिए, जब आप बोलकर टाइप करने के किसी सॉफ्टवेयर का इस्तेमाल शुरू करते हैं तो आपसे कुछ वाक्य बोलने के लिए कहा जाता है, ताकि वह प्रणाली आपके उच्चारण

और लहजे को भाँप सके। लगभग वैसी ही प्रक्रिया यहाँ होती है। इसे और सटीक बनाने के लिए आँखों की मुद्राओं, उनके फोकस एरिया, उनके घूमने की गति आदि को भी मॉनीटर किया जा सकता है, जैसा कि सैमसंग कर रहा है।

माइक्रोसॉफ्ट के पेटेंट के अनुसार, ये सेंसर मस्तिष्क में घुमड़नेवाली इच्छाओं (इंटेंशन) को भाँपने में सक्षम हैं। पेटेंट के दस्तावेज के अनुसार—जब कोई यूजर किसी शारीरिक गतिविधि के बारे में सोचता है या उस पर ध्यान केंद्रित करता है तो मस्तिष्क के न्यूरॉन्स से इच्छात्मक सूचनाएँ (इंटेंशन डाटा) प्रवाहित होती हैं। इन सूचनाओं को ग्रहण करके मशीनी निर्देशों में बदलने का रास्ता निकलने से वह न सिर्फ वीडियो गेम खेल सकेगा, बल्कि ऑगमेंटेड और वर्चुअल रियलिटी जैसे आधुनिक अनुप्रयोगों पर भी काम कर सकेगा। इसका इस्तेमाल रोबोटिक अंगों और दूसरी मशीनरी के साथ भी हो सकेगा। आप सोच सकते हैं कि तब दुनिया कितनी बदल जाएगी! विकलांगता की स्थितियों में तो यह तकनीक वरदान सिद्ध होगी, बशर्ते वह मस्तिष्कीय विकलांगता न हो।

□

उपग्रह से मिलेगा फ्री इंटरनेट, मगर आप लेंगे ?

लीजिए, चीन अब पूरी दुनिया को फ्री ब्रॉडबैंड इंटरनेट मुहैया कराने की तैयारी कर रहा है। यह इंटरनेट कनेक्टिविटी धरती का चक्कर लगानेवाले 320 उपग्रहों के जरिए मुहैया कराई जाएगी, जिनमें से पहला उपग्रह हाल ही में स्थापित भी कर दिया गया है। चीन ने शायद ही कोई चीज फ्री में किसी को दी हो, लेकिन वह इंटरनेट कनेक्टिविटी जैसी लोकप्रिय चीज देने की उदारता तो दिखा ही रहा है, जिसकी बहुत ज्यादा माँग भी है और जरूरत भी। बहरहाल, चीन के सरकारी संगठन चायना एयरोस्पेस साइंस एंड टेक्नोलॉजी कॉरपोरेशन (सी.ए.एस.सी.) ने चीन के लॉन्ग मार्च-2डी रॉकेट के जरिए पहला उपग्रह अंतरिक्ष में भेज दिया है। अभी तमाम उपग्रहों को स्थापित करने में कम-से-कम सात साल लगने हैं, लेकिन चीन का कहना है कि दो साल के भीतर वह इतने उपग्रह जरूर भेज देगा कि इस फ्री इंटरनेट व्यवस्था का परीक्षण कर सके।

इससे पहले हम पढ़ चुके हैं कि गूगल कई देशों में गुब्बारों के जरिए इंटरनेट ब्रॉडबैंड सुविधा मुहैया करा रहा है। माइक्रोसॉफ्ट टेलीविजन के इस्तेमाल न किए जानेवाले सिग्नलों के जरिए कई जगह इंटरनेट पहुँचा रहा है। लेकिन उपग्रहों से इंटरनेट कनेक्शन ? ऐसा कैसे होता होगा ? यहाँ उपग्रह की भूमिका लगभग वैसी ही है, जैसी टी.वी. ब्रॉडकास्टिंग में होती है। वे टेलीविजन स्टेशन से रिसीव किए गए सिग्नलों को आपके घर में लगे एंटीना या डिश में भेजते हैं। अलबत्ता, उपग्रहों से सप्लाई किए जानेवाले इंटरनेट कनेक्शन दोतरफा होते हैं, यानी इंटरनेट सेवा प्रदाता से मिलनेवाला कनेक्शन आपके घर में लगे एंटीना तक पहुँचाएँगे और फिर उलटी दिशा में भी। यहाँ पर उपग्रह की भूमिका आपके घर तक इंटरनेट ले जानेवाले तार के जैसी होती है, बस।

लेकिन इस व्यवस्था के तहत सिर्फ एक उपग्रह की जरूरत होती है, जो पूरी दुनिया को कवर कर सकता है। इसे जियो-स्टेशनरी या भूस्थैतिक उपग्रह कहा जाता है, जो धरती के बीचोबीचवाले बिंदु पर इतनी ऊँचाई (करीब 36 हजार किलोमीटर) पर स्थित होता है कि धरती के घूमने के बावजूद उसका कोण और दूरी स्थिर रहते हैं। सवाल उठता है कि फिर चीन एक उपग्रह की जगह पर 320 उपग्रह अंतरिक्ष में क्यों ले जाना चाहता है? इसकी वजह यह है कि ऊपरी तरीके से इस्तेमाल किए जानेवाले तरीके में इंटरनेट की स्पीड कम होती है और डाटा के उपग्रह तक जाने और लौटने में समय भी ज्यादा लगता है, इसलिए यह इतने बड़े पैमाने पर इस्तेमाल करने के लिए व्यावहारिक नहीं है।

चीन लो अर्थ ऑर्बिट (धरती की कक्षा के निचले क्षेत्र में) उपग्रहों को स्थापित करने में जुटा है। ये उपग्रह धरती से 400 से 1000 किलोमीटर की ऊँचाई पर स्थापित किए जाते हैं और वे अपनी जगह पर स्थिर नहीं रहते, बल्कि धरती का चक्कर लगाते रहते हैं, इसलिए उनकी लोकेशन बदलती रहती है। यही वजह है कि आपके घर में लगे एंटीना के लिए किसी एक उपग्रह के साथ लगातार संपर्क में रहना असंभव है। नतीजतन ऐसे बहुत सारे उपग्रहों का एक पूरा जाल बनाने की जरूरत है, जो पूरी दुनिया को कवर कर सके। चूँकि ये उपग्रह धरती के काफी पास हैं, इसलिए उनके जरिए मुहैया कराई जानेवाली इंटरनेट की गति भी काफी ज्यादा होती है।

वैसे चीन की यह परियोजना अपने आप में अकेली नहीं है। पहले इस तरह की कुछ कोशिशें व्यावसायिक कारणों से नाकाम हो चुकी हैं। 1990 के दशक के अंत में कई कंपनियाँ इस तरह की कोशिश कर चुकी हैं। खासतौर पर टेलीडेसिक, इरीडियम और ग्लोबलस्टार के नाम काबिल-ए-गौर हैं, जिन्होंने अरबों डॉलर की रकम इस काम में लगाई। हालाँकि यह तकनीक कामयाब सिद्ध हुई, लेकिन इरीडियम को छोड़कर बाकी दोनों कंपनियाँ डूब गईं। अब कुछ और कंपनियाँ मैदान में आई हैं, जिनमें एलन मस्क की 'स्पेस एक्स' के बैनर तले शुरू हुई 'स्टारलिंक परियोजना' प्रमुख है, जिसके तहत कुल मिलाकर 12 हजार उपग्रह स्थापित किए जाने की योजना है। वनवेब नामक परियोजना, जिसमें एयरबस और जापानी सॉफ्ट बैंक भागीदार हैं, भी सन् 2027 तक 900 उपग्रह स्थापित करने जा रही है। कनाडा की कंपनी टेलीसैट भी 512 उपग्रहों की योजना लेकर चल रही है। 'लियोसैट' नामक एक स्टार्टअप भी 108 उपग्रह स्थापित करना चाहता है। उधर

पुरानी कंपनियों में से एक इरीडियम अपने 66 उपग्रहों का संजाल जल्दी ही पूरा कर लेना चाहती है।

बहरहाल, इनमें से इरीडियम को छोड़कर किसी और ने अब तक उपग्रहों को स्थापित करना शुरू नहीं किया है। इस लिहाज से चीनी उपग्रह का छोड़ा जाना मायने रखता है। अगर चीन ने ऐसा कर लिया तो वह इंटरनेट की बहुत बड़ी ताकत बन सकता है, जिसकी पहुँच दुनिया भर के डाटा और इंटरनेट ट्रैफिक पर होगी। चीन को साइबर सुरक्षा के लिहाज से शक की निगाह से देखा जाता है, क्योंकि दुनिया भर की सरकारों का डाटा और सिस्टम चीनी हैकरों, चीनी दूरसंचार कंपनियों आदि के निशाने पर रह चुके हैं। ऐसे में चीन का यह फ्री ब्रॉडबैंड इंटरनेट एक ऐसा लड्डू सिद्ध हो सकता है, जिसे खाएँ तो पछताए और न खाएँ तो भी पछताएँ।

□

अगर हार्ट अटैक के पाँच साल पहले ही खबर मिल जाए

अगर कोई टेक्नोलॉजी किसी मरीज को दिल की बीमारी या मोतियाबिंद होने के कुछ साल पहले ही बता दे कि इस व्यक्ति को आगे जाकर ऐसा होनेवाला है तो वह कितनी अच्छी बात होगी? मरीज पहले ही सँभल जाएगा और डॉक्टर एहतियातन इलाज शुरू कर सकेंगे और जीवन-शैली तथा खानपान में जरूरी बदलाव करवा सकेंगे। तब शायद वह बीमारी का शिकार हो ही नहीं और अगर हो भी तो बहुत बाद में। माइक्रोसॉफ्ट और अपोलो हॉस्पिटल्स मिलकर इसी दिशा में काम कर रहे हैं। आर्टिफिशियल इंटेलिजेंस, मशीन लर्निंग और प्रीडिक्टिव एनालिटिक्स जैसी जटिल सी सुनाई देनेवाली तकनीकों का प्रयोग करके हजारों मरीजों को दिल की बीमारी का शिकार होने से बचाया जा रहा है।

सेहत के क्षेत्र में टेक्नोलॉजी की भूमिका सिर्फ उपकरणों, डायग्नोस्टिक्स, विश्लेषण और सहायक तकनीकों जैसी चीजों तक ही सीमित नहीं है। रिपोर्टों और विश्लेषण से भी आगे बढ़कर वह भविष्यवाणी करने की स्थिति में आ गई है। बड़ी मात्रा में पहले से मौजूद मेडिकल डाटा तथा मरीज के निजी डाटा का विश्लेषण करते हुए, तकनीक अब भविष्य का अनुमान लगा सकती है और यह अनुमान काफी हद तक सटीक होता है। अब मेडिकल विश्लेषणों का फोकस सिर्फ यह नहीं है कि मरीज को क्या हुआ है, बल्कि यह कि आगे चलकर उसे क्या होनेवाला है?

इंटरनेट, क्लाउड और कंप्यूटरीकरण की बदौलत आज हमारे पास बहुत ही बड़ी मात्रा में प्रासंगिक डाटा उपलब्ध है, यानी सूचनाओं का संग्रह। दुनिया भर में मेडिकल के क्षेत्र में होनेवाली गतिविधियाँ, जो पहले अकेले में घटित होती थीं और जिनके डाटा सिर्फ शोध आदि के दौरान ही दूसरों को देखने को मिलते

थे, वे अब आसानी से उपलब्ध होने लगे हैं। फिर डाटा को संकलित करने की प्रणालियाँ भी बहुत विकसित हो चुकी हैं। इंटरनेट और कंप्यूटर सस्ते होने से डाटा का कंप्यूटरीकरण आसान हो चुका है। आधुनिक किस्म के सॉफ्टवेयरों ने प्रक्रियाएँ आसान बना दी हैं। ऐतिहासिक डाटा को प्रीडिटेक्टिव एल्गोरिद्म से गुजारकर मशीन लर्निंग के मॉडल बनाए जाते हैं और जब नए डाटा पर वही मॉडल लागू किया जाता है तो उससे भविष्य की तसवीर बनने लगती है। भारत में, जहाँ तीन करोड़ लोग दिल की बीमारियों से पीड़ित हैं और हर साल 30 लाख लोगों को दिल का दौरा पड़ता है, वहाँ पर ऐसी तकनीकें बेशकीमती सिद्ध हो सकती हैं।

बीमारियों की स्थिति और हृदय रोग से मरीज की मृत्यु की आशंका का पता लगाने में यह तकनीक अनुभवी डॉक्टरों से बेहतर सिद्ध हुई है। लंदन के यूनिवर्सिटी कॉलेज के वैज्ञानिकों ने कोरोनरी आर्टरी डिजीज (दिल की धमनियों की बीमारी) के 80 हजार मरीजों के स्वास्थ्य डाटा का अध्ययन करके जो मॉडल तैयार किया, वह हृदयरोग विशेषज्ञों और सर्जनों से बेहतर विश्लेषण करता है। जहाँ विशेषज्ञ उम्र, लिंग, आनुवंशिक कारणों, बीमारी के इतिहास, आदतों, छाती में दर्द जैसे 27 पहलुओं के आधार पर अपने निष्कर्ष निकालते हैं, वहीं आर्टिफिशियल इंटेलिजेंस आधारित मॉडल लगभग 600 पहलुओं और पैटर्न का विश्लेषण करके नतीजे देते हैं।

लंदन के इंस्टीट्यूट ऑफ कैंसर रिसर्च और एडिनबरा यूनिवर्सिटी के वैज्ञानिकों ने आर्टिफिशियल इंटेलिजेंस की मदद से आनुवंशिक बदलावों का विश्लेषण करके 'रिवॉल्वर' नामक तकनीक का विकास किया है। यह कैंसर के मरीजों के आँकड़ों की तफ्तीश करके सटीक ढंग से बताती है कि उनके कैंसर का अगला बढ़ाव किस दिशा में होनेवाला है? सतर्क होकर डॉक्टर एहतियाती कदम उठा सकते हैं और मरीज का जीवन बचने के आसार बेहतर हो जाते हैं। डी.एन.ए. के म्यूटेशन के पैटर्न से यह भी पता चल जाता है कि इलाज का कैसा असर हो रहा है और आगे इसकी दिशा क्या रहेगी? जरूरत पड़े तो उपचार के तौर-तरीके बदले जा सकते हैं। हम जानते हैं कि कैंसर अचानक पैदा होता है और पूर्वानुमानों के दायरे से बाहर है। लेकिन नई तकनीकें हालात को बदल सकती हैं।

एल.वी. प्रसाद आई इंस्टीट्यूट के साथ मिलकर माइक्रोसॉफ्ट ने कुछ महीने पहले 'माइक्रोसॉफ्ट इंटेलिटेंज नेटवर्क फॉर आइकेयर' (माइन) नामक कंसोर्टियम की शुरुआत की थी। इसके तहत आँखों की बीमारियों के मरीजों को मोतियाबिंद या

अंधेपन से ग्रस्त होने की कितनी आशंका है, इसका पहले से अनुमान लगाना संभव है। ऑपरेशन करानेवाले कितने मरीजों की आँखें दोबारा खराब होने की आशंका है, वह भी पता लगाया जा सकता है। नतीजतन डॉक्टर जरूरी कदम उठा सकते हैं। तेलंगाना सरकार के साथ मिलकर माइन प्लेटफॉर्म के तहत बच्चों की आँखों की जाँच करके पता लगाया जाता है कि कौन से बच्चे नेत्र रोगों की वजह से भविष्य में अंधेपन के शिकार हो सकते हैं। शंकर आई हॉस्पिटल के साथ चल रही 'मैत्री' नामक परियोजना के तहत भी कर्नाटक में दूर-दराज के क्षेत्रों में रहनेवाले लोगों को आँखों की बीमारियों से बचाने के लिए तकनीक का इस्तेमाल किया जा रहा है। ये तकनीकें चिकित्सा क्षेत्र के हालात बदल देंगी, क्योंकि वे हर एक इनसान की समस्याओं को अलग-अलग और अद्वितीय तरीके से समझने और उनके कस्टमाइज समाधान पेश करने में सक्षम हैं।

□

अंग खराब ? बायोप्रिंटर से नया बना लीजिए!

गुरदे के प्रत्यारोपण के इंतजार में लाखों लोग हर साल इसलिए मौत के शिकार हो जाते हैं, क्योंकि गुरदों का दान करनेवाले लोग इतनी बड़ी संख्या में उपलब्ध नहीं हैं। यही बात शरीर के दूसरे अंगों के बारे में भी कही जा सकती है, जैसे—आँखें। लेकिन आनेवाले दिनों में तकनीक इस समस्या का भी समाधान कर सकती है—3डी प्रिंटिंग जैसी तकनीक के जरिए ऐसे अंगों का निर्माण करके। जी हाँ, इस तकनीक को 'बायोप्रिंटिंग' कहते हैं, जो लगभग 3डी प्रिंटिंग जैसी ही है। फर्क है तो इस बात का कि यहाँ पर कोई चीज नहीं, बल्कि इनसानों के भीतर फिट किए जा सकनेवाले अंग प्रिंट किए जाते हैं।

अविश्वसनीय लगता है न ? लेकिन इस दिशा में बहुत से प्रयोग किए जा चुके हैं। एक प्रयोग कैलिफोर्निया विश्वविद्यालय, सान डियागो में किया गया है। जैसा कि शुरुआती स्तर पर होता है, यह प्रयोग चूहों पर किया गया है और इसके नतीजे चौंकानेवाले हैं। शोधकर्ताओं ने रीढ़ की हड्डी का एक हिस्सा बायोप्रिंटिंग के जरिए तैयार कर लिया, जिसे सर्जरी के दौरान मरीज की रीढ़ में खराब हिस्से की जगह पर फिट किया गया। जैसा कि जिक्र किया जा चुका है, मरीज था एक चूहा। लेकिन इन सबसे अहम बात यह है कि प्रयोग सफल रहा। शाओचेन चेन नामक नैनो-इंजीनियरिंग प्रोफेसर और मार्क टस्जीन्स्की नामक तंत्रिका-विज्ञानी की अगुआई वाली टीम ने यह कर दिखाया।

वैज्ञानिकों ने बायोप्रिंटिंग की इस प्रक्रिया को कुछ इस तरह पूरा किया—पहले उन्होंने बायोप्रिंटर की मदद से सॉफ्ट जेल के जरिए रीढ़ की हड्डी के एक छोटे से हिस्से का निर्माण किया। फिर बायोप्रिंटर की मदद से ही उसके भीतर-बाहर

स्टेम कोशिकाओं को भर दिया गया। आप जानते हैं कि स्टेम कोशिकाएँ हमारे शरीर का वह हिस्सा हैं, जो खुद को संबंधित अंग के अनुरूप ढालने में सक्षम हैं। जब रीढ़ की हड्डी का यह कृत्रिम टुकड़ा तैयार हो गया तो उसे चूहे की पीठ में उस जगह पर फिट कर दिया गया, जहाँ पर असली अंग खराब था।

समय बीतने के साथ-साथ यह टुकड़ा न सिर्फ रीढ़ की हड्डी के साथ बहुत अच्छी तरह से जुड़ गया, बल्कि उसके आसपास नई कोशिकाएँ और अक्षतंतु (Axons) भी उग आए। यह सब कृत्रिम रूप से बनाए गए हिस्से से जुड़ गए और कुछ समय बाद सबकुछ इस तरह एकमेक हो गया, जैसे वह रीढ़ की हड्डी का कुदरती हिस्सा हो। उसके बाद वह शरीर के वाहिका तंत्र (सर्कुलेटरी सिस्टम) से भी जुड़ गया और रक्त के संचार से लेकर तमाम दूसरी प्रक्रियाएँ शुरू हो गईं। सबकुछ वैसा ही हुआ, जैसे किसी दूसरे चूहे की रीढ़ की हड्डी से हिस्सा निकालकर वहाँ फिट किया गया हो।

बायोप्रिंटिंग चिकित्सा के क्षेत्र में अगली बड़ी क्रांति ला सकती है, क्योंकि तब हम किसी भी रोगी के शरीर की जरूरत के हिसाब से एकदम सही आकार में और सही पैमानों पर कृत्रिम अंगों को प्रिंट कर सकेंगे। बिल्कुल उसी तरह से, जैसे कि किसी मशीन में कोई कलपुरजा एकदम सटीक ढंग से, सही जगह पर फिट किया जाता है। तब शायद अंगदाता के शरीर की प्रकृति, आयु, ब्लड ग्रुप सीमाएँ भी कोई बाधा नहीं बनेंगी, क्योंकि हम जरूरत के लिहाज से एकदम सही अंग तैयार करने की स्थिति में होंगे।

नोट करने की बात यह है कि बायोप्रिंटिंग में अंगों की प्रिंटिंग के लिए जिंदा कोशिकाओं का प्रयोग होता है। इन्हें 'बायोइंक' कहा जाता है। इस 'बायोइंक' का इस्तेमाल कंप्यूटर-निर्देशित नलिका के जरिए जिंदा कोशिकाओं की परतें तैयार करने में किया जाता है। हालाँकि अब तक बायोप्रिंटरों में कम-से-कम 200 माइक्रोन आकार तक ही प्रिंटिंग की जा सकती थी, लेकिन सान डियागो के इस समूह ने सिर्फ 1 माइक्रोन के आकार तक बायोप्रिंटिंग करने में कामयाबी हासिल की। यही वजह थी कि शोधकर्ता और वैज्ञानिक बेहद सटीक ढंग से कृत्रिम अंग का निर्माण कर सके।

कैलिफोर्निया विश्वविद्यालय की यही टीम पहले कृत्रिम लिवर और कृत्रिम हृदय की भी बायोप्रिंटिंग कर चुकी है। उधर 'वेक फॉरेस्ट इंस्टीट्यूट ऑफ रिजेनरेटिव मेडिसिन' के बायो-इंजीनियरों ने 3डी प्रिंटेड मस्तिष्क बनाने का प्रयास किया है।

उन्होंने एक मस्तिष्क बना भी लिया है, जिसे उन्होंने 'ऑर्गनॉइड' नाम दिया है, क्योंकि फिलहाल यह इनसानी मस्तिष्क की बराबरी करने की स्थिति में नहीं है। लेकिन टेक्नोलॉजी एकदम सही रास्ते पर बढ़ रही है और ताज्जुब नहीं होना चाहिए कि कुछ साल बाद हम अपनी जरूरत के लिहाज से खराब या क्षतिग्रस्त अंगों को बदलने में बायोप्रिंटिंग तकनीक का इस्तेमाल कर सकें। शायद यह उतनी ही सामान्य बन जाएगी, जैसे कि अस्पतालों में एक्स-रे या फिजियोथेरैपी हुआ करती है।

□

कभी हाव-भाव, तो कभी आवाज से चौंकाते मशीनी न्यूजरीडर

शायद चीन में एक वर्चुअल (आभासी) न्यूज एंकर के स्क्रीन पर आने की खबर पढ़ चुके होंगे। उधर अमेजॉन का 'अलेक्सा' नामक स्मार्ट स्पीकर भी करीब-करीब इनसानी आवाज में खबरें पढ़कर सुना रहा है। अलेक्सा डिवाइस इंटरनेट के जरिए जुड़कर काम करती है और आप उसे जो भी निर्देश देते हैं, उनका पालन करने की कोशिश करती है। मसलन आपने कहा कि 'अलेक्सा, रीड मी द न्यूज हैडलाइंस टुडे', तो अलेक्सा खबरें सुनाना शुरू कर देगी।

यह काम अलेक्सा पहले से ही कर रही है, लेकिन नई बात यह है कि अब उसकी आवाज ज्यादा इनसानी हो गई है, यानी बहुत हद तक कुदरती या स्वाभाविक। ऐसी आवाज, जो मशीनी नहीं लगती, बल्कि किसी असली न्यूजरीडर जैसी ही लगती है। दोनों में ही आर्टिफिशियल इंटेलिजेंस का इस्तेमाल किया गया है। अमेजॉन का कहना है कि 'न्यूरल नेटवर्क' नामक तकनीक का प्रयोग करने से अलेक्सा आम लोगों जैसे हाव-भाव सीख रही है। सवाल उठता है कि क्या चीनी न्यूजरीडर और अलेक्सा का यह इनसानी स्वरूप भविष्य के बारे में कोई संकेत दे रहा है ? क्या मीडिया के भविष्य में मशीन का फैसलाकुन दखल होनेवाला है ? क्या ऐसे न्यूजरीडर, जो 24 घंटे खबरें पढ़ सकते हैं, आनेवाले दिनों में टी.वी. एंकरों और रेडियो प्रस्तोताओं की जगह खत्म कर देंगे ?

हालात बहुत दिलचस्प भी हैं और चौंकानेवाले भी। चीन में जो वर्चुअल न्यूजरीडर सामने आया है, उसे समाचार एजेंसी 'सिनहुआ' ने चीनी सर्च इंजन सोगू के सहयोग से तैयार किया है। यह न्यूजरीडर एकदम असली न्यूजरीडर जैसा दिखता है और उसी के अंदाज में खबरें पढ़कर सुनाता है। उसके चेहरे पर भाव

भी हैं और बोलने का अंदाज भी काफी हद तक वास्तविक है। सोशल मीडिया पर अनगिनत लोगों ने अपने दोस्तों को यह चुनौती दी कि वे दो-तीन न्यूजरीडरों की तसवीरों में से उस न्यूजरीडर को तलाश कर बताएँ, जो एक वर्चुअल न्यूजरीडर है। जाहिर है कि 'सिनहुआ' का प्रयोग कामयाब रहा है।

वैसे इन प्रयोगों से बहुत ज्यादा चकित होने की जरूरत नहीं है, बल्कि संभावनाएँ इससे बहुत आगे तक जाने की हैं, जैसे एक ही न्यूजरीडर एक ही समय पर अलग-अलग भाषाएँ बोलनेवाले लोगों को उन सबकी भाषा में अलग-अलग खबरें सुनाए। आर्टिफिशियल इंटेलिजेंस और मशीन लर्निंग के दौर में यह संभव है। माइक्रोसॉफ्ट ने कुछ अरसा पहले चीन में अपनी तकनीक का प्रदर्शन किया था, जिसमें एक व्यक्ति अंग्रेजी में जो कुछ बोलता है, वह चीनी भाषा में अनूदित होकर उस व्यक्ति की अपनी आवाज में चीनी भाषा में सुनने को मिलता है। इसी तरह आज मशीन हमारे हाव-भाव, उच्चारण को सीखकर उसे दोहराने में सक्षम है, बल्कि उससे भी कई कदम आगे जाकर अपने आप को सुधारते रहने में भी सक्षम है।

ऐसे प्रयोग पहले भी हुए हैं। ब्रिटेन की 'प्रेस एसोसिएशन' नामक न्यूज एजेंसी ने जुलाई 2000 में एनानोवा को लॉन्च किया था। यह इंटरनेट आधारित वर्चुअल न्यूज प्रेजेंटर थी, जो कंप्यूटर पर खबरें पढ़कर सुना सकती थी। बाद में एक फ्रांसीसी संचार कंपनी 'ओरेंज' ने इसे खरीद लिया। लेकिन यह प्रयोग बहुत लंबा नहीं चल पाया और सन् 2004 में एनानोवा की सेवाएँ बंद हो गईं। एनानोवा को एक 28 वर्षीय श्वेत युवती के तौर पर पेश किया गया था, जिसकी शक्ल विक्टोरिया बेकम, काइली मिनोग और कैरोल वोर्डरमैन नामक हस्तियों के चेहरों की झलक देती थी।

जापान में 'एरिका' नामक एक मशीनी न्यूजरीडर पर काम चल रहा है, लेकिन यह कोई वर्चुअल शख्सियत नहीं है, बल्कि एक रोबोट है, जो इनसानों की तरह व्यवहार करने और बोलने में सक्षम है। ओसाका विश्वविद्यालय की इंटेलिजेंस रोबोटिक्स लैबोरेटरी में तेईस साल की युवती के रूप में विकसित की गई 'एरिका' टेलीविजन चैनल के स्टूडियो में बैठकर दूसरे एंकरों की ही तरह खबरें पढ़ती है। काबिल-ए-गौर यह है कि वह इनसानों से चर्चा भी कर सकती है।

यहाँ पर फरवरी 2016 में लॉन्च की गई 'सोफिया' का नाम लेना भी जरूरी है, जिसका चेहरा पुराने जमाने की हॉलीवुड अभिनेत्री ऑड्रे हैपबर्न से मिलता है। आर्टिफिशियल इंटेलिजेंस, विजुअल डाटा प्रोसेसिंग और फेस रिकॉग्निशन तकनीकों

का प्रयोग करने में सक्षम 'सोफिया' भी एक रोबोट है। वह सामान्य न्यूज एंकरों जैसी ही दिखती है और उन्हीं के अंदाज में बात करती है, किसी रोबोट की आवाज में नहीं। कुछ साल पहले 'सोफिया' अंतरराष्ट्रीय स्तर पर सुर्खियों में आई थी, जब सऊदी अरब ने उसे बाकायदा अपने देश की नागरिकता देने की घोषणा की थी। माइक्रोसॉफ्ट ने 2016 में 'शियाओइस' का प्रदर्शन किया था, जो मौसम का हाल सुनानेवाली वर्चुअल टेलीविजन एंकर है।

आर्टिफिशियल इंटेलिजेंस की बदौलत मीडिया के क्षेत्र में बदलाव आगे भी बहुत होंगे, लेकिन मशीन पूरी तरह से इनसान की जगह ले लेगी, ऐसी धारणा बनाना फिलहाल असंभव है। एक सीमा यह है कि वर्चुअल न्यूजरीडर भूत-भविष्य-वर्तमान के हालात को ध्यान में रखते हुए अपनी तर्क-क्षमता के आधार पर विश्लेषण करने की स्थिति में नहीं आया है। वह कुछ 'नया' सोचने, कहने और करने की क्षमता कब तक हासिल करेगा, फिलहाल इसकी भविष्यवाणी भी नहीं की जा सकती। लेकिन इतना तय है कि आर्टिफिशियल इंटेलिजेंस की बदौलत मीडिया के काम करने के तौर-तरीकों में लगातार आश्चर्यजनक बदलाव देखने को मिलते रहेंगे।

□

और अब मशीन लिख रही खबरें

चीन की 'सिन्हुआ' खबर एजेंसी ने जब एक वर्चुअल न्यूजरीडर का प्रयोग किया तो दुनिया का चौंकना स्वाभाविक था। ऐसा शख्स, जिसका अस्तित्व महज एक चलते-फिरते चित्र के रूप में है, वह किसी इनसान की ही तरह बेहद स्वाभाविक ढंग से खबरें पढ़ रहा है। खबरों की दुनिया में आर्टिफिशियल इंटेलिजेंस के दखल की यह एक बड़ी घटना थी। अब लगता है कि तकनीक मीडिया से जुड़े दूसरे मोर्चों पर भी दखल देने की तैयारी में है। इसका एक बड़ा उदाहरण हैं, ऐसे सॉफ्टवेयर बॉट्स, जो खबरें लिखने में सक्षम हैं। सक्षम ही क्यों, वे तो बाकायदा खबरें लिख भी रहे हैं और ये खबरें पाठकों तक पहुँचने भी लगी हैं। 'ऑटोमैटेड इनसाइट्स' नाम की अमेरिकी कंपनी तो हर साल अरबों की संख्या में ऐसी खबरें तैयार कर रही है।

फिलहाल तसल्ली की बात शायद यह है कि यह सब विकसित देशों, खासतौर पर अमेरिका में हो रहा है। ब्लूमबर्ग, एसोसिएटेड प्रेस, लॉस एंजिलिस टाइम्स, वाशिंगटन पोस्ट, द गार्डियन (ऑस्ट्रेलिया), वॉल स्ट्रीट जर्नल और डो जॉन्स जैसे मीडिया संस्थान किसी-न-किसी रूप में आर्टिफिशियल इंटेलिजेंस, बिग डाटा, मशीनी मेधा का इस्तेमाल करने लगे हैं। कहीं मशीनी रिपोर्टर आ गए हैं, तो कहीं डेस्क स्टोरी तैयार करनेवाले रोबोट और कहीं पत्रकारों को खबरें और लेख तैयार करने में सहयोग देनेवाले बॉट्स (रोबोटिक सॉफ्टवेयर)। और ऐसा नहीं है कि यह महज प्रयोग के स्तर पर हो रहा है। मशीनी रिपोर्टरों, विश्लेषकों और संपादकों ने कुछ अखबारों और खबर एजेंसियों की तरफ से किए जानेवाले कवरेज को कई गुना बढ़ा दिया है। कुछ मामलों में तो एक दर्जन गुना। जैसे कि एसोसिएटेड प्रेस, जो कि कुछ महीने पहले तक हर तिमाही में कंपनियों की आय

से जुड़ी सिर्फ 300 अर्निंग रिपोर्ट जारी किया करती थी, आज मशीनी पत्रकारों की मदद से औसतन 3,700 रिपोर्टें जारी कर रही है। न्यूयॉर्क टाइम्स, जिसने यह ब्योरा जारी किया है, भी खबरें लिखने के लिए तो नहीं, लेकिन कुछ दूसरे मामलों के लिए आर्टिफिशियल इंटेलिजेंस का इस्तेमाल करने लगा है, जैसे कि पाठकों की निजी पसंद-नापसंद के आधार पर न्यूजलैटर तैयार करके भेजना और पाठकों से मिली टिप्पणियों के जवाब देना।

हममें से बहुतों को आज भी इस बात पर यकीन करने में दिक्कत महसूस हो रही है कि क्या कोई सॉफ्टवेयर, एल्गोरिद्म या तकनीक इनसान की ही तरह खबरों का विश्लेषण कर सकती है और इनसान जैसी ही पाठकों के समझने लायक भाषा में कोई रचना तैयार कर सकती है। जब हम इन मशीनी रिपोर्टरों और लेखकों की बनाई सामग्री पर नजर डालते हैं तो फिलहाल इतना जरूर लगता है कि वे कुछ हद तक एक सेट पैटर्न पर आधारित-सी लगती हैं। जैसे—ब्लूमबर्ग न्यूज, जो आज ऐसी तकनीकों के जरिए हजारों खबरें तैयार कर रहा है, में यह काम फिलहाल कंपनियों की अर्निंग रिपोर्टों तक सीमित है। जैसे ही कंपनियों के आँकड़े जारी होते हैं, पलक झपकते ही ब्लूमबर्ग का 'साइबॉर्ग' नामक सिस्टम उनका विश्लेषण करके सेकंडों में उन्हें खबरों का रूप दे देता है। ये खबरें तुरंत संपादकों को भेज दी जाती हैं, जो निर्णय लेते हैं कि इनमें कोई बदलाव, सुधार या विस्तार तो नहीं करना है और उसके बाद ये खबरें ब्लूमबर्ग के विभिन्न मीडिया माध्यमों पर चली जाती हैं। बोझिल आँकड़ों पर आधारित ये ऐसी खबरें हैं, जो आमतौर पर किसी सामान्य रिपोर्टर या संपादक के लिए बड़ी माथापच्ची और बोरियत का विषय बन सकती है। लेकिन एकदम सटीक खबरें लिखनेवाले सॉफ्टवेयर बॉट्स न तो कभी बोर होते हैं, न थकते हैं और न ही व्याकरण या वर्तनी की गलती ही करते हैं। ये तो उस जिन्न की तरह हैं, जो एक काम करने के बाद तुरंत दूसरे काम की माँग करने लगता है।

कुछ मीडिया संस्थानों में इनका प्रयोग खेलों और मौसम की खबरों के लिए भी किया जा रहा है। एसोसिएटेड प्रेस की ऐसी खबरों को पढ़कर भी आप नहीं पहचान पाएँगे कि इन्हें किसी रोबोट ने लिखा है! इस कामयाबी की वजह शायद यही है कि कंपनियों की आय, खेल और मौसम जैसी खबरें एक तयशुदा खाँचे में लिखी जाती हैं। असली चुनौती तब सामने आएगी, जब मशीनी रिपोर्टरों को राजनीतिक विश्लेषण, साहित्यिक समीक्षाएँ और भविष्य की तसवीर का आकलन करने का काम मिलेगा। लेकिन यह भी सच है कि मीडिया में आनेवाली खबरों का

बड़ा हिस्सा तयशुदा खाँचे पर ही आधारित होता है। धीरे-धीरे ऐसे प्रयोग खबरों की मिलती-जुलती प्रकृतिवाले अन्य क्षेत्रों में भी होंगे, जैसे—चुनाव नतीजे, खेती के भाव-ताव, दुर्घटनाएँ आदि। वाशिंगटन पोस्ट के रोबोट रिपोर्टर को ही लीजिए। 'हैलियोग्राफ' नाम के इस रिपोर्टर ने इस अखबार के लिए पिछले ओलिंपिक खेलों के साथ-साथ पिछले चुनावों का भी कवरेज किया था। इस प्रयोग की बदौलत अखबार ने 'ग्लोबल बिग्गी अवाड्र्स' में पुरस्कार भी जीता था।

घूम-फिरकर फिर वही सवाल आ खड़ा होता है कि क्या ऐसी खबरें लिखनेवाले मशीनी पत्रकार इनसानी पत्रकारों की नौकरियों के लिए खतरा बन जाएँगे? खुद इन संस्थानों के पत्रकारों ने तो कहा है कि उन्हें ऐसा नहीं लगता; बल्कि बॉट्स के जरिए उनका काम आसान हुआ है, तैयार सामग्री मिलने से उनका समय बच रहा है और इस बचे हुए समय का इस्तेमाल वे बेहतर खबरें तैयार करने में कर रहे हैं।

□

शतरंज का महामुकाबला : इधर भी कंप्यूटर, उधर भी कंप्यूटर!

अगर आपको पिछले कुछ सालों से शतरंज के खेल में कंप्यूटरों के बीच हो रहे मुकाबलों का पता नहीं है, तो शायद आप एक दिलचस्प जानकारी से वंचित हैं। इन मुकाबलों में एक तरह एक तरह का कंप्यूटर प्रोग्राम खिलाड़ी के तौर पर बैठता है और दूसरी तरफ दूसरी तरफ का प्रोग्राम। सबसे दिलचस्प, सबसे रोमांचक और सबसे चर्चित मुकाबला दो कंप्यूटर प्रोग्रामों—अल्फा जीरो और स्टारफिश 8 के बीच दिसंबर 2017 में हुआ। अल्फा जीरो एक आर्टिफिशियल इंटेलिजेंस इंजन है, जिसे गूगल के अधीन काम करनेवाली 'डीपमाइंड' नाम की कंपनी ने बनाया है। इस मुकाबले के पहले 'स्टारफिश कंप्यूटर प्रोग्राम' शतरंज की दुनिया का बेताज बादशाह माना जाता था, लेकिन आर्टिफिशियल इंटेलिजेंस की ताकत देखिए कि महज चार घंटे तक शतरंज सीखने के बाद 'अल्फा जीरो' ने 'स्टारफिश' को सौ मैचों की सीरीज में 28–0 से हरा दिया।

अभी हाल तक हम दुनिया के तगड़े-से-तगड़े शतरंज ग्रैंडमास्टरों और कंप्यूटर प्रोग्रामों के बीच शतरंज के मुकाबलों की खबरें पढ़ते आए थे। पचास से भी ज्यादा साल से कंप्यूटर इंजीनियर शतरंज के ऐसे प्रोग्राम बनाने में जुटे हैं, जिन्हें हराना बड़े-से-बड़े खिलाड़ी के लिए मुश्किल हो। उन्हें दो दशक पहले ही इसमें कामयाबी मिल गई थी। लेकिन वक्त का फेर देखिए कि आधुनिकतम तकनीक के सामने शतरंज के ये दिग्गज कंप्यूटर प्रोग्राम भी बौने पड़ गए हैं। नई तकनीक के प्रोग्राम ने चंद घंटे के प्रशिक्षण के बाद ही ऐसे प्रोग्रामों को पस्त कर दिया, जिनके पीछे कितने ही दशकों के अनुभवों और कौशलों से इकट्ठी की गई ताकत छिपी हुई थी। अब कृत्रिम मेधा पर आधारित ये कंप्यूटरीय खिलाड़ी शतरंज के खेल से

भी आगे बढ़कर ऐसे जटिल वीडियो गेमों में भी इनसान को हराने लगे हैं, जिनमें आपको तर्क-शक्ति की जरूरत पड़ती है। ऐसा ही एक मुकाबला डीपमाइंड के अल्फास्टार ने कुछ दिन पहले 'स्टारक्राफ्ट 2' नामक गेम में इनसानी चैंपियनों को हराकर जीता है। 'पोकर' और 'गो' जैसे गेमों में भी वह इनसान को हरा चुका है।

शतरंज के दिग्गज खिलाड़ी विश्वनाथन आनंद ने कहा कि यह हालत रोमांचक होने के साथ-साथ बहुत डरावनी भी है। जिस शतरंज के खेल में महारत हासिल करने में इनसान को 600 साल से भी ज्यादा का वक्त लगा, उसके भीतर आर्टिफिशियल इंटेलिजेंस को महज चार घंटे में इस दर्जे की महारत हासिल हो गई कि वह बड़े-से-बड़े खिलाड़ी को हरा दे, यहाँ तक कि खुद कंप्यूटर को भी। शतरंज का खेल दिमाग के इस्तेमाल का खेल है, जिसमें आपको अनगिनत किस्म की स्थितियों का विश्लेषण करते हुए अपनी चालें चलनी पड़ती हैं। सामने बैठे खिलाड़ी के दिमाग में क्या चल रहा है और वह किसलिए कौन सी चाल चल रहा है तथा आगे क्या कर सकता है, यह सब भी सोचना पड़ता है। एक इनसानी दिमाग तो इस तरह की जटिल सोच, विश्लेषण और अनुमान में माहिर हो जाता है, लेकिन क्या कंप्यूटर भी यह सब कर सकता है?

शतरंज की दुनिया में कंप्यूटर के दखल की कहानी बहुत दिलचस्प रही है। सन् 1994 में प्रोफेशनल चेस एसोसिएशन रैपिड चेस टूर्नामेंट हुआ, तो उसमें तब के विश्व चैंपियन गैरी कास्पारोव और विश्वनाथन आनंद के साथ-साथ एक कंप्यूटर प्रोग्राम 'चेस जीनियस' ने भी हिस्सा लिया था। चेस जीनियस ने कास्पारोव को हराकर टूर्नामेंट से बाहर कर दिया, लेकिन आनंद से हार गया। इसके दो साल बाद आई.बी.एम. के 'डीप ब्लू' नामक कंप्यूटर प्रोग्राम और गैरी कास्पारोव के बीच छह मैचों की लंबी सीरीज चली, जो 4-2 से कास्पारोव के नाम गई। 1992 में भी विश्वनाथन आनंद ने 'फ्रिट्ज' नामक कंप्यूटर प्रोग्राम को हराया था। लेकिन इसी प्रोग्राम ने सन् 2000 में आनंद को हरा दिया। इससे पहले 'रेबेल' नामक कंप्यूटर प्रोग्राम ने आठ मैचों की सीरीज में आनंद को 5-3 से हरा दिया था।

मगर वह ऐसा जमाना था, जब कंप्यूटर इनसान से हार जाया करता था। सन् 1997 में जब से डीप ब्लू ने कास्पारोव को हराया, तब से कंप्यूटर की प्रोसेसिंग पावर में तेजी से बढ़ोतरी हुई है और उसके बाद से इनसान के मुकाबले उसका प्रदर्शन लगातार बेहतर होता चला गया है। सन् 2003 में कास्पारोव और 'डीप जूनियर' नामक प्रोग्राम के बीच हुई छह गेमों की सीरीज बराबरी पर छूटी थी।

'डीप जूनियर' एक सेकंड में तीस लाख चालों को सोचने में सक्षम था। इसी साल फ्रिट्ज के साथ कास्पारोव की चार मैचों की सीरीज भी ड्रॉ पर छूटी। सन् 2004-2005 में इनसान और मशीन के बीच स्पेन के बिलबाओ में दिलचस्प विश्व टीम चैंपियनशिप हुई, जिसमें दुनिया के शीर्ष शतरंज खिलाड़ियों ने कंप्यूटर प्रोग्रामों से मुकाबला किया। इसके बारह मैचों में से इनसानों ने सिर्फ एक मुकाबला जीता और कंप्यूटर प्रोग्राम 8.5 के मुकाबले 3.5 से विजयी हुए। विजेता ग्रैंडमास्टर का नाम था—कर्जाकिन। अगले साल फिर इसी जगह यही टूर्नामेंट हुआ, जिसमें कंप्यूटर 8-4 से जीते। इसमें भी 'पोनोमारिओव' नामक खिलाड़ी के जरिए इनसानों ने सिर्फ एक गेम में कंप्यूटरों को हराया और यह गेम टॉप के शतरंज प्रोग्रामों के मुकाबले में इनसान द्वारा जीता गया आखिरी मैच बन गया। उसके बाद कंप्यूटर के लिए इनसान से मुकाबले का कोई अर्थ नहीं रह गया।

□

कहीं आपका चार्जर ही लैपटॉप को हैक करने में न लगा हो!

कुछ साल पहले आयकर विभाग के एक रिटायर्ड अधिकारी ने एक इंटरव्यू के दौरान क्लाउड कंप्यूटिंग और मोबाइल सिक्योरिटी पर कुछ भोली-भाली बातें कही थीं, जैसे यह कि क्लाउड कंप्यूटिंग तभी सफल होती है, जब आसमान में अच्छे बादल हों। उन्होंने एक टिप्पणी यह भी की थी कि अमेरिका में जब किसी का मोबाइल फोन खराब हो जाता है तो कुछ लोग अच्छी-खासी कीमत देकर उसे खरीदने के लिए तैयार हो जाते हैं। भले ही आप अपने मोबाइल फोन से सिम, एस.डी. कार्ड आदि निकाल भी लें, उसे कई बार रिसेट भी कर दें, तब भी ये लोग उसके लिए काफी पैसा देने को तैयार हो जाते हैं। इसके पीछे इन सज्जन ने तर्क यह दिया था कि मोबाइल फोन का डाटा असल में बैटरी में चला जाता है और उसे खरीदनेवाले बैटरी से डाटा निकालकर उसका दुरुपयोग कर लेते हैं।

यह बयान मजेदार था और अविश्वसनीय भी। रिटायर्ड अधिकारी की आई.टी. की समझ वास्तव में बहुत ज्यादा सीमित थी, यह साफ था। लेकिन उन्होंने बैटरी वाली जो बात एक तुक्के के रूप में कही थी, वह तीर में तब्दील हो गई है। पश्चिमी देशों में हुए कुछ अध्ययनों ने सतर्क किया है कि आप अपने मोबाइल फोन, लैपटॉप आदि के साथ जिन दूसरे उपकरणों (पेरिफेरल्स) को कनेक्ट करते हैं, उनका इस्तेमाल आपके डाटा की चोरी और मोबाइल-लैपटॉप को हाईजैक करने के लिए किया जा सकता है। इन पेरिफेरल्स में बैटरी तो नहीं, लेकिन लैपटॉप चार्जर, मोबाइल चार्जर, प्रोजेक्टर, की-बोर्ड, माउस, मॉनिटर, ग्राफिक कार्ड, नेटवर्क कार्ड, डॉकिंग स्टेशन या ऐसी ही दूसरी चीजें भी हो सकती हैं। डरा देनेवाली कल्पना है, क्योंकि पेन ड्राइव से लेकर मॉनिटर तक का इस्तेमाल तो हम रोजाना ही करते हैं।

इंग्लैंड के कैंब्रिज विश्वविद्यालय और अमेरिका के राइस विश्वविद्यालय के शोधकर्ताओं की टीम ने पाया है कि इन उपकरणों के जरिए आपके लैपटॉप या डेस्कटॉप को कुछ सेकंड के भीतर हाईजैक किया जा सकता है। हाईजैक का मतलब यह कि आपकी गोपनीय फाइलें चुटकियों में सात समंदर पार भेजी जा सकती हैं। जिन उपकरणों पर यह अध्ययन किया गया, उनमें थंडरबोल्ट पोर्ट का इस्तेमाल किया गया था। थंडरबोल्ट, जिसका ताजातरीन संस्करण थंडरबोल्ट 3 है, यू.एस.बी. पोर्ट की ही तरह काम करता है, जिसका इस्तेमाल हम अरसे से अपने कंप्यूटरों और दूसरे उपकरणों में करते आए हैं। लेकिन यह यू.एस.बी. 3 की तुलना में बहुत ज्यादा स्पीड से डाटा ट्रांसफर करने में सक्षम है। जहाँ यू.एस. बी. 3 पोर्ट के जरिए 5 जी.बी. डाटा प्रति सेकंड की रफ्तार से डाटा ट्रांसफर किया जा सकता है, वहीं थंडरबोल्ट 3 में इसकी रफ्तार 40 जी.बी. प्रति सेकंड तक है। इतना ही नहीं, आप एक ही थंडरबोल्ट पोर्ट के साथ डॉकिंग पोर्ट जोड़कर बहुत सारे उपकरणों को लैपटॉप से जोड़ सकते हैं, जैसे—बाहरी हार्ड डिस्क, प्रोजेक्टर, की-बोर्ड आदि। ये सौ वाट तक बिजली ट्रांसमिट करने की क्षमता रखते हैं, इसलिए इनका इस्तेमाल चार्जरों में भी किया जाता है। मोबाइल फोन को फास्ट चार्ज करने में इनकी उपयोगिता असंदिग्ध है। थंडरबोल्ट को इंटेल ने विकसित किया था और एप्पल ने अपने मैकबुक प्रो लैपटॉप में इसके शुरुआती संस्करण को अपनाया था। अब यह दूसरे मोबाइल और लैपटॉप निर्माताओं के बीच भी बहुत लोकप्रिय हो चला है।

जिन लैपटॉप्स में 'थंडरबोल्ड 3 पोर्ट' मौजूद था, वे सब-के-सब हाईजैकिंग के खतरे में पाए गए, फिर भले ही वे मैकिन्टोश कंप्यूटर हों, लिनक्स आधारित लैपटॉप हों या फिर विंडोज आधारित उपकरण। उन्होंने अपनी जाँच के लिए 'थंडरक्लैप' नामक एक प्लेटफॉर्म का इस्तेमाल किया, जो यू.एस.बी. केबल के जरिए किसी भी उपकरण के साथ जोड़ा जा सकता है और फिर यह उनमें चल रही अनुचित गतिविधियों की खबर दे सकता है। ऐसा पाया गया कि थंडरबोल्ट पोर्ट के जरिए कनेक्ट किए गए लैपटॉप चार्जर, प्रोजेक्टर आदि उपकरणों को इस तरह से प्रोग्राम किया जा सकता है कि वे अपना काम तो सही ढंग से करते रहें, लेकिन साथ-ही-साथ लैपटॉप या मोबाइल फोन से सूचनाएँ चुराने में भी जुट जाएँ। इतना ही नहीं, वे आपके उपकरण में वायरस, स्पाईवेयर, रूटकिट्स और रैनसमवेयर जैसे दूसरे मैलवेयर को भी घुसा सकते हैं। चूँकि ये उपकण अपने काम

में बखूबी जुटे होते हैं, इसलिए लैपटॉप के यूजर को किसी गलत हरकत का शक नहीं होता। हालाँकि उसे तो शक यूँ भी नहीं होता, क्योंकि कौन सोच सकता है कि इस बार हैकर इंटरनेट के कनेक्शन या वायरस-स्पाईवेयर जैसे मैलवेयर के रूप में नहीं, बल्कि आपके मोबाइल चार्जर के रूप में आ धमकेगा!

लेकिन यह अकल्पनीय कल्पना एक हकीकत है। आप पूछेंगे कि क्या ऐसे में कंप्यूटर में मौजूद सिक्योरिटी सिस्टम सतर्क नहीं हो जाएँगे? असल में ग्राफिक कार्ड, नेटवर्क कार्ड आदि के पास सीधे मेमोरी को एक्सेस करने की क्षमता होती है, जिसे 'डायरेक्ट मेमोरी एक्सेस' (डी.एम.ए.) कहा जाता है। मतलब यह कि वे कंप्यूटर की रैम से लेकर हार्ड डिस्क तक को एक्सेस कर सकते हैं। हालाँकि कुछ कंप्यूटरों में इस क्षमता को नियंत्रित करने की व्यवस्था होती है, लेकिन बहुत से मामलों में इस फीचर को निष्क्रिय किया हुआ होता है। यह भी पता चला है कि इस व्यवस्था के बावजूद आपके उपकरण को हाईजैक किया जा सकता है। तो आप ऐसी हालत में क्या कर सकते हैं? सतर्क रहिए, कंप्यूटर में सुरक्षा इंतजाम चाक-चौबंद रखिए (एंटी वायरस, एंटी स्पाइवेयर, फायरवॉल आदि) और जब भी कोई नया उपकरण इस्तेमाल करें, तो किसी असामान्य गतिविधि पर नजरें गड़ाए रखिए। यूँ आनेवाले दिनों में मोबाइल और लैपटॉप निर्माता भी इस समस्या का कुछ करेंगे।

□

डिजिटल डिटॉक्स यानी गैजेट्स की गुलामी से आजादी

सुबह सोकर उठते ही पहला काम आप क्या करते हैं? कभी लोग सुबह पहला काम व्यायाम का करते थे, पढ़ने-पढ़ाने का करते थे, भजन-भक्ति का करते थे या कम-से-कम परिवार के साथ कुछ पल साथ बिताने के लिए इकट्ठे होते थे। लेकिन आज हम पहला काम क्या करते हैं—ज्यादातर लोग सबसे पहले अपना मोबाइल फोन खोलते हैं। व्हाट्सएप, फेसबुक, यू-ट्यूब, टिकटॉक, हैलो, इंस्टाग्राम, ट्विटर, लिंक्डइन जैसे एप हमें अपनी ओर खींचते हैं और हम खिंचे चले जाते हैं। अब दृश्य नंबर दो पर गौर कीजिए। नौ बजे के आसपास आप दफ्तर पहुँच गए। अब तक आप स्मार्टफोन पर व्यस्त थे और लीजिए, अब शुरू हो गया आपका लैपटॉप या डेस्कटॉप। लेकिन दिन भर बीच-बीच में स्मार्टफोन भी चलता रहा। शाम घर लौटे तो टेलीविजन, स्मार्टफोन या अलेक्सा जैसे स्मार्ट स्पीकर। और हाँ, दिन भर में न जाने कितने फोन भी तो अटेंड किए।

इन सबकी उपयोगिता पर कोई शक नहीं है, लेकिन क्या सचमुच अपने दिन का इतना बड़ा हिस्सा इन्हें भेंट कर देने में कोई तुक है?

समस्या कितनी गंभीर है, इसे आँकड़ों की मदद से जानते हैं। इ-मार्केटर के अनुमान के मुताबिक, हम भारतीय वयस्क रोजाना चार घंटे 34 मिनट का समय मीडिया के इस्तेमाल पर खर्च कर रहे होते हैं, यानी देखने, सुनने, स्ट्रीमिंग करने और पढ़ने में। यह आँकड़ा 2013 में सिर्फ दो घंटे 52 मिनट था और 2020 तक बढ़कर पाँच घंटे से ज्यादा हो गया। अलीगढ़ मुसलिम विश्वविद्यालय और इंडियन काउंसिल ऑफ सोशल साइंस रिसर्च के शोध के अनुसार 63 फीसदी छात्र रोजाना चार से सात घंटे तक का समय स्मार्टफोनों पर खर्च करते हैं। आज के आँकड़ों को देखा जाए तो

प्रिंट मीडिया पर खर्च समय रेडियो (12 मिनट) के बाद सबसे कम, यानी 16 मिनट है। हर चार में से एक इनसान सोने से ज्यादा वक्त स्मार्ट गैजेट्स पर खर्च करता है।

इसका मतलब यह हुआ कि हममें से ज्यादातर लोग सोने, कामकाज और जरूरी गतिविधियों पर खर्च होनेवाले समय के बाद बचा-खुचा लगभग सारा वक्त इन्हीं चीजों के हवाले कर देते हैं। बहुत से क्षेत्रों में तो नौकरी का समय ही इतने घंटे का होता है। इसका मतलब यह हुआ कि आप अपनी नौकरी के अलावा एक नौकरी इन गैजेट्स और स्क्रीनों की भी कर रहे हैं।

गैजेट्स और स्क्रीनों के प्रति हमारी बढ़ती निर्भरता के बड़े नुकसान हैं। यह हमारी सेहत को प्रभावित कर रही है, मानसिक तनाव पैदा कर रही है, दिल, शरीर और दिमाग की समस्याओं को जन्म दे रही है। यह रिश्तों में दूरियाँ पैदा कर रही है, बच्चों को पढ़ाई-लिखाई से दूर कर रही है, दफ्तरों में उत्पादकता का स्तर घटा रही है, हमारी तर्कशीलता को भोथरा कर रही है। यह हमें एक लत का शिकार बना रहा है। कुछ मामलों में यह हम पर आर्थिक बोझ भी बढ़ा रही है और एक देश के रूप में देखें तो हमारी कुल उत्पादकता और उसके नतीजतन तरक्की को भी प्रभावित कर रही है।

आधुनिक उपकरणों की गुलामी से मुक्ति पाने की जरूरत है। दुनिया भर में लोग इसके लिए कुछ तरीके आजमा रहे हैं, जिन्हें आप भी आजमा सकते हैं। कुछ देशों में तो लोग एक-दो हफ्तों के लिए गैजेट-रहित छुट्टी पर जाने लगे हैं। शायद आपके लिए यह संभव न हो, लेकिन इन उपायों को आप जरूर उपयोगी पाएँगे—

1. समय निश्चित करना। क्या आप अपने दिन का एक समय गैजेट्स के लिए निश्चित कर सकते हैं, मसलन आधा या पौना घंटा! मसलन शाम सात से साढ़े सात बजे के बीच ही आप अपने व्हाट्सएप, फेसबुक और इंस्टाग्राम संदेश देखेंगे। उसके अलावा बाकी समय ये बंद रहेंगे। फोन आने पर फोन उठाना तो मजबूरी है, लेकिन स्क्रीन से जुड़ी बाकी गतिविधियाँ सीमित कर देंगे। टेलीविजन का समय? आधा घंटा, जैसे—नौ से साढ़े नौ बजे।
2. रात के समय गैजेट्स को दूर और बंद रखना। न सिर्फ वे हमें रात में परेशान करेंगे और सेहत को नुकसान पहुँचाएँगे, बल्कि हमारी नींद में भी खलल डालेंगे, इसलिए उन्हें तकिए के पास रखने में कोई तुक नहीं है।
3. गाड़ी चलाते समय फोन को नहीं उठाना। इस दौरान फोन से दूर रहें और तमाम आकर्षण के बावजूद आप उसे न उठाएँ, बशर्ते किसी बहुत ज्यादा महत्त्वपूर्ण व्यक्ति का कॉल न हो।

4. भोजन के समय फोन को आसपास न रखें। परिवार के साथ भोजन कर रहे हैं तो यह शर्त लगा दें कि किसी के हाथ में फोन नहीं होना चाहिए।
5. सप्ताह में एक दिन डिजिटल डिटॉक्स का रखें। उस दिन आप इनका कतई इस्तेमाल नहीं करेंगे। न सोशल मीडिया, न इ-मेल, न टेलीविजन, न कंप्यूटर, न फोन, न व्हाट्सएप, न एस.एम.एस.। वह दिन परिवार के साथ बिताएँ, सही अर्थों में।
6. दफ्तर में निरंतर कंप्यूटर के सामने न बैठे रहें। हर बीस मिनट में एक बार उठें और बीस कदम टहल लें। अपनी नजरें भी बीच-बीच में कंप्यूटर से हटाएँ और दूसरी तरफ देखें। दफ्तर में लंच करते हैं तो अपनी टेबल पर नहीं, बल्कि कैफेटेरिया, कैंटीन या किसी दूसरी जगह पर जाकर करें।
7. लोगों से मिलने-जुलने में दिलचस्पी लें। बहुत सारी चर्चाएँ खुद इतनी दिलचस्प होती हैं कि आपको अपने गैजेट्स की याद नहीं सताएगी।
8. शारीरिक गतिविधियों, खेलकूद और मनोरंजन के दूसरे माध्यमों की ओर लौटें। गैजेट्स और स्मार्ट स्क्रीनें हमें शारीरिक रूप से निष्क्रिय बना रही हैं। यह मोटापे, दिल की बीमारी, डायबिटीज और ऐसी ही दूसरी समस्याओं की जड़ है। थोड़ा खेल-कूद की तरफ लौटें। वे दिन भी क्या थे, जब लोग इकट्ठे होकर वॉलीबॉल, फुटबॉल, क्रिकेट, बैडमिंटन और शतरंज आदि खेला करते थे!
9. एक दोस्त बनाएँ, जो आपकी ही तरह गैजेट्स से आजादी चाहे। उसके साथ अपने अनुभवों को बाँटें और एक-दूसरे को प्रेरित करें। इस मामले में प्रतिद्वंद्विता भी हो तो कोई हर्ज नहीं।
10. कभी-कभी अपने गैजेट्स को घर छोड़ जाएँ। जी हाँ, जानबूझकर। जब हाथ में गैजेट होगा ही नहीं, तो आप इस्तेमाल भी नहीं करेंगे। हालाँकि आपको उसकी याद आएगी, लेकिन क्या करेंगे, मजबूरी होगी।
11. सबको बता दें कि आप डिजिटल डिटॉक्स कर रहे हैं। कई बार लोग ही आपको गलत आदतों के लिए प्रेरित करते हैं। आपकी स्पष्टता उन्हें ऐसा करने से रोकेगी और अगर आप उन्हें बता देते हैं तो आप भी अपनी बात पर टिके रहने के दबाव में होंगे।
12. अपने गैजेट्स की सूची बनाएँ, ताकि आपको पता लगे कि कितना समय इन सब पर जा रहा है!

□

क्या मैक कंप्यूटरों में वायरस नहीं आते?

जिन लोगों के पास मैक कंप्यूटर हैं, वे अकसर यह दावा करते हुए पाए जाते हैं कि इस ऑपरेटिंग सिस्टम में वायरस नहीं आ सकते। खुद एप्पल कंपनी भी कहती रही है कि उसके कंप्यूटरों में एंटी वायरस सॉफ्टवेयर इंस्टॉल करने की कोई जरूरत नहीं है।

पहली नजर में आपको इन बातों पर यकीन भी हो सकता है, क्योंकि जहाँ विंडोज में वायरसों के हमले की खबरें यदा-कदा आती रहती हैं, वहीं मैक कंप्यूटरों के वायरस से प्रभावित होने की खबरें दुर्लभ हैं। तो क्या इसका मतलब यह हुआ कि मैक कंप्यूटर वायरसों से पूरी तरह सुरक्षित हैं?

जी नहीं। सच्चाई यह है कि विंडोज की ही तरह मैक ऑपरेटिंग सिस्टम भी वायरस-फ्री नहीं है, बल्कि एंटी वायरस कंपनी बिट-डिफेंडर के विशेषज्ञ बोगदान बोटेजाटू का तो दावा है कि विंडोज के अब तक के तमाम संस्करणों में कुल मिलाकर जितनी जोखिम भरी संवेदनशीलताएँ या कमजोरियाँ हैं, अकेले मैक ओएस एक्स में उनसे ज्यादा संवेदनशीलताएँ मौजूद हैं। कुछ साल पहले 'जावा' नामक कंप्यूटर लैंग्वेज में बनाए गए, फ्लैशबैक मैलवेयर ने छह लाख से ज्यादा मैक कंप्यूटरों को प्रभावित किया था। किट एम.ए. से लेकर मामी और मेल्टडाउन से लेकर रूटपाइप एक्सप्लोइट जैसे बहुत से उदाहरण हैं, जब मैक कंप्यूटर ऐसे हमले की चपेट में आए हैं।

मगर खबरें तो विंडोज के बारे में ही सुनने को मिलती हैं, आप कहेंगे। तो इसके कारणों पर गौर कीजिए। पहली बात तो यह है कि मैलवेयर बनानेवाले विंडोज को ज्यादा निशाना बनाते हैं, क्योंकि दुनिया में 90 फीसदी से ज्यादा लोग विंडोज का ही इस्तेमाल करते हैं। और अपराधियों को ज्यादा-से-ज्यादा

लोगों तक पहुँचने का मौका चाहिए। दूसरी बात यह है कि वायरस बनाने के साधन भी विंडोज के लिए ज्यादा संख्या में उपलब्ध हैं, यानी उन्हें विकसित करने के सॉफ्टवेयर आदि। मैक के लिए वायरस विकसित करने में ज्यादा श्रम लगेगा और वह महँगा भी पड़ेगा। तीसरे, मैक में गेटकीपर सब-सिस्टम की मौजूदगी के कारण ऐसी फाइलों को इंस्टॉल करना मुश्किल है, जो एप्पल के द्वारा डिजिटली साइन न की गई हों। फिर वहाँ पर सिस्टम को रि-कन्फिगर करने के लिए पासवर्ड डालने की भी जरूरत पड़ती है। ऐसा इसलिए कि मैक ऑपरेटिंग सिस्टम यूनिक्स पर आधारित है, जिसमें बड़ी संख्या में बिल्ट-इन सिक्योरिटी फीचर्स उपलब्ध हैं।

मगर इसका मतलब यह नहीं है कि मैक में वायरस पहुँचाना असंभव है। वास्तव में मैलवेयर बाइट्स की मार्च 2018 की रिपोर्ट कहती है कि सन् 2017 में मैक के वायरसों की संख्या में 270 फीसदी की जबरदस्त बढ़ोतरी हुई है। मैलवेयर बाइट्स नामक सुरक्षा कंपनी की वेबसाइट पर मैक कंप्यूटरों को संक्रमित करनेवाले वायरसों की सूची प्रकाशित हुई है। इनमें से कुछ के नाम हैं—मैक आटो फिक्सर, एम.एस. हेल्पर, क्रॉसराइडर, ओएसएक्स मामी, मेल्टडाउन, स्पेक्टर, डोक, एक्स एजेंट, मैक डाउनलोडर, फ्रूटफ्लाई, पिरिट, के-रेंजर, सफारीगेट, गोटूफेल, हाईसिएरा रूट बग आदि।

कुछ और मैलवेयर पर एक नजर डालिए—

- XLoader
- XcodeSpy
- Silver Sparrow
- Pirri/GoSearch22
- Generic.Suspicious
- FakeFileOpener
- ThiefQuest
- LoudMiner
- SearchAwesome
- FakeAV
- GravityRAT
- XCSSET malware
- OSX/Shlayer
- OSX/CrescentCore
- OSX/Linker
- OSX/NewTab
- NetWire and Mokes
- CookieMiner
- Mshelper
- X-agent

कुकीमाइनर वह मैलवेयर (अवैध गतिविधियाँ चलानेवाला सॉफ्टवेयर प्रोग्राम) है, जो क्रोम ब्राउजर में डाले जानेवाले यूजरनेम और पासवर्ड चुरा सकता

है। इतना ही नहीं, वह क्रिप्टोकरेंसी एक्सचेंजों को अनधिकृत रूप से एक्सेस कर सकता है और लोगों की क्रिप्टोकरेंसी चुरा भी सकता है। मतलब यह हुआ कि अगर किसी मासूम यूजर ने बिटकॉइन जैसी क्रिप्टोकरेंसीज में लाखों-करोड़ों रुपए का निवेश किया हुआ है तो उन्हें इससे सावधान रहने की जरूरत है। क्या अब भी आपको गलतफहमी है कि मैक कंप्यूटर्स वायरसों से पूरी तरह सुरक्षित हैं?

लेकिन बात अधूरी रहेगी, अगर हम आपको यह न बताएँ कि अपने मैक को इन हानिकारक तत्त्वों से बचाने के लिए आपको करना क्या होगा?

एप्पल अपने ऑपरेटिंग सिस्टम को समय-समय पर अपडेट करती है और वायरसों जैसी संवेदनशीलताओं के समाधान करती है, इसलिए अपने कंप्यूटर को सदा अपडेटेड रखिए। अपने कंप्यूटर में एंटी वायरस सॉफ्टवेयर इंस्टॉल करना भी अच्छा आइडिया है। मैक के लिए ऐसे कई सॉफ्टवेयर उपलब्ध हैं, जैसे—इंटेगो मैक इंटरनेट सिक्योरिटी, बिट डिफेंडर एंटीवायरस, नॉर्टन सिक्योरिटी, सोफोस एंटी वायरस, अवीरा, जैप, कैस्परस्की, ईसेट, ट्रेंड माइक्रो और टोटल एवी। एवीजी और अवास्ट नामक अच्छे और दमदार फ्री एंटी वायरस सॉफ्टवेयर विंडोज के साथ-साथ मैक के लिए भी उपलब्ध हैं। इन्हें डाउनलोड करने में कोई हर्ज नहीं होना चाहिए।

कैसे पता चले कि आपके मैक में वायरस आ गया है? इसके कुछ संकेत इस तरह हैं—स्क्रीन पर ऐसे सॉफ्टवेयर दिखाई देना, जिन्हें आपने कभी इंस्टॉल नहीं किया था, कंप्यूटर का बार-बार बंद पड़ जाना, वेब पेजों पर बहुत सारे पॉप अप एक के बाद एक खुलने लगना और किसी सॉफ्टवेयर को डाउनलोड करने की सलाह देना, कंप्यूटर का गरम हो जाना, कामकाज की रफ्तार बहुत कम हो जाना, मैक के भीतर तेज रफ्तार से गतिविधियाँ चलने का आभास आदि-आदि। तो यह तो साबित हो गया कि दूसरे कंप्यूटरों की तरह मैक भी पूरी तरह वायरस मुक्त नहीं है। उसे वायरस मुक्त बनाना अब आपके हाथ में है।

□

वह ऑनलाइन जॉब ऑफर कहीं कोई फंदा तो नहीं?

फिशिंग के फंदे से आप अब खूब परिचित होंगे। कोई रिजर्व बैंक की तरफ से तो कोई संयुक्त राष्ट्र की तरफ से, कोई किसी लॉटरी के नाम पर तो कोई आपके बैंक के नाम पर इ-मेल भेजकर आपसे कहता है कि यहाँ लॉगिन कीजिए। अगर आपने ऐसा किया तो आपकी डाली सूचनाएँ असली वेबसाइट पर नहीं, बल्कि स्कैमरों की वेबसाइट पर दर्ज हो रही हैं और तुरंत चुरा ली जाती हैं, जहाँ से उनका इस्तेमाल आपकी गाढ़ी कमाई की रकम लूटने के लिए कर लिया जाता है। और भी तमाम किस्म के स्कैम चल रहे हैं, मसलन कोई शख्स आपको अपनी करोड़ों डॉलर की पूँजी का एक हिस्सा इसलिए देना चाहता है, ताकि आप उस रकम को अपने बैंक खाते में सुरक्षित रख लें। बड़ी मधुर कल्पना लगती है, लेकिन हकीकत बड़ी खतरनाक है।

अगर आपके पास आजकल किसी अच्छी सी नौकरी का ऑफर आया है और आप यकायक घर बैठे डॉलरों में तनख्वाह पाने के सुहाने सपनों में खो गए हैं तो एक मिनट ठिठककर सोचिए। क्या दुनिया भर में एक आप ही हैं, जो यह ऑनलाइन काम करने के लिए इतने काबिल हैं कि अमेरिका या ब्रिटेन की कोई कंपनी आपसे संपर्क करके कहेगी कि भाई, यह नौकरी सिर्फ और सिर्फ आपके लिए ही बनी है, इसे स्वीकार कीजिए? हाल ही में मेरे पास भी ऐसा ही एक ऑफर आया, जिसमें कहा गया कि मैं एक ऑनलाइन फॉर्म भर दूँ, अगर मैं भी घर बैठे खाली वक्त में काम करके अच्छी-खासी तनख्वाह पाना चाहता हूँ। मैं तो समझ गया कि यह एक फंदा था मुझे फँसाने के लिए, लेकिन बहुत से लोग शायद न समझ पाएँ। मगर यह सच्ची कहानी पढ़कर आप समझ जाएँगे।

आजकल लोगों के पास बड़े लुभावने जॉब ऑफर आ रहे हैं। ऐसा ही एक ऑफर गलती से एक साइबर सिक्योरिटी विशेषज्ञ के पास पहुँच गया। देखते हैं फिर क्या हुआ? जो इ-मेल आई, उसमें सबकुछ असली जैसा—अमेरिका की मशहूर कंपनी का नाम, उसकी सही वेबसाइट का लिंक, भेजनेवाले शख्स का नाम और पद एकदम सही, उसका लिंक्डइन प्रोफाइल भी एकदम असली, लोगो भी एकदम सटीक और पता भी। विशेषज्ञ ने इंटरनेट पर खोज की और पाया कि भेजनेवालों ने बहुत मेहनत करके एकदम सही-सही सूचनाओं का इस्तेमाल किया है। बहरहाल, उसने भंडाफोड़ करने के लिए इस नौकरी की अर्जी दे दी। अपना उलटा-पुलटा बायोडाटा भेजा, जो नौकरी के मापदंडों के अनुकूल नहीं था। लेकिन कंपनी को यह पसंद आया। उसका जवाब आया कि एक ऑनलाइन चैट प्लेटफॉर्म पर आपका इंटरव्यू लिया जाएगा।

इंटरव्यू वीडियो कॉल के रूप में नहीं, बल्कि टेक्स्ट चैट के रूप में लिया जाना था। जाहिर था कि नौकरी देनेवाले अपनी शक्ल दिखाना नहीं चाहते थे। इंटरव्यू का दिन आ गया। चैट शुरू हो गई। उम्मीदवार ने इस बार अपनी जानकारियाँ एकदम अलग बताईं, जो बायोडाटा से मैच नहीं करती थीं। लेकिन इंटरव्यू लेनेवाले फिर भी बहुत प्रभावित दिखे। उनके चैट संदेशों में स्पेलिंग की गलतियों की भरमार थी, जो एक अच्छी कंपनी के इंटरव्यू लेनेवालों में होनी नहीं चाहिए थीं। बहरहाल, इंटरव्यू पैनल इतना प्रभावित हुआ कि उम्मीदवार ने जिस नौकरी के लिए आवेदन किया था, उससे भी बड़ी नौकरी की पेशकश कर दी गई। पूरे चालीस डॉलर प्रतिघंटा मेहनताना मिलेगा, यानी करीब तीन हजार रुपए प्रतिघंटा। ये लीजिए, उम्मीदवार की तो ऐश हो गई! आठ घंटे रोजाना की ड्यूटी, मतलब 24 हजार रुपए रोज की कमाई। वाह-वाह!

उम्मीदवार ने पूछा कि मुझे करना क्या होगा? जवाब मिला कि नौकरी तो आपको मिल गई है, एक लैपटॉप भी मिलेगा। अब कुछ औपचारिकताएँ पूरी कीजिए। मसलन अपने पासपोर्ट की फोटो, अपना चित्र, ऑफर लेटर पर दस्तखत, मोबाइल फोन नंबर, मोबाइल का आई.एम.ई.आई. नंबर और सीरियल नंबर आदि भेजिए। यहाँ उम्मीदवार, जो कि साइबर सिक्योरिटी विशेषज्ञ हैं, का मुसकराना लाजिमी था। कंपनी किस फिराक में है, समझना मुश्किल नहीं था। पूछा तो जवाब मिला कि आई.एम.ई.आई. नंबर के जरिए आपके फोन में कुछ एप्लीकेशन डाले जाएँगे। अब उम्मीदवार चतुर था, कहा कि मुझे फोन तो नया खरीदना पड़ेगा और

पासपोर्ट दूसरे शहर में पड़ा है, लाना पड़ेगा। नियोक्ता बोले—आप एप्पल का आईफोन मैक्स खरीदें, क्योंकि उसमें कुछ खास सॉफ्टवेयर डालने होंगे। बेहतर हो कि आप आईफोन मैक्स का पैसा कंपनी को भिजवा दें और वह सारे सॉफ्टवेयर डालकर आपको वापस भेज देगी। सॉफ्टवेयरों के जो नाम बताए गए, वे भी असली नामों की भौंड़ी नकल। बहरहाल, उम्मीदवार ने फिर पलटी खाई। कहा कि मेरे भाई के पास यह फोन है, मैं उससे ले लूँगा। कंपनी फिर भी नाराज नहीं हुई। उसने कहा कि कोई बात नहीं, वही आईफोन हमें डाक से भिजवा दें, हम सॉफ्टवेयर डालकर भेज देंगे।

उम्मीदवार ने ऑफर लेटर की इ-मेल में एक ऐसा लिंक भेजा कि इ-मेल खोलनेवाले शख्स के कंप्यूटर का आई.पी. एड्रेस हासिल हो जाए। आई.पी. एड्रेस तो मिला ही, उसकी खोज से यह भी पता चल गया कि वह नाइजीरिया का है। इसके बाद कंपनी ने फेडएक्स का एक लेबल भेजा, जहाँ पर आईफोन भेजा जाना था। इस लेबल की जाँच की गई तो वह नाइजीरिया के किसी शहर में खाली पड़े मकान का था। जाहिर है कि ठगों ने यह सूना मकान इसलिए चुना था कि अगर वहाँ पर कोई पैकेट आता है तो वे उसे आसानी से निकाल सकेंगे। सो किस्सा यहीं खत्म हुआ और सिक्योरिटी विशेषज्ञ की नकली जॉब सर्च एक दिलचस्प अंत को प्राप्त हुई। सो प्रिय पाठक, अगर आपको भी कोई शानदार ऑनलाइन जॉब ऑफर आया, तो जरा सँभल के।

□

फेक न्यूज का सिलसिला कहाँ जाकर थमेगा ?

राहुल गांधी ने अपनी एक रैली में लोगों से कहा कि वे एक ऐसी फैक्टरी लगाएँगे, जो आलू को सोने में बदल देगी। इधर से आलू डालो, उधर से सोना निकालो। अगर आपने अब तक यह खबर नहीं सुनी है और यह वीडियो नहीं देखा है तो बहुत-बहुत बधाई। बधाई इसलिए कि आप एक बड़ी फर्जी खबर को सुनने और उस पर भरोसा करने से बच गए। और अगर यह आप तक पहुँच गई तो आपका स्वागत है—फेक न्यूज की दुनिया में, जो आज सोशल मीडिया के सामने मौजूद सबसे बड़ी चुनौतियों में शरीक है।

असल में, राहुल गांधी ने प्रधानमंत्री नरेंद्र मोदी के एक भाषण का मजाक करते हुए यह बात कही थी। कहा था कि मोदीजी ऐसी फैक्टरी लगाने का दावा करते हैं, जो आलू को सोने में बदल देगी।

ऐसी ही एक खबर पिछले दिनों वायरल हुई कि नरेंद्र मोदी सरकार ने चुपचाप 200 टन सोना विदेश भिजवा दिया। पूरी तरह से सफेद झूठ, मगर किस जबरदस्त रफ्तार से फैला!

राजनाथ सिंह अपनी चुनाव सभा में नारा लगवाते हैं—चौकीदार··· और भीड़ जोर से बोलती है—चोर है! यह एक वीडियो है, जो व्हाट्सएप, फेसबुक और यू-ट्यूब पर खूब देखा और शेयर किया गया है। लेकिन असली वीडियो में तो भीड़ ने यह नारा लगाया ही नहीं था, बल्कि कहा था—चौकीदार प्योर है! तो यह वीडियो कहाँ से आया? क्या आपने वीडियो एडिटिंग के बारे में नहीं सुना?

वायनाड में राहुल गांधी के चुनाव नामांकन-पत्र भरने जाते समय पाकिस्तान

के झंडे लहराए गए। यह मैं नहीं कह रहा, बल्कि कुछ लोगों ने ट्विटर पर प्रचारित किया, बाकायदा हरे झंडों के फोटो के साथ। मगर असल में ये तो इंडियन यूनियन मुसलिम लीग के झंडे थे, जो केरल के यूनाइटेड डेमोक्रेटिक फ्रंट में कांग्रेस की साझीदार है।

बेगूसराय से लोकसभा चुनाव लड़नेवाले कन्हैया कुमार के प्रचार अभियान का एक फोटो वायरल हुआ, जिसमें उनके वाहन पर सबसे आगे कश्मीरी आतंकवादी अफजल गुरु का चित्र लगा दिखाया गया। असली फोटो में पोस्टर पर भारतीय कम्युनिस्ट पार्टी का चुनाव निशान छपा था। वहाँ अफजल गुरु कैसे आया? किसी ने फोटोशॉप या किसी दूसरे ग्राफिक्स सॉफ्टवेयर का इस्तेमाल किया।

ये अचानक किस बीमारी के शिकार हो गए हैं हम लोग? झूठे संदेशों की वजह से कहीं पर मासूम लोग बच्चे चुरानेवाले समझकर पीट-पीटकर मार दिए जाते हैं, तो कहीं गायों को बूचड़खाने ले जाने के अपुष्ट आरोप में मौत के हवाले कर दिए जाते हैं। किसी को चरित्रहीन, भ्रष्टाचारी, अपराधी, बेवकूफ या देशद्रोही के रूप में प्रचारित करना चुटकियों का काम है। जितना आसान किसी को ऑनलाइन बदनाम करना है, उतना ही किसी के साथ बदसलूकी करके फरार हो जाना है।

यह फेक न्यूज का दौर है बाबू, जब सबूत गढ़ना और झूठ को दिग्दिगंत तक फैलाना कोई मुश्किल काम नहीं है। मल्टीमीडिया सॉफ्टवेयर हैं, सस्ता इंटरनेट है, सर्वव्यापी सोशल मीडिया है और ऊपर से आम आदमी की पहुँच में आती आधुनिक तकनीकें हैं। मगर यह सब तो इनसान को विकास की तरफ ले जानेवाली, पारदर्शिता, संवाद और सूचनाओं को बढ़ावा देनेवाली चीजें हैं ना! बुनियादी अवधारणा तो यही है, लेकिन जब कोई माध्यम अनगिनत लोगों तक पहुँच रखता हो, सबको आसानी से सुलभ हो, लगभग निःशुल्क हो और बहुत शक्तिशाली हो तो उसका इस्तेमाल सिर्फ पुण्यात्माएँ ही करेंगी, यह कहाँ पर लिखा है?

अमेरिका के राष्ट्रपति चुनावों के बारे में कहा जाता है कि अगर फेक न्यूज न होती, तो कुछ साल पहले हिलेरी क्लिंटन वहाँ की राष्ट्रपति होतीं। कैंब्रिज एनालिटिका के स्कैंडल के बारे में तो आपने सुना ही होगा। साथ ही, ये खबरें भी आपकी निगाह में आई होंगी कि किस तरह रूस ने फेक न्यूज और लक्षित (टारगेटेड) प्रचार अभियानों के जरिए नकली खबरें झोंक दीं और डोनाल्ड ट्रंप के दौर में अमेरिकी चुनाव के नतीजे बदल दिए।

लेकिन बात अमेरिका तक सीमित नहीं रही। बाईस देशों में कराए गए

माइक्रोसॉफ्ट के सर्वे के नतीजे बताते हैं कि 64 फीसदी भारतीयों को फेक न्यूज का सामना करना पड़ता है। पूरी दुनिया का आँकड़ा देखें तो वह 57 फीसदी है। जाहिर है कि हम यहाँ सबसे आगे निकल गए हैं। अफसोस की बात यह है कि 72 फीसदी सोशल मीडिया यूजर सही और गलत खबर के बीच फर्क करने में खुद को असमर्थ मानते हैं। 2017 में बी.बी.सी. की तरफ से कराया गया अध्ययन तो यही कहता है। इतना ही नहीं, भारत में ऐसी अफवाहों और फर्जी खबरों की वजह से अलग-अलग समय में दर्जनों लोग मारे जा चुके हैं। ऐसे में बाकी दुनिया के बरक्स हमारे लिए फेक न्यूज की आफत ज्यादा बड़ी और ज्यादा चिंताजनक है।

सरकार ने फेसबुक, व्हाट्सएप, ट्विटर, यू-ट्यूब (गूगल) जैसे सोशल मीडिया माध्यमों पर इस समस्या से निपटने के लिए दबाव बनाया है। लोगों को जागरूक करने के अभियान भी चले हैं। तकनीकी स्तर पर भी रास्ते निकाले जा रहे हैं। ऐसी टीमें भी बनाई गई हैं, जो फर्जी दिखाई देनेवाली खबरों की पड़ताल करती हैं। सोशल मीडिया पर ऐसी सुविधाएँ जोड़ी गई हैं कि आप किसी भी फेक न्यूज को रिपोर्ट कर सकते हैं, ताकि सोशल मीडिया माध्यम उसे ब्लॉक कर दे। व्हाट्सएप पर अंधाधुंध संदेश फॉरवर्ड करने पर भी रोकथाम की जा रही है। दंडात्मक काररवाइयाँ भी हो रही हैं। कोशिशें जारी हैं, लेकिन जिन लोगों को फेक न्यूज के प्रसार से ठोस फायदा है, उन्हें अचानक किसी किस्म का सामाजिक दायित्वबोध हो जाए, ऐसी उम्मीद करना असंभव है। उलटे 'डीप फेक' जैसी नई चीजें सामने आ रही हैं, जो फेक न्यूज की चुनौती को और भी ज्यादा गंभीर बना रही हैं।

'डीप फेक' का मतलब है—ऐसा फर्जी कंटेंट, जिसे तैयार करने में तकनीकी दुनिया की सबसे आधुनिक शक्तियों का इस्तेमाल किया गया है, जैसेकि आर्टिफिशियल इंटेलिजेंस, मशीन लर्निंग और न्यूरल नेटवर्क। ये वही तकनीकें हैं, जो हमारी दुनिया बदल सकती हैं, लेकिन तसवीर का एक दूसरा पहलू भी होता है।

'डीप फेक' की बदौलत आप किसी भी शख्स का पूरी तरह से नकली वीडियो तैयार कर सकते हैं। उसकी अपनी आवाज में उससे कुछ भी बुलवा सकते हैं। इसे बनाने में आर्टिफिशियल इंटेलिजेंस की शक्तियों का इस्तेमाल होता है। आप जानते हैं कि आर्टिफिशियल इंटेजिलेंस की बदौलत कंप्यूटर नई चीजें सीख सकता है। अगर इसमें किसी नेता के कुछ सौ चित्रों और कुछ मिनट के भाषण को फीड कर दिया जाए तो वह उसके एकदम असली लगनेवाले वीडियो निर्मित कर सकती है। तब आपको ऐसा वीडियो भी देखने को मिल सकता है, जिसमें कोई नेता किसी

समुदाय के खिलाफ लोगों को भड़काता हुआ दिखाई दे, हालाँकि उसने कभी भी ऐसा किया ही नहीं।

स्टैनफोर्ड विश्वविद्यालय में विकसित 'फेस-टू-फेस' नामक तकनीक आपके शब्द और आपकी मुद्राएँ किसी दूसरे शख्स के चेहरे पर इंपोज कर सकती है, इस तरह कि किसी को शक ही न हो। अलाबामा विश्वविद्यालय में एक ऑडियो तकनीक पर काम चल रहा है। यहाँ किसी भी शख्स की आवाज की तीन से पाँच मिनट की रिकॉर्डिंग दीजिए और फिर सिंथेसाइज की हुई, जिसकी अपनी आवाज में, जितने घंटे की ऑडियो रिकॉर्डिंग करना चाहें, कर लीजिए। तसवीरों के पीछे से बैकग्राउंड हटाकर दूसरा बैकग्राउंड लगाना तो अब मोबाइल फोन के एप्स के जरिए सेकंडों का खेल हो चुका है।

तकनीकें और भी बहुत सी आ रही हैं। किसी प्रतिष्ठित अखबार, टेलीविजन चैनल, कंपनी या संस्थान की पूर्णतः नकली वेबसाइट बनाना भी मुश्किल नहीं रह गया है। तो आगे क्या होगा? क्या फेक न्यूज खबरों की विश्वसनीयता को संकट में डालने की स्थिति में आ जाएगी? जब हम किसी भी खबर पर विश्वास नहीं कर सकेंगे, किसी भी चित्र को असली नहीं मान सकेंगे, किसी भी वीडियो को वास्तविक नहीं मान सकेंगे और किसी भी बयान की हकीकत पर शक करेंगे? या फिर सरकारों, सोशल मीडिया संस्थानों, तकनीकों और प्रयोक्ताओं की साझा कोशिशें खबरों का अस्तित्व, उनकी विश्वसनीयता सुनिश्चित करेंगी?

तकनीकी समस्या का समाधान करने में तकनीक की ही भूमिका सबसे महत्त्वपूर्ण होनी चाहिए। आर्टिफिशियल इंटेलिजेंस अगर फर्जी वीडियो तैयार करने में मदद कर सकती है तो उन्हें पहचानने में भी सक्षम होनी चाहिए। एल्गोरिद्म (कंप्यूटर कोड) से पैदा हुई समस्या का जवाब भी एल्गोरिद्म में ही होना चाहिए। जो चिह्न इनसानी आँखों को दिखाई नहीं देते, उन्हें तकनीक समझ सकती है। हालाँकि तकनीक मंथन करने, विभिन्न पहलुओं को सोचने और विवेक का इस्तेमाल करने में सक्षम नहीं है, इसलिए इनसानी मेधा की जरूरत बनी रहेगी।

फेसबुक और ट्विटर समेत सभी सोशल मीडिया दिग्गज आर्टिफिशियल इंटेलिजेंस संबंधी शोध पर भारी निवेश कर रहे हैं। आज जिसका परिणाम मशीन अनुवाद के रूप में दिखाई दे रहा है, वही कल फेक न्यूज के समाधान के रूप में दिखेगा। साइबर सुरक्षा के क्षेत्र में आर्टिफिशियल इंटेलिजेंस बहुत कारगर सिद्ध हो रही है, जो साइबर हमलों को पहले ही पहचानने और तुरंत उनसे बचाव का रास्ता

सुझाने में मदद करने लगी है। फेक न्यूज के पोस्ट होते समय तुरंत वहीं पर उसे ब्लॉक कर दिया जाना भी कुछ साल बाद असंभव नहीं रह जाएगा। इनसान और मशीन का गठजोड़ इसके रास्ते निकाल ही लेगा।

'ब्लॉकचेन' नामक तकनीक भी उम्मीद जगाती है। यह वही तकनीक है, जिसका इस्तेमाल बिटकॉइन जैसी क्रिप्टोकरेंसी में किया गया है। इसमें सूचनाओं की हजारों प्रतियाँ अलग-अलग लोगों के कंप्यूटरों में सहेजी जाती हैं। असली खबर के साथ भी ऐसा किया गया तो फिर फेक न्यूज की पड़ताल करना बहुत मुश्किल नहीं रह जाएगा। अगर हम दुनिया को अराजकता में नहीं धकेल देना चाहते, तो खबर और उसकी विश्वसनीयता को बचाना जरूरी है।

□

ऑनलाइन जालसाजी की नई चुनौती है स्पियर फिशिंग

तकनीकी दुनिया में भी 'फिशिंग' (Phishing) होती है और उसका इस्तेमाल अनभिज्ञ लोगों को अपने जाल में फँसाने के लिए ही किया जाता है। हालाँकि दोनों फिशिंग की स्पेलिंग अलग-अलग हैं। बहरहाल, इन दिनों एक खास किस्म की फिशिंग की चर्चा हो रही है और वह है स्पियर फिशिंग। ऐसा माना जा रहा है कि यह ज्यादा घातक है और इसे पकड़ पाना ज्यादा मुश्किल।

हालाँकि फिशिंग से आप परिचित हैं, लेकिन फिर भी बतौर संदर्भ बताना ठीक रहेगा। कुछ साइबर अपराधी इ-मेल, एस.एम.एस., सोशल मीडिया या सोशल मैसेजिंग के जरिए आपको ऐसे संदेश भेजते हैं, जो किसी बैंक, सरकारी विभाग, बड़ी कंपनी आदि से आए हुए दिखाई देते हैं। जैसे ऐसा संदेश, जिसमें आयकर विभाग के लोगो का इस्तेमाल किया गया है और वह ऐसे दिखता है, जैसे आयकर विभाग ने ही आपको भेजा है। इसमें आपको ऐसी सूचना दी जाती है, जिसे अनदेखा करना आपके लिए मुश्किल होता है, जैसे यह कि आपको इनकम टैक्स रिफंड भेजा जा रहा है या फिर यह कि आपका रिटर्न सही ढंग से नहीं भरा गया था। वहीं एक लिंक देकर कहा जाता है कि आप हमारी वेबसाइट पर लॉगिन करके जरूरी औपचारिकताएँ पूरी कर दीजिए। आप वेबसाइट पर पहुँचते हैं और अपनी लॉगिन डिटेल भी डाल देते हैं, लेकिन आपको पता ही नहीं कि यह असली आयकर विभाग की साइट नहीं है, बल्कि साइबर अपराधियों ने हू-ब-हू असली साइट जैसी दिखनेवाली नकली साइट बना डाली है। आपकी लॉगिन इन्फॉरमेशन को वे अपने पास सहेज लेते हैं और उसके बाद इनका दुरुपयोग कर सकते हैं। मान लीजिए कि आपने नकली बैंक वेबसाइट पर अपना यूजरनेम, पासवर्ड आदि

डाल दिया तो फिर उसका इस्तेमाल करके हैकर आपके असली बैंक अकाउंट को खाली कर सकते हैं।

तो यह थी फिशिंग! लेकिन स्पियर फिशिंग इससे एक कदम आगे बढ़कर है। जहाँ फिशिंग में एक ही तरह का संदेश लाखों-करोड़ों लोगों को भेजा जाता है, वहीं स्पियर फिशिंग में एक खास कंपनी, खास वर्ग, समूह, शहर, आय वर्ग आदि के लोगों को निशाना बनाया जाता है। मसलन अगर आप रिलायंस कंपनी में काम करते हैं तो आपको रिलायंस कंपनी के नाम से ही नकली इ-मेल भेजी जाती है। इसे तैयार करने में भी खासा रिसर्च किया जाता है और इ-मेल में दी गई सूचनाएँ एकदम सटीक प्रतीत होती हैं। मान लीजिए कि कंपनी के तिमाही वित्तीय नतीजे 30 तारीख को आनेवाले हैं। अगर उसी दिन आनेवाली इ-मेल में इनका जिक्र किया गया हो तो पानेवाला उन्हें सही मान बैठेगा और वहाँ दिए लिंक पर क्लिक कर देगा।

किसी राजनीतिक दल से जुड़े कार्यकर्ताओं को उसी राजनीतिक दल के बारे में इ-मेल मिले या फिर किसी शहर के लोगों को उसी शहर के नगर निगम की तरफ से इ-मेल मिले, तो जाहिर है कि उनके भ्रमित होने के आसार ज्यादा होंगे। स्पियर फिशिंग का इस्तेमाल करनेवाले हैकर अनभिज्ञ लोगों को ठगने के लिए इसी भ्रम का लाभ उठाते हैं। कभी-कभी तो कोई संदेश एकदम आपको ध्यान में रखकर लिखा गया हो सकता है, जिसमें आपसे संबंधित सूचनाएँ भी होती हैं। जाहिर है कि इस पर यकीन न करना आपके लिए मुश्किल होगा।

कल्पना कीजिए कि आपको यह संदेश मिले कि आप अगले सोमवार को कोलकाता आ रहे हैं तो अगर आप चाहें तो वहाँ के फलाँ होटल को बहुत सस्ती दर पर बुक कर सकते हैं। यह रही एक शानदार डील! आपने चूँकि अपनी कोलकाता यात्रा का प्लान सोशल मीडिया पर साझा किया था, इसलिए आपको लगेगा कि आपका कोई मित्र या शुभचिंतक, जो किसी होटल में काम करता होगा, उसने यह संदेश भेजा है। हो सकता है कि आप इस पर भरोसा कर लें और होटल बुकिंग का यह शानदार मौका छोड़ना न चाहें। लेकिन समझदारी इस बात में है कि ऐसे संदेशों पर प्रतिक्रिया करने में जल्दबाजी न दिखाएँ।

स्पियर फिशिंग से बचने के उपाय भी वही हैं, जो फिशिंग, स्पाईवेयर, वायरस और इंटरनेट के जरिए होनेवाली दूसरी साइबर चुनौतियों से बचने के हैं। पाँच बातें गाँठ बाँधकर रखिए—पहली, आपके सिस्टम में एक दमदार सिक्योरिटी सोल्यूशन होना चाहिए। अगर आपके पास विंडोज 10 है तो उसमें पहले से ही

विंडोज डिफेंडर मौजूद है, जो अब काफी सशक्त बन चुका है और आपको अलग से कोई सिक्योरिटी सॉफ्टवेयर इंस्टाल करने की जरूरत नहीं है। दूसरी बात, अपने सिस्टम को हमेशा अपडेट रखें। आप जानते हैं कि विंडोज और ऑफिस आदि के लिए समय-समय पर इंटरनेट से अपडेट डाउनलोड होते रहते हैं। तीसरी सावधानी, किसी भी फाइल को आँख मूँदकर किसी बाहरी स्रोत से डाउनलोड या कॉपी करने से बचें। सुरक्षा संबंधी पहलुओं को लेकर पूरी तरह आश्वस्त होने के बाद ही आगे बढ़ें। चौथी बात, इ-मेल, वेबसाइट, सोशल मीडिया प्लेटफॉर्म आदि पर किसी भी लिंक को क्लिक करने से बचें, जब तक कि आपको पक्का भरोसा न हो कि वह एक सुरक्षित लिंक है और वास्तव में उसी चीज का लिंक है, जिसका दावा किया गया है। पाँचवीं सावधानी यह है कि कोई भी पेशकश, तथ्य, डील या बात अगर बहुत ही ज्यादा आकर्षक लग रही है तो वह शायद ही सच होगी। इंटरनेट पर किसी भी तथ्य पर यकीन करने की बजाय शंकालु बने रहें, संदेह से काम लें।

□

जब प्राइवेसी हो प्यारी तो इ-मेल भी हो न्यारी

जी-मेल बेहद लोकप्रिय वेब मेल सेवा है और बहुत ताकतवर भी। यूजर्स को यहाँ मिलनेवाला स्पेस भी ठीक ठाक है—15 गीगाबाइट्स। स्पैम मैसेजों को फिल्टर करने की व्यवस्था भी यहाँ है और मेल सर्च, लेबल, टाइपिंग सुझाव और भारतीय भाषाओं में टाइप करने की सुविधा भी। जी-मेल को हैकरों की नजरों से काफी हद तक सुरक्षित माना जा सकता है, अगर आपने जरूरी फीचर्स का उपयोग किया है, जैसे—टू फैक्टर ऑथेंटिकेशन। लेकिन प्राइवेसी के मामले में जी-मेल की कई कमियाँ हैं और गूगल विज्ञापन दिखाने के लिए भी आपके इ-मेल बॉक्स और डाटा का इस्तेमाल करता है। आइए, कुछ ऐसे विकल्पों को देखें, जो आपकी प्राइवेसी सुरक्षित रखते हैं।

आउटलुक.कॉम

विंडोज पर काम करनेवाले लोगों ने कभी-न-कभी माइक्रोसॉफ्ट के प्लेटफॉर्म पर कोई-न-कोई अकाउंट जरूर बनाया होगा, जैसे—लाइव.कॉम, हॉटमेल.कॉम, वनड्राइव.कॉम, आउटलुक.कॉम आदि। हॉटमेल तो अब है नहीं, उसकी जगह आउटलुक.कॉम ने ले ली है, जिसका नाम माइक्रोसॉफ्ट के इ-मेल क्लाइंट सॉफ्टवेयर 'आउटलुक' से लिया गया है। आउटलुक पर भी आपको जी-मेल की ही तरह 15 गीगाबाइट का स्टोरेज स्पेस मिलता है। माइक्रोसॉफ्ट की नीति आपकी प्राइवेसी को सुरक्षित रखने की है। वह इ-मेल संदेशों को स्कैन नहीं करता, न ही उन्हें पढ़कर किसी तरह की ऑटोमैटिक सेवाओं के लिए इस्तेमाल करता है। विज्ञापन दिखेंगे, लेकिन वे टारगेटेड नहीं होंगे, यानी कि उनका आपके

इ-मेल संदेशों के भीतर लिखी बातों या आपकी गतिविधियों से कोई संबंध नहीं होगा। आउटलुक में आप रिच इ-मेल भेज सकते हैं, यानी कि ऐसी इ-मेल, जो दिखने में वर्ड डॉक्यूमेंट्स जैसी हो। इसमें टेक्स्ट को अलग-अलग आकार, फॉण्ट साइज, रंगों आदि में फॉरमेट किया जा सकता है। फोटो व्यूअर, इमर्सिव रीडर (पढ़कर सुनानेवाली सुविधा), वनड्राइव या दूसरे क्लाउड स्टोरेज सेवाओं से कनेक्ट करने की सुविधा और एनक्रिप्शन इसे और उपयोगी बनाते हैं।

टूटानोटा

यह जर्मनी से चलाई जानेवाली इ-मेल सेवा है, जिसमें आपका पूरा मेलबॉक्स एनक्रिप्टेड है, यानी कि इसमें मौजूद सारा डाटा एनक्रिप्ट किया गया है। यहाँ पर फॉरवर्ड सीक्रेसी का समर्थन करनेवाली तकनीक का इस्तेमाल होता है। इसका मतलब यह हुआ कि अगर किसी हैकर को एक मेल संदेश के एनक्रिप्शन का तोड़ भी मिल जाए, तो भी सिर्फ यही एक इ-मेल संदेश उसके हाथ लगेगा, बाकी संदेशों पर वह तरीका काम नहीं करेगा। 'टूटानोटा' न तो आपके संदेशों को पढ़ता, न आपकी गतिविधियों पर नजर रखता और न ही आपको टारगेटेड विज्ञापन दिखाता है। इसके जरिए भेजे जानेवाले संदेशों में आपका आई.पी. एड्रेस शामिल नहीं होता, इसलिए हैकर आपकी लोकेशन का भी पता नहीं लगा सकेंगे। जी-मेल की तरह यहाँ पर भी टू फैक्टर ऑथेंटिकेशन मौजूद है। मतलब यह कि लॉगिन करने के लिए पासवर्ड के साथ-साथ फोन पर आनेवाले वन टाइम पासवर्ड को इस्तेमाल करने की सुविधा। यहाँ फ्री वर्जन में आपको सिर्फ एक जी.बी. स्पेस मिलता है। पता है—tutanota.com

पोस्टियो

शायद आपको पता हो कि यूरोप में कुछ महीनों पहले जी.डी.पी.आर. के नाम से बहुत कठोर प्राइवेसी कानून बनाया गया था, जो इंटरनेट सेवाएँ मुहैया करानेवाली कंपनियों पर लागू होता है। 'टूटानोटा' की ही तरह 'पोस्टियो' भी जी.डी.पी.आर. के नियमों का पालन करता है। संयोग से, यह भी एक जर्मन कंपनी का उत्पाद है। 'पोस्टियो' आपके डाटा की सुरक्षा पक्की करने के लिए कई स्तर पर एनक्रिप्शन का प्रयोग करता है। आप इसका इस्तेमाल अपनी पहचान को पूरी तरह छिपाते हुए भी कर सकते हैं। 'टूटानोटा' की ही तरह यह

कंपनी भी आपके संदेशों से आई.पी. एड्रेस को अलग हटा देती है, ताकि कोई आपकी लोकशन को भाँप न सके। वह आपकी गतिविधियों का ब्योरा भी नहीं रखती, जैसे कि कई दूसरे इ–मेल प्रोवाइडर रखते हैं। इसकी एक कमी है, स्पैम फोल्डर का न होना। अगर किसी इ–मेल संदेश पर शक है तो वह सीधे डिलीट कर दिया जाएगा या फिर आपको भेज दिया जाएगा। यहाँ स्टोरेज स्पेस है—2 जी.बी. और अटैचमेंट साइज की सीमा है—50 एम.बी.। हालाँकि यह पेड सेवा है, लेकिन शुल्क बहुत कम है—एक यूरो प्रतिमाह। पता है—posteo.de/en/

स्टार्टमेल

यह मेल सेवा प्राइवेसी को अपना सबसे बड़ा लक्ष्य मानकर चलती है, इसलिए यहाँ अकाउंट बनाकर आप उस तरफ से निश्चिंत हो सकते हैं। नीदरलैंड से संचालित यह सेवा 'स्टार्टपेज' नामक सर्च इंजन के निर्माताओं ने शुरू की थी। यहाँ आपके डाटा को ब्राउजर की बजाय मेल सर्वर में एनक्रिप्ट किया जाता है, जो प्राइवेसी की पक्की गारंटी है। वजह ? ब्राउजर आपके कंप्यूटर पर खोला जाता है, इसलिए उसमें फिर भी कोई सेंध लगा सकता है, लेकिन सर्वर को हैक करके डाटा को चुरा लेना एक मुश्किल काम है। स्टार्टमेल कभी भी आपकी इ–मेल को पढ़कर उसका किसी काम के लिए इस्तेमाल नहीं करता। यहाँ पर दस गीगाबाइट का स्टोरेज स्पेस मिलता है। इसका ट्रायल वर्जन भी उपलब्ध है और पेड वर्जन भी। अटैचमेंट साइज की सीमा 25 मेगाबाइट है। एक दिलचस्प फीचर अस्थायी इ–मेल एड्रेस का है, जिसका प्रयोग करने के कुछ देर बाद वह एक्सपायर या निष्क्रिय हो जाता है। जिन्हें अपनी प्राइवेसी बचाते हुए मेल संदेश भेजने हों, उनके लिए यह एक उपयोगी सुविधा है। पता है—startmail.com/en/

जोहो मेल

यूरोप के जी.डी.पी.आर. प्राइवेसी नियमों का पालन करनेवाली 'जोहो मेल' में टू–फैक्टर ऑथेंटिकेशन, फिल्टर और एडवांस्ड सर्च जैसे फीचर मौजूद हैं। 'जोहो मेल' में सभी संदेशों को एनक्रिप्ट किया जाता है, मेल सेवा प्रदाता उन संदेशों को पढ़ते नहीं हैं और न ही उनकी छानबीन करते। उसका दावा है कि वह आपकी सूचनाओं को विज्ञापनदाताओं के साथ साझा नहीं करती। एक अहम सुविधा है, यहाँ पर कोलेबोरेशन के फीचर्स की मौजूदगी, यानी एक से

अधिक लोग अगर साथ काम करना चाहें तो उनके लिए तकनीकी सुविधाएँ। इसके फोरएवर फ्री (सदा निःशुल्क) प्लान के तहत हर यूजर को पाँच जी.बी. स्पेस मिलता है और वह 25 मेगाबाइट तक का अटैचमेंट भेज सकता है। पता है—zoho.com/mail/

□

क्या मशीनें चख सकती हैं? जहर भी?

टेक्नोलॉजी की क्षमताएँ जिस अंदाज में बढ़ रही हैं, वह हैरतअंगेज है। स्पीच सिंथेसिस की बदौलत आज कंप्यूटर बोल सकता है। वॉयस रिकॉग्निशन के जरिए वह आपकी आवाज को सुन सकता है। कुछ इमारतों में आपने देखा होगा कि आप आगे बढ़ते हैं और कुछ दरवाजे अपने आप खुल जाते हैं। कंप्यूटर विजन ने टेक्नोलॉजी को देखने में सक्षम बना दिया है। तमाम किस्म के सेंसरों के जरिए टेक्नोलॉजी स्पर्श को भी पहचानने लगी है। आपका स्मार्टफोन फिंगरप्रिंट सेंसर पर उँगली दबाते ही खुल जाता है। यहाँ तक कि स्मार्टफोन के की-बोर्ड पर धीरे से उँगली दबाने का अलग अर्थ है और जोर से दबाने का अलग। वह स्पर्श ही नहीं, उसकी गहराई को भी समझने लगा है।

टेक्नोलॉजी कई क्षेत्रों में हमारी इंद्रियों से होड़ लेने लगी है। लेकिन शायद आपको तसल्ली होगी कि कम-से-कम वह किसी चीज को चखने में सक्षम नहीं है। मगर नहीं, यह आपकी गलतफहमी है। यह एक और मोरचा है, जिसे टेक्नोलॉजी ने फतेह कर लिया है। अमेरिका के कई विश्वविद्यालयों में इसके प्रयोग कामयाब रहे हैं और सिर्फ प्रयोग ही क्यों, 'ई-टंग' (इलेक्ट्रॉनिक जीभ) के नाम से एक कॉमर्शियल उत्पाद भी बाजार में आ गया है।

शायद तकनीक के लिए यह उतना मुश्किल काम नहीं है, जितना कि हमें लगता है। हम चखते कैसे हैं? हमारी जीभ पर दर्जनों स्वाद-बिंदु (कलिकाएँ) होते हैं, जो सेंसर का काम करते हैं। ये भोजन कणों के स्वाद पर प्रतिक्रिया करते हुए मस्तिष्क को संकेत भेजते हैं। मस्तिष्क ऐसे तमाम संकेतों को इकट्ठा करके स्वाद की अनुभूति पैदा करता है, जैसे कि कड़वा या खट्टा। चखने की इलेक्ट्रॉनिक प्रक्रिया भी काफी हद तक इसी तर्ज पर संपन्न होती है।

इलेक्ट्रॉनिक जीभ में रसायन होते हैं, जो यही प्रक्रिया थोड़े अलग अंदाज में पूरी करते हैं। 'पॉलिश अकेडमी ऑफ साइंटिस्ट्स' से इस बात को समझते हैं। खट्टी चीजों को पहचानने के लिए हमारे पास पहले से ही एक मानक मौजूद है, जिसे पी-एच. (pH) कहा जाता है। आपने अम्लों और शरीर के भीतर की अम्लता की पहचान के संदर्भ में इस मानक का जिक्र सुना होगा। फिर लिटमस पेपर भी तो एक रसायन के जरिए ही अम्ल और क्षार की पहचान करता है। खारे स्वाद को पहचानने के लिए उन्हीं रसायनों का इस्तेमाल किया जा सकता है, जो सोडियम, पोटेशियम और क्लोरीन के साथ प्रतिक्रिया करते हैं। नमक सोडियम और क्लोरीन के मिलन से भी बनता है और पोटेशियम और क्लोरीन के मिलने से भी। इलेक्ट्रॉनिक जीभ में ऐसे बहुत सारे सेंसर होंगे, जो मिलकर स्वाद की सूचना तैयार करेंगे।

वाशिंगटन स्टेट यूनिवर्सिटी में चल रहे एक अध्ययन को जर्नल ऑफ फूड साइंस ने प्रकाशित किया है। इसमें ऐसी इलेक्ट्रॉनिक स्वाद प्रणाली की बात की गई है, जो स्वाद को विजुअल (दर्शनीय) सूचनाओं में बदल देती है। यानी कि इसके संकेत ऐसे चित्र तैयार करते हैं, जिन्हें देखकर आप स्वाद का ठीक-ठीक अनुमान लगा सकते हैं। अगर खट्टा है तो चित्र अलग होगा और बहुत खट्टा है तो अलग। इस तरह की तकनीकें जब मुख्यधारा में आ जाएँगी तो खतरनाक पदार्थों को चखने से लेकर खट्टे, कड़वे और कसैले पदार्थों को चखने की चुनौती कितनी आसान हो जाएगी!

साउथ कैरोलिना यूनिवर्सिटी में जेवियर सेतो और उनके साथियों ने सोने, प्लेटिनम और कार्बन के इलेक्ट्रॉड्स से एक स्वाद-मशीन तैयार कर ली है। इसका इस्तेमाल शराब को चखने के लिए किया जा रहा है। वह शराब में मौजूद मिठास, कड़वेपन और दूसरे स्वादों को मापकर संकेत भेजती है, जिन्हें गणितीय रूप से प्रोसेस किया जाता है और फिर हर एक शराब का एक अलग फिंगरप्रिंट (निशान) तैयार किया जाता है। शोधकर्ताओं ने स्पेन के कैटेलोनिया क्षेत्र की 52 किस्म की रेड वाइंस का स्वाद मापने में इसका इस्तेमाल करके देखा है।

अब जिक्र जापान की 'हिगूची' नामक कंपनी का, जिसने बाकायदा एक स्वाद परीक्षण प्रणाली (टेस्ट सेंसिंग सिस्टम) तैयार कर ली है। यह टीएस-5000जैड और एसए402बी नामक उपकरणों के रूप में उपलब्ध है। हम जानते हैं कि हमारा भोजन हजारों किस्म के पदार्थों के कणों से बना है। 'हिगूची' की 'स्वाद परीक्षण प्रणाली' भोजन के अणुओं की सूचना को इकट्ठा करके उसके आधार

पर ऐसे चित्र बनाती है, जो उसके स्वाद का संकेत देते हैं। इन संकेतों को गणितीय तौर-तरीकों से और सटीक बनाया जाता है। अंतिम परिणाम यह होता है कि वह हलकी कॉफी और कड़क कॉफी के बीच अंतर बता सकती है।

यह सब फिलहाल नई-नई बातें हैं, लेकिन पारंपरिक रसायन विज्ञान, गणित और नई टेक्नोलॉजी (आर्टिफिशियल इंटेलिजेंस, अथाह कंप्यूटिंग शक्ति और डाटा एनालिटिक्स) की बदौलत ऐसी मशीनें कुछ ही साल में आम हो जाएँगी, जो खतरनाक-से-खतरनाक स्वाद भी चख सकेंगी, यहाँ तक कि जहर भी और साइनाइड भी। तब हम और भी ज्यादा वास्तविक दिखनेवाले ह्यूमनोइड रोबोट बना सकेंगे और अनगिनत औद्योगिक स्थितियों में उनका इस्तेमाल कर सकेंगे। और हाँ, तब शायद शराब, चाय, कॉफी और चॉकलेट कंपनियों को स्वाद चखने के लिए अलग से कर्मचारी नहीं रखने पड़ें और नतीजे भी ज्यादा सटीक आएँ।

□

पासवर्ड रहित दुनिया में आपका स्वागत है

सन् 2004 में आई.टी. दिग्गज बिल गेट्स के एक बयान ने सबका ध्यान खींचा था। उन्होंने कहा कि पासवर्ड के दिन लद गए हैं और वह अब आपकी सूचनाओं और पहचान को सुरक्षित रखने के योग्य नहीं है। तब उनकी बात पर यकीन नहीं हुआ था, लेकिन आज उनकी बात सोलह आने सही साबित हो रही है। आई.टी. की दुनिया पासवर्ड से आगे बढ़ चली है।

मैं अपने विंडोज 11 कंप्यूटर को खोलते समय कोई पासवर्ड नहीं डालता। जैसे ही मैं अपना लैपटॉप खोलता हूँ, वह मुझे पहचान लेता है और विंडोज चालू। सन् 1960 में पहली बार कंप्यूटर पर पासवर्ड का इस्तेमाल शुरू होने के बाद वाकई आज हम बहुत आगे बढ़ आए हैं। असल में पिछले दस साल में यूजर ऑथेंटिकेशन (पहचान साबित करना) के मामले में क्रांतिकारी तरक्की हुई है। आपने शायद नोटिस न किया हो, लेकिन यह बदलाव आप सब तक पहुँच भी चुका है।

अपने मोबाइल फोन को ऑन करने के लिए क्या-क्या कर सकते हैं आप? पासवर्ड डालना, चार या छह अंकों का पिन डालना, नौ बिंदुओं के बीच उँगलियों को ड्रैग करके स्वाइप करना··· ? यह सब आम हो चुका है ना? अगर आपका स्मार्टफोन उन्नत किस्म का है तो आप फिंगरप्रिंट से भी खोलने लगे हैं और कुछ फोन में स्मार्टफोन आपका चेहरा पहचानकर खुद ही स्क्रीन खोल देता है। खुद ही देख लीजिए, देखते-देखते कितने विकल्प आपके सामने आ चुके हैं! पासवर्ड उनमें से महज एक विकल्प है।

हालाँकि यह बात हर जगह पर लागू नहीं होती। वेबसाइटों पर आज भी पासवर्ड डालने की जरूरत पड़ती है। यह जानते हुए भी कि दुनिया में कंप्यूटरों को हैक कर लिये जाने के 81 फीसदी मामले पासवर्ड के चोरी हो जाने या भाँप लिये जाने के कारण होते हैं। वेबसाइटों के पास इसका कोई असरदार विकल्प तब तक

नहीं हो सकता, जब तक कि आपके कंप्यूटर या स्मार्टफोन में कुछ खास किस्म की सुविधाएँ न हों, जैसे—फिंगरप्रिंट स्कैनर। लेकिन इस समस्या का चौतरफा समाधान ढूँढ़ा जाना जरूरी है, क्योंकि एक अनुमान कहता है कि कुछ साल में हर कंप्यूटर-स्मार्टफोन-इंटरनेट यूजर के पास औसतन 200 पासवर्ड होंगे।

बदलाव जारी है। माइक्रोसॉफ्ट विंडोज 10 और विंडोज 11 की मिसाल लें। इस ऑपरेटिंग सिस्टम के नए और उन्नत संस्करणों में लॉग ऑन करने के कई तरीके मौजूद हैं। माइक्रोसॉफ्ट के उत्पाद पासवर्ड मुक्त व्यवस्था की ओर बढ़ रहे हैं। अगर आपके पी.सी. में अच्छा कैमरा मौजूद है तो 'विंडोज हैलो' नामक तकनीक को सक्रिय करके आप महज अपने चेहरे से ही लॉग ऑन कर सकते हैं। इसके अलावा फिंगरप्रिंट का विकल्प भी है। अगर ये दोनों व्यवस्थाएँ संभव न हों तो आप अपना माइक्रोसॉफ्ट पासवर्ड डाल सकते हैं। यह पासवर्ड माइक्रोसॉफ्ट के हर उत्पाद पर काम करेगा। इसे 'सिंगल साइन ऑन' कहते हैं। मतलब यह कि अगर आपने विंडोज में पासवर्ड डाल दिया है तो वह आउटलुक.कॉम, वनड्राइव.कॉम जैसे वेब ठिकानों पर भी चल जाएगा। बार-बार पासवर्ड डालने की जरूरत नहीं होगी।

विंडोज पर पासवर्ड का एक विकल्प है पिन, जो बहुत आसान है, क्योंकि इसमें सिर्फ चार या छह अंकों को ही चुनना होता है। लेकिन यह पासवर्ड से ज्यादा सुरक्षित है। वजह यह कि पासवर्ड को दूसरे कंप्यूटरों पर डालकर वहाँ से भी अपने अकाउंट में लॉगिन किया जा सकता है, लेकिन पिन आपके अपने कंप्यूटर से जुड़ा हुआ है और सिर्फ वहीं काम करता है। छोटा, आसान लेकिन ज्यादा कारगर! इसे दूसरे कंप्यूटर में इस्तेमाल नहीं किया जा सकता। मगर 'विंडोज हैलो' का जवाब नहीं। बिना कुछ भी किए लॉग ऑन।

वेब आधारित सेवाओं पर सुरक्षित लॉगिन के लिए क्या-क्या रास्ते नहीं ढूँढ़े गए! लॉगिन करनेवाला इनसान ही है, यह पक्का करना भी साइबर सुरक्षा के लिहाज से जरूरी हो जाता है। इसके लिए 'कैप्चा' (CHAPTCHA) का रास्ता तलाशा गया, जिसमें आप स्क्रीन पर दिए कुछ खास अंकों, अक्षरों को टेक्स्ट बॉक्स में टाइप करते हैं। उसे और आगे बढ़ाते हुए ऐसे चित्र आ गए, जिनमें आपको कोई खास चीज पहचाननी पड़ती है। जैसे—सड़क के चित्र में कारों को पहचानना। ऑथेंटिकेशन की एक प्रणाली ऐसी भी है, जिसमें आपको सिर्फ एक चौकोर बॉक्स पर क्लिक करना होता है और आपके बरताव के आधार पर तय हो जाता है कि आप एक इनसान ही हैं।

टू-फैक्टर ऑथेंटिकेशन भी खूब प्रचलित हुआ है, जो साइबर सुरक्षित रहने की एक कारगर प्रणाली है। किसी वेबसाइट या उपकरण पर पासवर्ड डालने के बाद आपके मोबाइल फोन पर एक अंक अलग से एस.एम.एस. के जरिए भेजा जाता है, जिसे 'वन टाइम पासवर्ड' या 'ओ.टी.पी.' कहते हैं। इसे डालने पर ही आप लॉगिन कर पाते हैं। टू फैक्टर ऑथेंटिकेशन में लॉगिन के दो तरीके अपनाने होते हैं—पासवर्ड के साथ या तो मोबाइल फोन या फिर फिंगर प्रिंट या कोई और चीज। एक और रास्ता निकाला गया, जिसके तहत आपको एक छोटी सी इलेक्ट्रॉनिक डिवाइस दी जाती है और जब आप अपने गैजेट या किसी संबंधित वेबसाइट पर लॉगिन करना चाहते हैं, ठीक उसी समय उसमें एक तात्कालिक पासवर्ड उभरता है, जिसे डालकर ही आप लॉगिन कर पाते हैं। दफ्तरों में बायोमीट्रिक प्रणालियाँ काफी लोकप्रिय हुईं, जिनमें फिंगरप्रिंट या आँखों की आइरिस का स्कैन किया जाता है।

मगर इन सब विधियों की कोई-न-कोई समस्या है। मसलन 'कैप्चा' का प्रयोग नेत्रहीन और कमजोर नजरवाले लोग नहीं कर पाते। कई बार चित्र विदेशी होते हैं और आप उनमें वे चीजें नहीं पहचान पाते, जो पूछी गई हैं, क्योंकि आपने कभी उन्हें देखा ही नहीं। टू-फैक्टर ऑथेंटिकेशन का प्रयोग करते समय मोबाइल सेवा से जुड़ी समस्या आ सकती है या फिर लोकेशन की समस्या। मान लीजिए कि आपको अपने इ-मेल खाते में लॉगिन करना है और आप विदेश में हैं। आपका ओ.टी.पी. आएगा ही नहीं, क्योंकि विदेश में आपका फोन कनेक्शन काम नहीं कर रहा। फिंगरप्रिंट हर डिवाइस में नहीं मिलता।

ऐसे में वेबसाइटें और उपकरण 'वेब ऑथन' नामक प्रणाली की ओर बढ़ रहे हैं, जिसे 'वेब ऑथेंटिकेशन' कहा जाता है। 'फास्ट आइडेंटिटी ऑनलाइन' (फीडो) नामक पहल के तहत इसका विकास हुआ है। जहाँ-जहाँ इसे लागू किया गया है, वहाँ-वहाँ आप अपने फिंगरप्रिंट और पिन से लॉगिन कर सकते हैं। पासवर्ड को अलविदा!

सुरक्षित लॉगिन के मामले में व्यवहार आधारित ऑथेंटिकेशन (बिहेवियरल ऑथेंटिकेशन) पर भी अमेजॉन जैसे कुछ स्थानों पर काम चल रहा है। यहाँ आपके कामकाज के पैटर्न को नोट किया जाता है, जैसे—टाइप करने की रफ्तार या फिर स्मार्टफोन के की-बोर्ड पर डाला गया दबाव। ऐसी तकनीकों में आर्टिफिशियल इंटेलिजेंस का खूब इस्तेमाल हो रहा है। आम प्रयोक्ता के जिन 200 संभावित पासवर्डों के बारे में चर्चा की जाती रही है, उनकी तो शायद हमें जरूरत ही न रहे। □

वाईफाई के बाद अब लाईफाई : बल्ब जला और इंटरनेट हाजिर!

यह बात हमारे दिमाग की बत्ती जलाने के लिए काफी है। गुजरात के अरावली जिले के दो गाँवों अकरुंड और नवानगर भारत के दो पहले स्मार्ट गाँव बन गए हैं, जहाँ बिजली की रोशनी के जरिए इंटरनेट कनेक्टिविटी मुहैया कराई जा रही है। बल्ब जला और जहाँ-जहाँ उसकी रोशनी जा रही है, वहाँ-वहाँ अपने आप इंटरनेट कनेक्टिविटी पहुँच गई! वाईफाई की ही तरह इस तकनीक को नाम दिया गया है—लाईफाई। 'नव वायरलैस टेक्नॉलॉजी' नाम के एक स्टार्टअप ने इसकी व्यवस्था की है, जिसके तहत दोनों गाँवों के कई दफ्तरों और घरों में इंटरनेट का इस्तेमाल हो रहा है। बिजली की रोशनी से इंटरनेट? भला रोशनी का इंटरनेट से क्या ताल्लुक हो सकता है; हममें से अधिकांश लोगों के मन में यही सवाल आएगा। लेकिन दोनों के बीच संबंध है।

रोशनी के जरिए वायरलैस संकेतों और डेटा का प्रवाह किया जा सकता है, यह विचार 2011 में एडिनबरा विश्वविद्यालय में मोबाइल संचार के प्रोफेसर हेराल्ड हास ने एक टेड टॉक में पेश किया था। उनके एक और सहयोगी थे डॉ. मुस्तफा अफगानी। बाद में दोनों ने मिलकर एक कंपनी 'प्योर लाईफाई' (लाईफाई माने लाइट फिडेलिटी) भी शुरू की, जिसके तहत रोशनी के जरिए इंटरनेट कनेक्टिविटी उपलब्ध कराने वाले उपकरण बनाने का सिलसिला शुरू हुआ। तब यही लगा था कि यह सब विश्वविद्यालयों में होनेवाले अनगिनत प्रयोगों में से एक है और कुछ दिनों में दो-चार जगह पर चौंकाने वाले प्रदर्शन करने के बाद मामला ठंडा पड़ जाएगा। लेकिन ऐसा हुआ नहीं। आज 'लाईफाई' से लैस उपकरण बाजार में आ गए हैं। भारत में भी कई कंपनियाँ हैं। मसलन फिलिप्स लाइटिंग ने जहाँ अपनी

प्रणाली को 'ट्रू लाईफाई' का नाम दिया है, वहीं एक और कंपनी विप्रो भी 'प्योर लाईफाई' के साथ मिलकर भारतीय उपभोक्ताओं को यह सेवा देना शुरू कर रही है। कुछ स्टार्टअप भी इस दिशा में काम कर रहे हैं, जैसे—नव वायरलैस टेक्नॉलॉजी और वेलमेनी।

रोशनी के जरिए डेटा के संचार पर ताज्जुब होता है। लेकिन जरा सोचिए कि क्या यह वाकई कोई अनहोनी सी बात है? रेडियो तरंगों की ही तरह प्रकाश भी तरंगों के रूप में आगे बढ़ता है। हालाँकि दोनों की कार्यप्रणाली में कई तरह के फर्क हैं, लेकिन कई समानताएँ भी हैं। अल्ट्रावायलेट और इन्फ्रारेड किरणों का इस्तेमाल संकेतों को पहुँचाने के लिए पहले से किया जा रहा है। दृश्य प्रकाश संचार (विजिबल लाइट कम्युनिकेशन) के जरिए संकेतों को पाने और भेजने की अवधारणा सन् 1880 से ही प्रचलन में है। फाइबर ऑप्टिक नेटवर्किंग तकनीक के बारे में भी आपने सुना ही होगा। ताँबे के तारों के विकल्प के रूप में विकसित इस नेटवर्किंग प्रणाली में डेटा संचार के लिए प्रकाश किरणों का इस्तेमाल होता है और यह तारों वाले पारंपरिक नेटवर्कों की तुलना में बहुत ज्यादा तेज रफ्तार से डेटा का संचार करने में सक्षम है। वाईफाई नेटवर्क में जहाँ रेडियो तरंगों का इस्तेमाल होता है, वहीं लाईफाई में प्रकाश तरंगों का इस्तेमाल किया जाता है, जिसकी बैंडविडथ रेडियो तरंगों की तुलना में काफी ज्यादा होती है।

लाईफाई के तहत बिजली के अनेक बल्बों को मिलाकर एक वायरलैस नेटवर्क कायम किया जाता है। जब किसी एल.ई.डी. बल्ब में बिजली का करेंट प्रवाहित किया जाता है तो वह रोशनी (फोटोन्स) की धारा उत्सर्जित करता है। एल.ई.डी. बल्ब एक अर्धचालक युक्ति हैं जिनकी रोशनी की तीव्रता को बहुत तेज रफ्तार से कम-ज्यादा किया जा सकता है। लाईफाई तकनीक के तहत उनकी इसी विशेषता का लाभ उठाया जाता है और रोशनी को अलग-अलग स्तरों पर प्रवाहित करके, अलग-अलग तीव्रता वाले संकेत भेजे जाते हैं। एक दूसरा उपकरण इन संकेतों को ग्रहण करके उन्हें डेटा में बदल देता है। यह सारी प्रक्रिया इनसानी आँखों को दिखाई नहीं देती इसलिए वहाँ मौजूद लोगों को पता नहीं चलेगा कि वहाँ रोशनी के अलावा कोई और गतिविधि भी संचालित हो रही है। इस तरह से एल.ई.डी. बल्बों की रोशनी के जरिए बहुत तेज रफ्तार से डेटा को प्रवाहित करना संभव है।

यही लाईफाई का सबसे बड़ा फायदा भी है। दूरदराज के क्षेत्रों में इंटरनेट कनेक्टिविटी पहुँचाने के लिहाज से यह पारंपरिक वाईफाई प्रणाली से कम खर्चीला

और ज्यादा असरदार माध्यम सिद्ध हो सकता है। वाईफाई नेटवर्कों पर माँग का खासा दबाव है। यह वैकल्पिक प्रणाली उसका भी समाधान पेश कर सकती है। आपके मन में सवाल होगा कि रेडियो तरंगों की तुलना में रोशनी की यात्रा एक सीध में होती है, चारों तरफ नहीं? आपका सोचना सही है। लाईफाई आधारित संकेत भी दीवारों के परे नहीं जा सकते और सिर्फ उतने ही क्षेत्र में काम करते हैं, जहाँ तक रोशनी जाती है। लेकिन जहाँ एक तरफ यह इस तकनीक की सीमा है, वहीं एक अच्छाई भी है कि दीवारों से परे बैठा कोई इनसान लाईफाई नेटवर्क को उसी आसानी से हैक नहीं कर सकेगा, जैसे वह वाईफाई नेटवर्क को कर सकता है।

□

इंटरनेट ऑफ थिंग्स : क्रांतिकारी प्रौद्योगिकी, लेकिन आशंकाएँ भी कम नहीं

नाम सुनेंगे तो ताज्जुब होगा कि क्या ऐसा भी कोई इंटरनेट हो सकता है—चीजों का इंटरनेट या चीजों के लिए इंटरनेट? आम भाषा में हम इंटरनेट को कंप्यूटरों के एक विश्वव्यापी नेटवर्क के रूप में जानते हैं। उस पर इनसानों के भी अनगिनत नेटवर्क संचालित हो रहे हैं, यह भी हम जानते हैं। लेकिन वस्तुओं या चीजों का इंटरनेट? यह एक आम सवाल है कि भला यह कैसे हो सकता है और इसमें तुक भी क्या है? लेकिन इंटरनेट ऑफ थिंग्स एक हकीकत है और यह कोई कपोल-कल्पना नहीं है, बल्कि टेक्नोलॉजी के फायदों और उसकी ताकत को और भी ज्यादा विस्तार देनेवाली महत्त्वपूर्ण तकनीकी अवधारणा है।

इंटरनेट ऑफ थिंग्स (आई.ओ.टी.) इंटरनेट से जुड़े हुए ऐसे उपकरणों का नेटवर्क है, जो इंटरनेट आधारित सेवाओं का उपभोग कर सकते हैं, अपने जैसे दूसरे उपकरणों से संपर्क कर सकते हैं, इंटरनेट के जरिए दूर से नियंत्रित किए जा सकते हैं और इसी तरह से उनकी निगरानी भी की जा सकती है। एक सामान्य उदाहरण हमारे घरों के बाहर-भीतर लगाए जानेवाले आई.पी. कैमरे हैं, जो इंटरनेट के जरिए तसवीरों को आपके स्मार्टफोन या पर्सनल कंप्यूटर तक भेज सकते हैं और जरूरत पड़ने पर दूर से ही चालू या बंद किए जा सकते हैं। जरूरी नहीं कि इंटरनेट ऑफ थिंग्स से जुड़े ये उपकरण कोई बहुत आधुनिक किस्म के तकनीकी उपकरण हों। ये रोजमर्रा के काम में आनेवाली सामान्य चीजें, मशीनें आदि भी हो सकती हैं, शर्त यह है कि उनमें डिजिटल संकेतों को प्रोसेस करने, इंटरनेट से कनेक्ट करने और ऐसी ही दूसरी डिजिटल गतिविधियाँ संचालित करने की क्षमता हो।

मिसाल के तौर पर घरों में लगनेवाले एयर कंडीशनर को ही देखिए। बुनियादी

किस्म के एयर कंडीशनर में आप बटन या रिमोट के जरिए तापमान को घटा या बढ़ा सकते हैं। लेकिन बेहतर किस्म के एयर कंडीशनरों में एक छोटी सी डिजिटल स्क्रीन भी होती है, जिसमें उस समय का तापमान भी अंकित होता है। आप रिमोट कंट्रोल के जरिए इन एयर कंडीशनरों का तापमान सेट कर सकते हैं और कुछ ही देर में कमरे का तापमान उस स्तर पर पहुँच जाता है। यह तापमान एयर कंडीशनर की स्क्रीन पर दिखाई भी देता है। अब जरा कल्पना कीजिए कि किसी एयर कंडीशनर में अलग से एक हार्डवेयर एम्बेड (फिट) किया गया हो, जो इंटरनेट पर मौजूद किसी प्रणाली या सेवा के साथ कनेक्ट हो सके! तब ऐसा मोबाइल एप बनाया जा सकता है, जो स्वयं भी उसी इंटरनेट आधारित सेवा से संपर्क करने में सक्षम हो और उसके जरिए आपके एयर कंडीशनर को नियंत्रित कर सके। ऐसा एयर कंडीशनर 'इंटरनेट ऑफ थिंग्स' की श्रेणी में आएगा।

दिलचस्प बात यह है कि 'इंटरनेट ऑफ थिंग्स' महज चीजों तक सीमित नहीं है, बल्कि आपका कमरा, घर, मोहल्ला, दफ्तर और यहाँ तक कि पूरा-का-पूरा शहर भी इस नेटवर्क का एक सदस्य हो सकता है। शर्त वही है कि इसमें डिजिटल संकेतों तथा सूचनाओं को प्रोसेस करने, इंटरनेट से संपर्क करने और संकेतों का आदान-प्रदान करने की क्षमताएँ मौजूद होनी चाहिए।

कुछ परिभाषाएँ

'इंटरनेट ऑफ थिंग्स' को समझने के लिए पहले उन परिभाषाओं पर गौर करते हैं, जो महत्त्वपूर्ण वैश्विक संस्थानों, संगठनों और समूहों द्वारा दी गई हैं। ये परिभाषाएँ इस नेटवर्क के विभिन्न पहलुओं को सुंदर ढंग से अभिव्यक्त करती हैं—

यूरोपीय यूनियन (ई.यू.) के अनुसार इंटरनेट ऑफ थिंग्स सूचना और संचार प्रणालियों का दोहन करने में सक्षम भौतिक (फिजिकल) और आभासी (वर्चुअल) वस्तुओं का विश्वव्यापी नेटवर्क है। ई.यू.. की परिभाषा के केंद्र में विश्वव्यापी एक आधारभूत ढाँचा है। यहाँ भौतिक वस्तुओं से तात्पर्य उन चीजों से है, जिन्हें छू सकते हैं (जैसे कि हार्डवेयर) और आभासी वस्तुओं से तात्पर्य इंटरनेट, नेटवर्किंग, सॉफ्टवेयर, डिजिटल सेवाओं, बॉट्स और ऐसे ही तमाम दूसरे ऑब्जेक्ट्स से है, जिन्हें हम छू तो नहीं सकते, लेकिन महसूस और इस्तेमाल कर सकते हैं।

इंटरनेशनल टेलीकम्युनिकेशन यूनियन (आई.टी.यू.) ने इंटरनेट ऑफ थिंग्स को इस तरह से परिभाषित किया है—यह सूचना समाज का एक वैश्विक आधारभूत

ढाँचा है, जो मौजूदा तथा उभरती हुई सूचना और संचार प्रौद्योगिकियों के जरिए उपकरणों को आपस में कनेक्ट करता है और इस तरह उन्नत किस्म की सेवाओं को संभव बनाता है। आई.टी.यू. इंटरनेट ऑफ थिंग्स के उपकरणों को व्यापक सूचना समाज से जोड़ता है। इससे संकेत मिलता है कि उपकरणों द्वारा निर्मित की जानेवाली सूचनाओं की भी आधुनिक समाज में खासी अहमियत है। इस परिभाषा के बाद हमें इंटरनेट ऑफ थिंग्स के औचित्य को लेकर सशंकित नहीं होना चाहिए।

इंटरनेट इंजीनियरिंग टास्क फोर्स (आई.ई.टी.एफ.) का मानना है कि इंटरनेट ऑफ थिंग्स आपस में जुड़े हुए ऑब्जेक्ट्स (वस्तुओं, उपकरणों आदि) का ऐसा विश्वव्यापी नेटवर्क है, जो मानक संचार प्रोटोकॉल (नियमों) पर आधारित है और जिसके हर ऑब्जेक्ट के साथ स्वतंत्र रूप से संपर्क किया जा सकता है। इस परिभाषा में हर उपकरण या वस्तु के स्वतंत्र अस्तित्व को रेखांकित करते हुए साथ ही यह भी स्पष्ट किया गया है कि वह वैश्विक नेटवर्क का भी अहम सदस्य है।

इंस्टीट्यूट ऑफ इलेक्ट्रिकल एंड इलेक्ट्रॉनिक्स इंजीनियर्स (आई.ई.ई.ई.) के मुताबिक इंटरनेट ऑफ थिंग्स ऐसी वस्तुओं का नेटवर्क है, जो इंटरनेट से कनेक्टेड सेंसरों से युक्त है। यह परिभाषा सरल होते हुए भी इंटरनेट ऑफ थिंग्स से जुड़ी प्रमुख अवधारणाओं को स्पष्ट कर देती है। इसके अवयवों में हार्डवेयर, नेटवर्क, सेंसर और इंटरनेट आ गए हैं। ये सब चीजें, जिस नेटवर्क का हिस्सा हों, उसकी क्षमताओं का अंदाज लगाना मुश्किल नहीं है।

विकिपीडिया की परिभाषा इसे और व्यापक तथा स्पष्ट बना देती है। उसके अनुसार इंटरनेट ऑफ थिंग्स भौतिक वस्तुओं, वाहनों, घरेलू उपकरणों और इलेक्ट्रॉनिक्स, सॉफ्टवेयरों, सेंसरों, एक्चुएटरों तथा संचार क्षमताओं से लैस दूसरे सामानों का नेटवर्क है। उसके ये सभी अवयव इन चीजों के बीच सूचनाओं का आदान-प्रदान तथा कंप्यूटर आधारित प्रणालियों के साथ भौतिक विश्व के और अधिक प्रत्यक्ष संपर्क के अवसर संभव बनाते हैं। इसके परिणामस्वरूप कार्यकुशलता में सुधार, आर्थिक लाभ में वृद्धि और मानव श्रम में कमी आती है।

इंटरनेट ऑफ थिंग्स की विकास प्रक्रिया

वस्तुतः इंटरनेट ऑफ थिंग्स इंटरनेट के विकास का अगला चरण है। पहले हम केवल कंप्यूटर को इंटरनेट से कनेक्ट करते थे। उसके बाद स्मार्टफोन भी इंटरनेट से कनेक्ट हो गया और आज भारत जैसे देशों में इंटरनेट के उपभोग का

सबसे बड़ा जरिया स्मार्टफोन ही है। विकास के अगले चरण में अब हम इंटरनेट से वस्तुओं, उपकरणों, प्रक्रियाओं और 'चीजों' की एक पूरी शृंखला को जोड़ रहे हैं। आइए, देखते हैं कि दूरसंचार और आधुनिक प्रौद्योगिकी के इतिहास में इंटरनेट ऑफ थिंग्स की क्या भूमिका है?

1. **इंटरनेट-पूर्व**—इंटरनेट ऑफ थिंग्स के विकास को अगर पाँच चरणों में विभाजित किया जाए तो सबसे पहला चरण इंटरनेट से पूर्व का होगा, जिसमें लोग या तो प्रत्यक्ष रूप से एक-दूसरे के साथ संपर्क किया करते थे या फिर फिक्स्ड टेलीफोन और मोबाइल टेलीफोन के जरिए। फोन ने उपयोक्ताओं के नेटवर्क बनाने में मदद की, क्योंकि लोग दूर से भी एक-दूसरे के संपर्क में रहने लगे।
2. **इंटरनेट ऑफ कंटेंट**—दूसरे चरण की शुरुआत वर्ल्ड वाइड वेब के आगमन से हुई, जब हम इ-मेल, इंटरनेट आधारित सूचनाओं, इंटरनेट आधारित मनोरंजन आदि का प्रयोग करने लगे। इसी चरण में विभिन्न आई.टी. प्लेटफॉर्म और सेवाएँ विकसित हुईं। नेटवर्किंग की प्रक्रिया अब पहले से ज्यादा आसान हो गई, लेकिन अभी भी नेटवर्क के रूप में हम कंप्यूटर या कंप्यूटर जैसे उपकरणों तक ही सीमित थे।
3. **इंटरनेट ऑफ सर्विसेज**—तीसरे चरण को हम वेब 2.0 के रूप में जानते हैं, जब इंटरनेट का इस्तेमाल महज सूचनाओं, मनोरंजन और संवाद से आगे बढ़कर उत्पादकता, वाणिज्य, शिक्षा, सरकार आदि क्षेत्रों में पहुँचा। यह इ-कॉमर्स, इ-शिक्षा, इ-गवर्नेंस आदि के विकास और स्थापना का काल था। इसी दौरान स्मार्ट फोन और स्मार्ट एप्लीकेशनों का प्रादुर्भाव हुआ। यही वह समय था, जब एप्पल ने आईफोन का विकास किया, जिसके बाद कंप्यूटिंग, संचार और कंटेंट के प्रसार तथा उपभोग के तौर-तरीके ही बदल गए।
4. **इंटरनेट ऑफ पीपल**—चौथे चरण को सोशल मीडिया नामक फेनोमेनन के प्रभुत्व के रूप में देखा जा सकता है, जब इंटरनेट माध्यम का प्रयोग करते हुए लोगों को आपस में जोड़ना बेहद आसान हो गया। इस दौरान क्रांतिकारी प्लेटफॉर्म, सेवाएँ और प्लेटफॉर्म उभरे, जिन्होंने भौगोलिक दूरियों को अप्रासंगिक बना दिया। स्काइप, फेसबुक, यू-ट्यूब, लिंक्डइन आदि देखते-ही-देखते बेहद लोकप्रिय हो गए और उन्होंने इनसानों के

इंटरनेट के विकास को गति दी। इसी अवधि में स्मार्ट उपकरण, स्मार्ट चीजें, स्मार्ट टैग आदि का भी प्रादुर्भाव हुआ।

5. **इंटरनेट ऑफ थिंग्स**—इस पाँचवें और अंतिम चरण में इंटरनेट इनसानों, सामग्री या सेवाओं से आगे बढ़कर इतना विस्तार पा गया कि उसमें मशीनों या चीजों को भी शामिल कर लिया गया। दुनिया की अरबों मशीनें इंटेलिजेंट और स्मार्ट बन गईं, क्योंकि उनमें इलेक्ट्रॉनिक या डिजिटल तकनीकों को एम्बेड (फिट) किया गया था। इन मशीनों के बीच आपस में भी संवाद संभव हो गया और वे एक-दूसरे के साथ तालमेल करके काम करने लगीं। साथ-ही-साथ उन्हें इलेक्ट्रॉनिक या डिजिटल माध्यमों से दूर से ही संचालित करना, पहचानना, निगरानी करना भी संभव हो गया। उनसे बड़ी मात्रा में डाटा तैयार होने लगा और उसे दूसरे डिजिटल माध्यमों के साथ जोड़कर प्रोसेस करना भी आसान हो गया। डाटा तैयार करने का उत्तरदायित्व इनसान तक ही सीमित नहीं रह गया, बल्कि स्मार्ट मशीनों ने उसका एक हिस्सा खुद सँभाल लिया। इनमें छोटी-बड़ी तमाम तरह की मशीनें शामिल थीं, जो न सिर्फ सूचनाओं का उपभोग कर सकती थीं, बल्कि खुद सूचनाएँ निर्मित भी कर रही थीं—अपने बारे में, अपनी गतिविधियों के बारे में, अपनी स्थिति के बारे में, अपने आसपास के बारे में और यहाँ तक कि दूसरों के बारे में भी।

कुछ उदाहरण

आज लोकप्रिय हो रही बहुत सी मशीनों में इंटरनेट ऑफ थिंग्स की भूमिका है। इनमें से स्वयं-संचालित कारें (सेल्फ ड्रिवन या ड्राइवर रहित कारें) और स्मार्ट आभासी सहायक (वर्चुअल असिस्टेंट) बहुत अधिक चर्चित हैं। इन दोनों में ही इंटरनेट और डिजिटल तकनीकों का प्रचुरता से इस्तेमाल किया जाता है। अमेजॉन का स्मार्ट स्पीकर, जिसे 'एलेक्सा' का नाम दिया गया है, आपके साथ संवाद करने में सक्षम है और वह इंटरनेट का प्रयोग करते हुए आपके निर्देशों का पालन करता है। मिसाल के तौर पर यह कि अलेक्सा, मुझे एक अच्छा सा गाना सुनना है या फिर अलेक्सा, मुझे ताजा खबरें सुननी हैं।

इंटरनेट ऑफ थिंग्स से जुड़ी कारें न सिर्फ अपने आसपास के माहौल के बारे में सजग हैं, बल्कि वे इंटरनेट के जरिए जी.पी.एस. आदि सेवाओं तथा अपने भीतर

निहित कंप्यूटिंग पावर का इस्तेमाल करते हुए आगे आनेवाली परिस्थितियों (ट्रैफिक जाम आदि) का भी पता लगाने में सक्षम हैं। इस आधार पर वे अपने प्रयोक्ता को सुझाव दे सकती हैं कि इस या उस मार्ग से जाना ठीक नहीं रहेगा। अब हम जिस दिशा में जा रहे हैं, उसमें ये कारें सड़क पर मौजूद दूसरी कारों के साथ भी संवाद की स्थिति में आ जाएँगी और वे विभिन्न प्रकार के दूसरे उपकरणों से भी संवाद कर सकेंगी। मसलन आपके घर पहुँचने से पहले ही वह घर में लगे एयर कंडीशनर को सूचित कर दे कि आप दस मिनट में घर पहुँच जाएँगे, इसलिए ए.सी. ऑन कर दिया जाए (ताकि आपके घर पहुँचने तक कमरा ठंडा हो चुका हो)।

घरों में लगाए जानेवाले कैमरों, शरीर में लगे पेसमेकर और आसमान में उड़ते शक्तिशाली ड्रोन तक में इंटरनेट ऑफ थिंग्स की भूमिका हो सकती है। घरों के दरवाजे पर लगी घंटी, कमरों में लगे फायर अलार्म, आपकी कलाई पर बँधी स्मार्टवाच, बच्चों की सुरक्षा की निगरानी के लिए बने उपकरण, सड़कों के किनारे लगे गाड़ियों की स्पीड मापने के कैमरे, घरों में लगे स्मार्ट फ्रिज, इंटरनेट कनेक्टेड वाशिंग मशीन, खेती के उपकरण आदि कुछ और उदाहरण हैं। इतना ही नहीं, अब पूरे-के-पूरे शहरों के आधारभूत ढाँचे भी इंटरनेट ऑफ थिंग्स के दायरे में आ सकते हैं।

आई.ओ.टी. का प्रयोग जिन क्षेत्रों में विशेष रूप से लोकप्रिय हो रहा है, वे हैं—भवन निर्माण, स्मार्ट सिटी, सुरक्षा, इ-स्वास्थ्य, इ-शिक्षा, कृषि, परिवहन, यातायात प्रबंधन, रिटेल, स्मार्ट मीटरिंग, विनिर्माण, बिजली और जल वितरण जैसी सार्वजनिक सेवाएँ, स्मार्ट बैंकिंग, लॉजिस्टिक्स, दूरस्थ निगरानी, औद्योगिक ऑटोमेशन, पर्यावरण, पहने जा सकने योग्य तकनीकी उपकरण (वियरेबल टेक्नोलॉजी, जैसे कि फिटनेस बैंड या स्मार्ट जूते) आदि। यह सूची बहुत लंबी हो सकती है।

इतिहास

सन् 1982 में अमेरिका के कार्नेगी मेलन विश्वविद्यालय के छात्रों ने इंटरनेट से जुड़ा पहला स्मार्ट उपकरण बनाया था। यह एक कोक वेंडिंग मशीन थी, जो न सिर्फ अपने भीतर मौजूद कोकाकोला की बोतलों की संख्या का ब्योरा इंटरनेट के जरिए भेजने में सक्षम थी, बल्कि वह यह भी बता सकती थी कि उसमें रखे गए नए पेय ठंडे हैं या नहीं। उसके बाद से इस तरह के उपकरणों ने विज्ञान और प्रौद्योगिकी की दुनिया को बहुत आकर्षित किया है और उनके भीतर निहित

कारोबारी, सामाजिक, प्रशासनिक, औद्योगिक और तकनीकी संभावनाओं के दोहन का नया सिलसिला चल निकला है। आज हम जिन स्मार्ट शहरों (स्मार्ट सिटी) का विकास करने में जुटे हैं, उनका मूलभूत तकनीकी अवयव इंटरनेट ऑफ थिंग्स ही है।

मार्क वाइजर ने 1991 में भविष्य की कंप्यूटिंग पर एक शोध-पत्र प्रस्तुत किया था, जिसमें इस तरह के उपकरणों की संभावनाओं पर चर्चा की गई थी। यूबीकॉम्प (UbiComp) और परकॉम (PerCom) जैसे संस्थानों ने तत्कालीन परिस्थितियों के अनुरूप इंटरनेट ऑफ थिंग्स के मॉडल का विकास भी किया था। इसके बाद 1994 में, रेजा राजी ने 'आई.ई.ई.ई. स्पेक्ट्रम' नामक प्रकाशन में चलती-फिरती सूचनाओं के छोटे पैकेट्स की बात कही, जो उन्हें ग्रहण करनेवाले बहुत बड़े केंद्रों (नोड्स) के साथ जुड़े हुए हैं। उनके बीच संकेतों के आदान-प्रदान का मकसद तमाम उपकरणों और चीजों को एक-दूसरे के साथ जोड़ना और स्वचालित बनाना है।

1993 और 1997 के बीच, माइक्रोसॉफ्ट एट वर्क या नोवेल एन.ई.एस.टी. जैसे समाधान सामने आए। इस क्षेत्र में उस समय तेजी आई, जब बिल जॉय ने अपने 'सिक्स वेब' ढाँचे के एक भाग के रूप में डिवाइस-टू-डिवाइस संचार की कल्पना की, जो 1999 में दावोस में 'वर्ल्ड इकोनॉमिक फोरम' में प्रस्तुत किया गया था।

'इंटरनेट ऑफ थिंग्स' शब्द संभवतः प्रोक्टर एंड गैंबल कंपनी के केविन एश्टन ने 1999 में गढ़ा था। उन्होंने उस समय रेडियो आवृत्ति की पहचान (रेडियो फ्रिक्वेंसी आइडेंटिफिकेशन) को इंटरनेट ऑफ थिंग्स नामक नेटवर्क के लिए आवश्यक माना था। उन्होंने कहा था कि यह व्यवस्था कंप्यूटरों के जरिए तमाम चीजों को प्रबंधित करना संभव बना देगी।

जून 2002 में नॉर्वे में नॉर्डिक शोधकर्ताओं के सम्मेलन के लिए इंटरनेट ऑफ थिंग्स का उल्लेख करते हुए एक शोध आलेख प्रस्तुत किया गया था। इससे पहले जनवरी 2002 में फिनिश भाषा में प्रकाशित एक लेख में भी इसी तरह की अवधारणा का वर्णन किया गया था। नॉर्वे के शोधकर्ताओं ने जिस प्रौद्योगिकी का वर्णन किया, उसे कोरी फ्रेम्लिंग और उनकी टीम द्वारा हेलसिंकी प्रौद्योगिकी विश्वविद्यालय में विकसित किया गया था। यह स्मार्ट और कनेक्टेड ऑब्जेक्ट्स को संचालित करनेवाली सूचना प्रणाली की मौजूदा अवधारणा से मेल खाता है।

मशीनों के बीच पारस्परिक संचार

आई.ओ.टी. का ढाँचा कुछ इस तरह का है कि इसमें मौजूद स्मार्ट वस्तुएँ एक स्थानीय नेटवर्क से जुड़ी होती हैं, जो खुद इंटरनेट से जुड़ा हुआ होता है। इंटरनेट के माध्यम से ये उपकरण रिमोट सर्वरों, प्रयोक्ताओं के उपकरणों (स्मार्टफोन, कंप्यूटर, स्मार्ट गैजेट्स आदि) तथा डाटा विश्लेषक प्रणालियों से संपर्क करते हैं।

इंटरनेट ऑफ थिंग्स मानव के हस्तक्षेप के बिना मशीनों के बीच पारस्परिक संचार या डाटा का आदान-प्रदान सुनिश्चित करती है। इसका एक उदाहरण हमने ऊपर दिया है कि इंटरनेट से कनेक्टेड आपकी कार आपके घर पहुँचने से पहले ही एयर कंडीशनर से संपर्क करके उसे स्विच ऑन होने की सूचना दे देती है। ऐसे और भी कई उदाहरण हो सकते हैं। जैसे—घर में लगा फायर अलार्म आग लगने की स्थिति में तेज आवाज निकालने के साथ-साथ फायर ब्रिगेड को भी सूचना दे दे या फिर किसी मरीज के शरीर में लगा पेसमेकर दिल की धड़कनों के असामान्य हो जाने की स्थिति में डॉक्टर को संदेश भेज दे।

मशीनों के बीच संचार दो तरह से हो सकता है—पहला तरीका है, किसी सर्वर के माध्यम से, जो एक मध्यस्थ का काम करता है। दूसरा तरीका है, दोनों मशीनों के बीच सीधे संपर्क से। इन सब प्रक्रियाओं के संपन्न होने के लिए जिन चीजों की जरूरत है, वे हैं—दूसरी मशीनों के साथ सूचनाओं का प्रवाह करने में सक्षम उपकरण, एक मशीन-टू-मशीन एरिया नेटवर्क, जिस पर दोनों छोर पर मौजूद उपकरण मौजूद हैं, मशीन-टू-मशीन गेटवे, जो संपर्क की इस प्रक्रिया का प्रबंधन करता है, इन उपकरणों को इंटरनेट कनेक्टिविटी या नेटवर्क से जोड़ने की सुविधा, जैसे कि एल.टी.ई., वाइमैक्स, डब्ल्यू.लैन, वाईफाई आदि, और अंत में ऐसे एप्लीकेशन, जो इन प्रक्रियाओं को संपन्न करने के लिए इंटरफेस (माध्यम) का काम करते हैं।

हालाँकि फिलहाल हममें से ज्यादातर लोग इंटरनेट कनेक्टेड घरों में नहीं रहते हैं, फिर भी दुनिया में आई.ओ.टी. आधारित उपकरणों का आँकड़ा आँखें खोल देनेवाला है। एफ.टी.सी., इंटेल, मैकलेलन और ओ.आई.सी. के एक अनुमान के मुताबिक जल्दी ही दुनिया में ऐसे उपकरणों की संख्या 50 से 212 अरब होगी। कुछ विश्लेषकों का मानना है कि सन् 2025 तक ऐसे उपकरणों की संख्या एक हजार अरब तक पहुँच जाएगी। शायद आपको पता न हो कि सन् 2003 में भी विश्व में ऐसे 6.3 अरब उपकरण मौजूद होने का अनुमान लगाया जाता है। यह संख्या 2010 में 6.8 अरब और 2015 में 25 अरब मानी जाती है।

चुनौतियाँ

इंटरनेट ऑफ थिंग्स भी दूसरी प्रौद्योगिकियों की ही तरह चुनौतियों से मुक्त नहीं है। सबसे प्रमुख चुनौती यह है कि जब हर उपकरण और हर आधारभूत ढाँचा इंटरनेट से कनेक्टेड होगा तो उसे इंटरनेट के जरिए ही हैक कर लिये जाने की आशंका भी रहेगी। कल्पना कीजिए कि अगर आपकी कार का नियंत्रण करनेवाले कंप्यूटर सिस्टम को हैक कर लिया जाए, तो वह आपको कितना नुकसान पहुँचा सकता है? एक जर्मन साइबर सुरक्षा विशेषज्ञ डाइटर स्पार ने कुछ समय पहले सचेत किया था कि एक मशहूर कार ब्रांड की 'कनेक्टेड ड्राइव' नामक टेक्नोलॉजी में ऐसी कमियाँ मौजूद हैं, जिनका इस्तेमाल हैकर उस कार का नियंत्रण हासिल करने के लिए कर सकते हैं। इसके बाद वे जैसे चाहें, इस नियंत्रण का दुरुपयोग कर सकते हैं।

अमेरिकी गुप्तचर एजेंसी फेडरल ब्यूरो ऑफ इन्वेस्टिगेशन (एफ.बी.आई.) ने इसी तरह के खतरों को ध्यान में रखते हुए चेतावनी जारी की थी कि जो लोग आई.ओ.टी. आधारित स्मार्ट उपकरणों का इस्तेमाल करते हैं, उन्हें चाहिए कि वे अपना इंटरनेट कनेक्शन हमेशा चालू न रखें। लापरवाही बरतने पर उन्हें लेने के देने पड़ सकते हैं। एफ.बी.आई. की चेतावनी को गंभीरता से लेने की जरूरत नहीं है, क्योंकि आई.ओ.टी. आधारित हर उपकरण हर तरह से सुरक्षित हो, यह जरूरी नहीं।

स्मार्ट बैंकिंग प्रणालियों, इ-प्रशासन व्यवस्था, स्मार्ट यातायात प्रणालियों, सुरक्षा प्रणालियों आदि को हैक कर लिये जाने के परिणाम बेहद घातक हो सकते हैं। कल्पना कीजिए कि कोई शत्रु देश किसी राष्ट्र के आई.ओ.टी. नेटवर्क को जाम कर दे या फिर सुरक्षा प्रणालियों को ठप कर दे तो?

बहुत बड़ी मात्रा में इकट्ठा किया जानेवाला डाटा उससे जुड़े लोगों की निजता के लिए खतरा हो सकता है। पहले ही हम 'बिग डाटा' का प्रभाव झेल रहे हैं, जहाँ हमारी हर गतिविधि, दिलचस्पी, खोज, पसंद-नापसंद, निजी पहचान आदि का डाटा इकट्ठा करके इंटरनेट माध्यमों पर तमाम किस्म की सेवाओं के प्रस्ताव किए जाते हैं और कस्टमाइज विज्ञापन दिखाए जाते हैं। आप किसी शहर में घूमने की योजना बनाते हैं और आपके स्मार्टफोन या कंप्यूटर पर वहाँ के होटलों, हवाई टिकटों आदि के विज्ञापन आने शुरू हो जाते हैं। आखिर किसी को क्या हक है कि वह आपके निजी कार्यक्रमों का ब्योरा आपकी मर्जी के बिना इकट्ठा करे और उसका विश्लेषण करके उनका इस्तेमाल अपने कारोबारी हितों के लिए करे? ऐसा

खूब होता है, लेकिन यह व्यक्ति की निजता का उल्लंघन होने के साथ-साथ नैतिक रूप से भी गलत है।

निस्संदेह इंटरनेट ऑफ थिंग्स एक काल-विभाजक और उपयोगी टेक्नोलॉजी है, जो हमारे जीवन को क्रांतिकारी ढंग से प्रभावित कर सकती है। किंतु इसके क्रियान्वयन में ऐसी प्रणालियों को समाहित करना जरूरी है, जो इसे हमारे लिए सुरक्षित बनाएँ। प्रयोक्ताओं के स्तर पर भी इसके उपयोग में सावधानी बरतने की जरूरत है और हर उपभोक्ता को इसके लिए जागरूक बनाया जाना होगा।

□

क्या महज खयाली पुलाव है ऑटोमैटिक शेयर ट्रेडिंग?

अगर आपको एक ऐसा सॉफ्टवेयर मिल जाए, जो आपके लिए खुद ही पैसा कमाने लगे तो? शायद आप उसके लिए मुँहमाँगी कीमत देने के लिए तैयार हो जाएँ। अब जरा सा वक्त निकालकर इंटरनेट पर इस की-वर्ड को सर्च कीजिए—ऑटोमैटेड ट्रेडिंग। आपको दर्जनों आकर्षक सॉफ्टवेयरों का ब्योरा और बहुतेरे विज्ञापन दिखाई देंगे। मैंने ऐसे ही एक सॉफ्टवेयर का विज्ञापन देखा, जिसमें 98 फीसदी शुद्धता से शेयर बाजार में ट्रेडिंग करने का दावा किया गया था। अब इससे सुखद कल्पना क्या हो सकती है भला कि कोई सॉफ्टवेयर खुद ही शेयर ट्रेडिंग करके आपके डीमेट अकाउंट में पैसा जमा करता रहे?

आर्टिफिशियल इंटेलिजेंस के युग में ऐसा सॉफ्टवेयर संभव तो है, बल्कि बिना आर्टिफिशियल इंटेलिजेंस के प्रयोग के भी वह संभव है। आप जानते हैं कि शेयर बाजार में किए जानेवाले ज्यादातर ट्रेड गणित, तर्क-शक्ति, अनुशासन, रफ्तार, ज्यामिति (चार्टिंग आदि), ट्रेडर की आर्थिक मजबूती, देश और बाजार के घटनाक्रम, जोखिम लेने की क्षमता, अनुभव और मनोवैज्ञानिक मजबूती पर निर्भर करते हैं। इनमें से पहले चार या पाँच गुणों का प्रयोग कोई सॉफ्टवेयर भी कर सकता है। हालाँकि इनसान के पास ये सब-की-सब क्षमताएँ संभव हैं। लेकिन एक तरफ जहाँ इनसान की विशिष्ट क्षमताएँ उसके पक्ष में हैं, वहीं उनमें से कई उसके विपक्ष में भी जाती हैं। जैसे—पैसे डूब जाने का डर या फिर ज्यादा-से-ज्यादा पैसे कमा लेने का लालच। शेयरों का कारोबार करनेवाले 95 फीसदी लोग फेल हो जाते हैं और उसकी सबसे बड़ी वजह इनसान की भावनात्मक मजबूती या कमजोरी है। जैसे ही वह पैसा गँवाने लगता है, ट्रेड बंद कर देता है और जैसे ही कमाने लगता

है, मुनाफा और बढ़ने का इंतजार करता है। इस बीच भाव बदल जाते हैं और इस प्रक्रिया में उसे हर बार घाटा होता है। मशीन या सॉफ्टवेयर के साथ ऐसा नहीं है, जो भावनाओं से मुक्त है। वह न तो भविष्य का अंदाजा लगाती, न अपने फैसले पर अड़ी रहती और न ही खयाली पुलाव बनाती है—वह तो बस नियमों या निर्देशों के आधार पर चलती है।

शायद आप कहेंगे कि आम बजट के दिन अचानक बाजार एक हजार अंक ऊपर उठ गया तो सॉफ्टवेयर को कैसे पता चलेगा? क्या वह अपने मालिक को डुबा नहीं देगा? आर्थिक घटनाक्रम या चुनाव नतीजों से बाजार जरूर डाँवाँडोल हो सकता है। सॉफ्टवेयर इनसान नहीं है, लेकिन वह शेयर भावों के उतार-चढ़ाव, खरीदे-बेचे जानेवाले शेयरों की संख्या (वॉल्यूम) और इंप्लाइड वॉलेटिलिटी (बाजार भावों पर जन-भावनाओं का प्रभाव) जैसी चीजों का विश्लेषण करके अपने ट्रेड को उनके हिसाब से अनुकूलित कर सकता है। इसलिए सिद्धांतत: एक सॉफ्टवेयर का शेयर ट्रेडिंग कर पाना संभव है। ऐसे दर्जनों सॉफ्टवेयर बाजार में मौजूद भी हैं, जो ऑटो ट्रेडिंग, रोबो ट्रेडिंग और एल्गो ट्रेडिंग करते हैं। इनके लिए एक और मजेदार नाम का प्रयोग होता है और वह है—एक्सपर्ट एडवाइजर, यानी विशेषज्ञ सलाहकार! कुछ नाम हैं—मेटा ट्रेडर 4, एल्गो ट्रेडर, मास्टर ट्रेडर, सिम्फनी आदि। कुछ मैनुअल ट्रेडिंग सॉफ्टवेयर में भी एल्गो ट्रेडिंग का कोड ए.पी.आई. जोड़कर स्वचालित ट्रेड लिये जा सकते हैं, जैसे—निंजा ट्रेडर और एमीब्रोकर। कई ऑनलाइन ब्रोकिंग प्लेटफॉर्म भी ऑटो ट्रेडिंग की सुविधा देते हैं।

याद रहे, शेयर बाजार में थोड़ा-बहुत ऑटोमेशन पहले से ही होता रहा है। ज्यादातर ट्रेडिंग प्लेटफॉर्म ब्लॉक ऑर्डर और कवर ऑर्डर देने की सुविधा देते हैं। कवर ऑर्डर का मतलब यह कि अगर फलाँ शेयर का भाव इतने रुपए से ऊपर या नीचे जाता हो, सिर्फ उसी हालत में मेरे लिए 100 शेयर खरीद लिये या बेच दिए जाएँ। इसी ऑर्डर में यह ब्योरा भी होता है कि अगर वह शेयर खरीद भाव से एक निश्चित स्तर तक (जैसे पाँच रुपए) ऊपर जाता है तो उसे बेच भी दिया जाए और अगर एक निश्चित स्तर तक (जैसे दो रुपए) नीचे आ जाता है तो भी उसे बेचकर मेरी रकम को बरबाद होने से बचा लिया जाए। शेयर बाजार में ऐसे ऑर्डर आम हैं। बहुत बड़े वित्तीय संस्थान, संस्थागत निवेशक आदि जब बाजार में लाखों शेयर एक साथ खरीदते या बेचते हैं तो ऐसे काफी मामलों में सॉफ्टवेयर का प्रयोग किया जाता है, क्योंकि एक इनसान के लिए थोड़ी-थोड़ी मात्रा में इतने सारे शेयरों को

सुरक्षित स्तर पर बेचना या खरीदना संभव नहीं होगा। ऐसे सॉफ्टवेयर कंप्यूटर कोड या नियमों के आधार पर काम करते हैं, जिसे 'एल्गोरिद्म' कहा जाता है।

मगर सवाल तो वहीं-का-वहीं है। क्या कोई आम आदमी ऐसा कोई सॉफ्टवेयर खरीदकर जिंदगी भर के लिए पैसे कमाने की ओर से निश्चिंत हो सकता है? तो पहले इनकी कामयाबी की शर्तों को समझना होगा। पहली बात तो यह है कि इनका प्रयोग वही शख्स सही ढंग से कर सकता है, जो खुद भी शेयर ट्रेडिंग का उस्ताद हो। दूसरे, उसे टेक्नोलॉजी (खासकर पाइथॉन, ए.एफ.एल., एम.क्यू. एल., सी प्लस प्लस, सी शार्प जैसी प्रोग्रामिंग भाषाओं) की अच्छी जानकारी होनी चाहिए। हालाँकि इन सॉफ्टवेयर की ट्रेडिंग रणनीतियों (स्ट्रेटेजी) के कोड खरीदे भी जा सकते हैं, लेकिन जरूरत के लिहाज से उनमें संशोधन की जरूरत भी पड़ती है। अगर आप यह जानते भी हैं तो सॉफ्टवेयर के लंबे प्रशिक्षण, अभ्यास और बैक-टेस्टिंग के बाद ही आगे बढ़ें।

ऑटो ट्रेडिंग के दूसरे पक्षों पर भी ध्यान देने की जरूरत है। पहली यह कि ऑटो ट्रेडिंग का मतलब यह नहीं है कि आप कंप्यूटर को अकेला छोड़ दें और वह काम करता रहे। आपको हमेशा उसकी निगरानी करते रहने की जरूरत होगी। मशीन आखिरकार मशीन है और अगर उसका एक दाँव गलत पड़ा तो आप सबकुछ खो बैठेंगे। बहुत सारी परिस्थितियाँ संभव हैं, जैसे—इंटरनेट कनेक्टिविटी में रुकावट आना, कंप्यूटर का फ्रीज हो जाना, बिजली चली जाना, सॉफ्टवेयर का क्रैश हो जाना, आँकड़ों में कोई गलती हो जाना, गलत ऑर्डर लग जाना, डुप्लीकेट ऑर्डर लग जाना आदि-आदि। हालाँकि नेशनल स्टॉक एक्सचेंज के एक-तिहाई से अधिक कारोबार में ऑटो ट्रेडिंग का हाथ बताया जाता है, लेकिन सामान्य लोगों के लिए फिलहाल यह बड़े जोखिम का काम दिखता है।

□

5जी : फास्ट इंटरनेट के साथ कैंसर?

भारत, रूस, चीन और अमेरिका जैसे देशों में 5जी तकनीक के लिए बहुत आकर्षण है। लेकिन अनेक लोगों को इस दूरसंचार तकनीक के इस्तेमाल पर आपत्ति है। उधर कुछ साल पहले चालीस देशों के 180 से ज्यादा वैज्ञानिकों और डॉक्टरों ने इस वायरलैस तकनीक के खतरों पर आवाज उठाई थी। उन्होंने यूरोपीय संघ से अपील की थी कि जब तक इनसानी सेहत पर 5जी के खतरों की निष्पक्ष जाँच नहीं हो जाती, इसे लाया नहीं जाना चाहिए। जहाँ दुनिया 5जी के उत्साह में झूम रही है, वहीं इन वैज्ञानिकों को लगता है कि यूरोपीय संघ शायद इस बारे में संजीदगी से सोचे, क्योंकि यूरोपीय परिषद् ने 2011 में बहुचर्चित प्रस्ताव 1815 पास किया था। प्रस्ताव के अनुसार दुनिया में विद्युत् चुंबकीय किरणों की रेडियोधर्मिता का स्तर घटाए जाने की सख्त जरूरत है।

मशहूर 'नेचर' पत्रिका में छपे एक शोध के अनुसार 5जी से कैंसर होने की बात निराधार है। उधर यूरोपीय संसद् का एक दस्तावेज कहता है कि 450 से 6000 मेगाहट्‌र्ज के दायरे में आने वाली कम फ्रिक्वेंसी की विद्युत् चुंबकीय तरंगें कैंसर जैसी समस्याएँ पैदा कर सकती हैं।

हालाँकि 5जी अकेली वायरलैस या रेडियो संचार तकनीक नहीं है। इससे पहले आई दूरसंचार तकनीकें भी रेडियोधर्मी विकिरणों का उत्सर्जन करती हैं, जो ऊर्जा का एक स्वरूप है। इस श्रेणी में आप 1जी, 2जी, 3जी और 4जी के साथ-साथ माइक्रोवेव किरणों, एफ.एम. रेडियो की तरंगों आदि को भी गिन सकते हैं। इस तरह की रेडियोधर्मिता इनसानों और दूसरे प्राणियों की सेहत पर दुष्प्रभाव डालती है—वह उनके डी.एन.ए. को नष्ट या प्रभावित कर सकती है। रेडियोधर्मिता के प्रभाव में आने से डी.एन.ए. की बनावट बदल सकती है या कुछ खास कोशिकाएँ

नष्ट हो सकती हैं, जो कैंसर को जन्म दे सकता है।

हालाँकि दूरसंचार उद्योग और अमेरिकी खाद्य तथा दवा प्रशासन (एफ.डी.ए.) ने इस बात को स्वीकार नहीं किया है, लेकिन विश्व स्वास्थ्य संगठन के एक अहम संस्थान 'कैंसर पर अंतरराष्ट्रीय अनुसंधान एजेंसी' 2011 में ही सेल्युलर रेडियो तरंगों को संभावित कैंसरकारक मान चुकी है। जर्मनी में दो मोबाइल टावरों के आसपास रहनेवाले एक हजार लोगों पर दस साल तक किए गए अनुसंधान में पता चला था कि टावरों के 400 मीटर के दायरे में रहनेवाले लोगों में कैंसर के मामले अपेक्षाकृत दूर रहनेवाले लोगों की तुलना में तीन गुना ज्यादा थे। ऐसे और भी बहुत से अध्ययन हुए हैं। लेकिन एक बात तो आप भी मानेंगे कि हमारे अपने देश में ही सेल्युलर टावरों का जाल बिछने के बाद नन्ही गौरैया न जाने कहाँ गायब हो गई है—कम शहरों में अब इक्का-दुक्का गौरैया दिखाई देती हैं। आखिरकार कहाँ और क्यों चली गईं ये मासूम चिड़ियाँ? आशंका है कि उनकी संख्या घटने के पीछे मोबाइल फोन की रेडियो तरंगों की भूमिका है।

पिछली दूरसंचार तकनीकों की तुलना में 5जी को लेकर आशंकाएँ कहीं ज्यादा हैं। इसकी वजह यह है कि 4जी और पिछली तकनीकों की तुलना में 5जी की तरंगों की आवृत्ति बहुत ज्यादा है। जहाँ 4जी तकनीक की रेडियो तरंगों में यह दर 6 गीगाहर्ट्ज के करीब थी, वहीं 5जी में यह 30 से 300 गीगाहर्ट्ज तक होगी। एक तरफ तो इसकी वजह से डाटा ट्रांसफर की रफ्तार 4जी की तुलना में 60 से 120 गुना बढ़ जाएगी, वहीं दूसरी तरफ यह हमारी सेहत पर भारी पड़नेवाली है। ज्यादा आवृत्तिवाली तरंगें सजीवों की सेहत पर ज्यादा घातक असर डालती हैं।

आशंकाओं की एक और अहम वजह है। 5जी की तरंगें, जिन्हें 'मिलीमीटर तरंगें' कहा जाता है, अपने रास्ते में आनेवाली रुकावटों (जैसे—दीवारों, पेड़ों आदि) को पार नहीं कर सकतीं। इसकी वजह से शहरों और गाँवों में इनके सघन जाल बिछाने होंगे। शायद हर 200 या 300 मीटर के दायरे में एक मोबाइल टावर होगा। इसका अर्थ यह हुआ कि न ऐसे टावर आपके काफी करीब होंगे, बल्कि अनेक होंगे और उन सबसे निकलनेवाले विकिरण भी बहुत अधिक मात्रा में आप तक पहुँच रहे होंगे। हमारी त्वचा, आँखों और तंत्रिका-तंत्र पर इनके दुष्प्रभाव पड़ सकते हैं। वैज्ञानिकों के अनुसार, ये किरणें हमारी त्वचा के द्वारा सोख ली जाएँगी, जिससे शरीर का तापमान बढ़ जाएगा। बहरहाल, ज्यादा बड़ी चिंता इनसे कैंसर के उपजने को लेकर है।

यही वजह है कि बेल्जियम सरकार ने ब्रुसेल्स में 5जी के परीक्षणों को रोक दिया और हॉलैंड की संसद् में भी 5जी के खतरों की जाँच की माँग उठी। स्विट्जरलैंड में इस तकनीक के दुष्प्रभावों की जाँच करवाई गई।

यूँ आप जानते हैं कि एक्स-रे किरणें, गामा किरणें, अल्ट्रावॉयलेट किरणें, माइक्रोवेव, कंप्यूटर मॉनिटर से निकलनेवाली रोशनी, एफ.एम. रेडियो तरंगें और यहाँ तक कि बिजली की लाइनें सूरज की रोशनी से भी विकिरण निकलते हैं। और सब-के-सब हमें नुकसान पहुँचाते हों, ऐसा नहीं है। असल में इन किरणों की दो श्रेणियाँ हैं—आयोनाइजिंग (आयनीकारक) और नॉन-आयोनाइजिंग। नॉन-आयोनाइजिंग विकिरण कमजोर होते हैं और मानव शरीर के रासायनिक बॉण्ड्स को तोड़ नहीं पाते। सूर्य की रोशनी, बिजली लाइनें, एफ.एम. रेडियो, वाईफाई आदि इसी श्रेणी में आती हैं। हालाँकि माइक्रोवेव इसी श्रेणी में होने के बावजूद सुरक्षित नहीं है। दूसरी तरफ अल्ट्रावॉयलेट (पराबैंगनी) किरणें, एक्स-रे, गामा किरणें आदि आयोनाइजिंग होती हैं और उनमें अणुओं को विभाजित करने लायक ऊर्जा होती है। जाहिर है कि वे हमारे शरीर की कोशिकाओं पर असर डालती हैं, इसीलिए तो कहा जाता है कि हमें बार-बार एक्स-रे नहीं करवाने चाहिए।

5जी जैसी दूरसंचार तकनीकों से संबंधित विकिरण नॉन-आयोनाइजिंग की श्रेणी में आते हैं। उस लिहाज से इन्हें हमारे लिए सुरक्षित होना चाहिए, लेकिन एक तथ्य ध्यान देने योग्य है और वह यह कि एक्स-रे तो हम महीनों में एक बार कराते हैं, लेकिन 5जी के विकिरण चौबीसों घंटे हमारे साथ तथा आसपास होंगे। एक तरफ मोबाइल टावर, दूसरी तरफ घरों में लगे राउटर और मोबाइल फोन। क्या इतनी अधिक मात्रा में होने के बावजूद ये विकिरण हमारे लिए सुरक्षित रहेंगे?

□

जब पड़ोस में बैठा सहकर्मी एक रोबोट होगा

भविष्य में एक समय ऐसा होगा, जब आपके दफ्तर में न तो कोई गैर-हाजिर होगा, न कोई देर से आएगा और न ही कोई लंच ब्रेक की माँग करेगा। न किसी को तनख्वाह देने की जरूरत होगी और न ही कोई चाय या कॉफी माँगेगा। न किसी को गुसलखाने जाने की फुरसत होगी, न किसी को सिगरेट की तलब और न ही किसी को छुट्टी की जरूरत। शायद अगले 30 से 50 साल के भीतर हमें ऐसा दिन देखने को मिले, जब दफ्तरों में इनसान नाम के इक्का-दुक्का लोग होंगे, बाकी सब रोबोट! आपको यह कल्पना सुखद लगती है या डरावनी? उससे भी अहम बात यह कि क्या आप ऐसे भविष्य के लिए तैयार हैं, जब दफ्तर में आपके आसपास की डेस्क पर बैठे सहकर्मी रोबोट होंगे?

हर हकीकत की इमारत कल्पना की बुनियाद पर खड़ी होती है, इसलिए इस कल्पना को भी गंभीरता से लिये जाने की जरूरत है। रोबोटिक्स, जिसे हाल तक इनसान के लिए मुश्किल, दोहराव योग्य, श्रमसाध्य और खतरनाक कामों के लिए ज्यादा अनुकूल माना जाता था, अब फैक्टरियों, सुपरमार्केटों और गोदामों में इनसानों की जगह लेने लगे हैं। वे घरों में कामकाज करने लगे हैं, खेलों में हिस्सा लेने लगे हैं, रेस्तराओं में काम करने लगे हैं और यहाँ तक कि ऑपरेशन थिएटर में सर्जरी के काम में भी मदद करने लगे हैं। इनसानी जनजीवन में हार्डवेयर रोबोट और सॉफ्टवेयर बॉट्स दोनों की भूमिका बढ़ रही है। खबरें पढ़नेवाले वर्चुअल न्यूजरीडर मौजूद हैं, तो खबरें लिखनेवाले बॉट्स भी। और-तो-और, हाँगकाँग की हानसन रोबोटिक्स की बनाई 'सोफिया' दोस्तों की ही तरह आपके साथ गपशप भी कर सकती है।

अगर एक कर्मचारी की नजर से देखें तो यह एक भयावह दुःस्वप्न जैसा लगता है। लेकिन एक कंपनी या उसके मालिकों की दृष्टि से देखें तो ऐसे रोबोटिक कर्मचारी बड़े फायदे का सौदा हो सकते हैं—धन बचाने के लिहाज से, कार्यकुशलता के लिहाज से और समय के लिहाज से भी। हाल ही में मशहूर इ-कॉमर्स और रिटेलिंग कंपनी अमेजॉन ने न्यू जर्सी में अपने वेयरहाउस (गोदाम) में 'जैन्थस' और 'पिगासस' नामक दो अलग-अलग किस्मों के रोबोट तैनात किए हैं, जो गोदाम में सामान को यहाँ से वहाँ लाने-ले जाने, उठाने, सौंपने, सजाने, जमाने और साफ-सफाई जैसे काम करते हैं। छोटी-मोटी अड़चनों को छोड़ दें तो अमेजॉन के ये रोबोटिक कर्मचारी जबरदस्त ढंग से काम कर रहे हैं। काम जल्दी होने लगा है, ज्यादा अच्छी तरह से होने लगा है और दिन-रात होने लगा है।

अमेजॉन की प्रतिद्वंद्वी वॉलमार्ट भी 'फ्रेडी' नाम के रोबोट को करीब दो हजार स्टोर में तैनात कर चुकी है। ये रोबोट स्टोर के दूसरे कर्मचारियों के आसपास ही साफ-सफाई, चीजों को तलाशने और डिब्बों को जमाने जैसे काम करते हैं और जरूरत पड़ने पर ग्राहकों की भी मदद करते हैं। वॉलमार्ट का प्रयोग कर्मचारियों, ग्राहकों और रोबोट्स के बीच तालमेल और संवाद का अपनी किस्म का पहला और कामयाब प्रयोग है। रोबोट बनाने में दुनिया की अग्रणी कंपनी टोयोटा के टी-एचआर3 जैसे रोबोट भवन निर्माण में मजदूरी का काम करने से लेकर बच्चों की देखभाल भी कर सकते हैं और प्राकृतिक आपदाओं के दौरान राहत का काम भी। चीन के नानजिंग शहर में सब-वे ट्रेन स्टेशनों की पार्किंग का कार्य रोबोट्स ने सँभाल लिया है, जो यह मुश्किल काम, ज्यादा कुशलता के साथ, महज एक मिनट में कर देते हैं। जापान में 'माइरा' नामक कंपनी ने महरी का काम (पोंछा, कपड़े धोना, बरतन धोना आदि) करनेवाला रोबोट किराए पर देना शुरू किया है, महज 13 हजार रुपए प्रतिमाह में। भारत के बड़े शहरों में इतना पैसा फुलटाइम महरी लेने लगी है।

जाहिर है कि रोबोट कर्मचारी नियोक्ताओं की कई चुनौतियों का समाधान कर देते हैं। अमेरिका जैसे देशों में मेहनत के कामों के लिए कर्मचारी मिलना काफी मुश्किल होता जा रहा है। कई देशों में काम करने लायक युवाओं की संख्या भी घटती जा रही है। जो कर्मचारी मिलते भी हैं, उनकी तनख्वाह दस डॉलर से लेकर 15 डॉलर प्रतिघंटा तक है। हर महीने बीस दिन आठ घंटे की ड्यूटी करनेवाले कर्मचारी पर औसतन ढाई हजार डॉलर का खर्च आता है, जो भारतीय मुद्रा में एक लाख 70 हजार रुपए के आसपास होगा। दूसरी तरफ रोबोट कर्मचारी अब पहले

जैसे महँगे नहीं रह गए हैं और तीस हजार डॉलर की औसत कीमत पर मिल जाते हैं। एक कर्मचारी की साल भर की तनख्वाह एक रोबोट की कीमत के बराबर है। लेकिन रोबोट तो हमेशा-हमेशा के लिए काम करता रहेगा। अहम बात यह है कि एक रोबोट आराम से तीन-चार कर्मचारियों के बराबर काम कर सकता है। इस लिहाज से देखा जाए तो कारोबारियों के लिए फायदा-ही-फायदा है।

सवाल उठता है कि जब रोबोट इनसानों के रोजगार छीन लेंगे तो कामगारों का क्या होगा? यह एक गंभीर और वास्तविक सवाल है। पश्चिमी देशों में, जहाँ पर काम करनेवालों की संख्या कम है और मेहनत का काम करने में युवाओं की दिलचस्पी भी नहीं है। वहाँ शायद लोगों को बहुत अधिक फर्क नहीं पड़ेगा, लेकिन विकासशील देशों का क्या होगा? अमेरिका में पेट्रोल पंप और टोल बूथ जैसी जगहों पर इनसान काम नहीं करते, क्योंकि ज्यादातर काम ऑटोमैटिक ढंग से हो जाता है, जिसे ग्राहक खुद ही कर लेते हैं। लेकिन भारत जैसे देशों में तो लोगों की कोई कमी नहीं है। कमी है तो रोजगार की! यहाँ तो एक-एक पेट्रोल पंप दस से बीस लोगों तक को रोजगार देता है। ब्रिटेन की 'ऑक्सफोर्ड इकोनॉमिक्स' नामक कंपनी के सर्वे के मुताबिक 2030 तक रोबोट्स की वजह से दुनिया में दो करोड़ लोग अपने रोजगार खो देंगे।

इधर अमेरिका में जिन लोगों का काम रोबोट्स ने छीना है, उन्हें इन्हीं रोबोट्स की देखभाल और निगरानी के काम में लगाया गया है या फिर दूसरे वैकल्पिक काम दिए गए हैं। फिलहाल इनकी वजह से छँटनी की खबरें नहीं दिखी हैं, लेकिन कब तक? फिलहाल दफ्तरों में रोबोटिक सहकर्मी नहीं आए हैं, मगर कब तक?

□

क्या आपके पी.सी. को एंटी वायरस की जरूरत नहीं?

मैंने अपने विंडोज पी.सी. के लिए पिछला एंटी वायरस सॉफ्टवेयर 2015 में खरीदा था और मुझे यह बताने में खुशी हो रही है कि तब से आज तक मेरे कंप्यूटर में कोई वायरस नहीं आया है। शायद आप कहेंगे कि मैं साइबर सुरक्षा के लिहाज से ज्यादा जागरूक होऊँगा! अगर आप विंडोज 10 या 11 का इस्तेमाल करते हो तो जरा आप ही बताइए कि आपका पी.सी. पिछली बार वायरस से कब संक्रमित हुआ था? अगर आपने कोई एंटी वायरस सॉफ्टवेयर इंस्टॉल कर रखा है तो आपकी मर्जी, लेकिन जहाँ तक मुझे लगता है कि अब विंडोज 10 में किसी बाहरी एंटी वायरस सॉफ्टवेयर की जरूरत नहीं है। वह जमाना गया, जब पर्सनल कंप्यूटर वायरसों से भरे रहते थे और किसी अच्छे और महँगे एंटी वायरस के बिना सुरक्षित रह पाना अकल्पनीय था।

जी हाँ, विंडोज 10 और 11 में अब लगभग वैसा ही मजबूत साइबर सुरक्षा तंत्र मौजूद है, जैसा कि दुनिया के टॉप एंटी वायरस सॉफ्टवेयर मुहैया कराते हैं। पिछले एक दशक में माइक्रोसॉफ्ट ने अपने ऑपरेटिंग सिस्टम को सुरक्षित बनाने के लिए काफी निवेश और इनोवेशन किया है। हो सकता है कि कुछ लोग आज भी कहें कि एप्पल का मैक ऑपरेटिंग सिस्टम और लिनक्स साइबर सुरक्षा के मामले में विंडोज से बेहतर हैं, लेकिन तब उन्होंने विंडोज 10/11 का निष्पक्ष और तटस्थ आकलन नहीं किया। उनके लिए ऐसा करना दिलचस्प होगा। कम लोगों को पता होगा कि इस बीच माइक्रोसॉफ्ट दुनिया की सबसे बड़ी साइबर सुरक्षा कंपनियों में से एक बन चुकी है। उसने साइबर सुरक्षा के क्षेत्र में सक्रिय कई कंपनियों का अधिग्रहण किया है और उनके सॉफ्टवेयरों, सेवाओं और शोध को अपने उत्पादों

में शामिल किया है। मसलन साइबर सुरक्षा के क्षेत्र में आर्टिफिशियल इंटेलिजेंस का प्रयोग करनेवाली हैक्साडाइट, डाटा सुरक्षा कंपनी सिक्योर आइलैंड्स, क्लाउड सुरक्षा कंपनी एडालॉम और वायरस, मैलवेयर, रूटकिट्स आदि का पता लगानेवाले सॉफ्टवेयर बनानेवाली कोमोकु। माइक्रोसॉफ्ट साइबर सुरक्षा को मजबूत करने के लिए सालाना एक अरब डॉलर (सात हजार करोड़ रुपए) तक की रकम खर्च करती रही है। चूँकि यह कंपनी अलग से कोई साइबर सुरक्षा उत्पाद (एंटी वायरस आदि) नहीं बेचती, इसलिए स्वाभाविक है कि यह सारा निवेश विंडोज, ऑफिस, क्लाउड सेवाओं और दूसरे उत्पादों को सुरक्षा के लिहाज से मजबूत बनाने पर खर्च किया जा रहा होगा।

विंडोज 10/11 को साइबर चुनौतियों के लिहाज से अब तक का सबसे सुरक्षित विंडोज ऑपरेटिंग सिस्टम माना जाता है। बहुत से लोगों को पता नहीं है कि विंडोज के भीतर 'माइक्रोसॉफ्ट विंडोज डिफेंडर सिक्योरिटी सेंटर' नामक समाधान पहले से ही मौजूद है, जो किसी भी आधुनिक सुरक्षा उत्पाद से टक्कर ले सकता है। इसके अवयवों में न सिर्फ एक एंटी वायरस सॉफ्टवेयर, बल्कि इंटरनेट से आनेवाले खतरों को रोकने के लिए विंडोज फायरवॉल, स्मार्टस्क्रीन फिल्टर और पैरेंटल कंट्रोल सिस्टम (बच्चों को सुरक्षित रखने के लिए) भी शामिल है। यह रैनसमवेयर की चुनौती का भी समाधान करता है। रैनसमवेयर ऐसे खतरनाक सॉफ्टवेयर हैं, जिनका इस्तेमाल हैकर आपके कंप्यूटर का नियंत्रण हासिल करने और आपकी फाइलों को लॉक करने के लिए करते हैं। बाद में वे आपसे धन वसूल करने के बाद ही इन फाइल्स को लौटाते हैं।

विंडोज 10/11 का 'कंट्रोल्ड फोल्डर एक्सेस' नामक एक नया फीचर विंडोज में ऐसे फोल्डर बनाने की सुविधा देता है, जिनके भीतर घुसपैठ करना बहुत मुश्किल है। बिट डिफेंडर, पांडा एंटी वायरस, ट्रेंड माइक्रो आदि बाहरी एंटी वायरस सॉफ्टवेयर पहले ऐसी सुविधाएँ मुहैया कराते थे। दूसरी नई विशेषताओं में डिवाइस गार्ड, सिक्योर बूट, पासवर्ड मुक्त लॉगिन आदि शामिल हैं। इनकी बदौलत आपके कंप्यूटर में सिर्फ ट्रस्टेड (भरोसेमंद) सॉफ्टवेयर ही चलाए जा सकते हैं। इंटरनेट से डाउनलोड होनेवाले सॉफ्टवेयरों और फाइलों को पहले जाँचा-परखा जाता है और सुरक्षित होने पर ही वे चलते हैं। कंप्यूटर के बूट होते समय लो-लेवल मैलवेयर इंजेक्शन आदि से सुरक्षा दी गई है और विंडोज हैलो, फिंगरप्रिंट स्कैन, नंबर पिन जैसी वैकल्पिक सुविधाओं ने पासवर्ड चुराकर हैक कर लिये जाने की आशंकाओं

को घटाया है। एंटरप्राइज श्रेणी के ग्राहकों को और भी अधिक सुविधाएँ मिलती हैं, जैसे—विंडोज डिफेंडर एडवांस थ्रेट प्रोटेक्शन, एप्लीकेशन गार्ड आदि।

'विंडोज डिफेंडर' माइक्रोसॉफ्ट का अपना उत्पाद होने के कारण विंडोज के साथ ज्यादा बेहतर ढंग से काम करता है। दूसरी कंपनियों के उत्पादों को विंडोज के आंतरिक फीचर्स और कोड तक एक्सेस हासिल नहीं होने के कारण उन्हें वही काम करने के लिए ज्यादा जटिल रास्ते अपनाने पड़ते हैं, जो डिफेंडर बेहद आसानी से कर सकता है। इसीलिए डिफेंडर एक हलका-फुलका सुरक्षा सॉफ्टवेयर है, जो आपके सिस्टम पर बोझ नहीं डालता और उसकी रफ्तार को प्रभावित नहीं करता। वह चुपचाप बैकग्राउंड में अपना काम करता रहता है और आपको पता भी नहीं चलता। एंटी वायरस सॉफ्टवेयरों की एक विशेषता उनका जल्दी-जल्दी अपडेट होना है। अलबत्ता विंडोज 10/11 के आने के बाद माइक्रोसॉफ्ट ने विंडोज अपडेट्स का तौर-तरीका बदल दिया है और अब वे जल्दी-जल्दी जारी किए जाते हैं। एंटरप्राइज संस्करण के सुरक्षा फीचर तो बहुत जल्दी-जल्दी अपडेट होते रहते हैं।

जिनके सिस्टम में विंडोज डिफेंडर नहीं है या फिर जो कंप्यूटर किसी साइबर खतरे के शिकार हो चुके हैं, उनके यूजर विंडोज डिफेंडर ऑनलाइन के जरिए अपनी यू.एस.बी. ड्राइव में फाइलें कॉपी कर उसे बूट-योग्य बना सकते हैं। इस ड्राइव के जरिए बूट करने पर आप विंडोज के खुलने से पहले ही पूरे सिस्टम को स्कैन कर सकेंगे और सिस्टम को मैलवेयर से मुक्त कर सकेंगे। रही बात विंडोज के पुराने संस्करणों की, जिनमें इनमें से ज्यादातर फीचर मौजूद नहीं हैं। विंडोज 10//11 ही भविष्य का ऑपरेटिंग सिस्टम है। फिर भी, अगर आप पुराने विंडोज में डिफेंडर का इस्तेमाल करना चाहते हैं तो इंटरनेट से 'माइक्रोसॉफ्ट सिक्योरिटी एसेंशियल्स' को डाउनलोड कर सकते हैं। शायद अब आपको यकीन हुआ हो कि अलग से एंटी वायरस सॉफ्टवेयर खरीदे बिना भी आपका पी.सी. सुरक्षित है।

□

क्या आप अपने गैजेट्स की निगरानी में हैं?

जॉर्ज ऑरवेल ने अपने मशहूर उपन्यास '1984' में ओसेनिया नाम के ऐसे देश की कल्पना की है, जिसमें हर व्यक्ति की हर गतिविधि पर नजर रखी जाती है। उपन्यास का नायक विन्स्टन स्मिथ और उसके जैसे लाखों लोग चौबीसों घंटे एमानुएल गोल्डस्टीन (बिग ब्रदर) की अगुआई वाली सत्तारूढ़ पार्टी की निगरानी में रहता है। ऑरवेल ने अपने उपन्यास में भविष्य के एक शोषित समाज की झलक दिखाई है, लेकिन प्राइवेसी के बारे में उन्होंने जो कल्पना की थी, उसकी हलकी सी झलक आज के समाज में भी महसूस कर सकते हैं। जरूरी तो नहीं कि निगरानी और निजता का यह उल्लंघन सिर्फ किसी राजनीतिक दल के हाथों में ही हो!

सोशल मीडिया, गैजेट्स, हैकिंग, बिग डाटा, एप्स और अब स्मार्ट सहायक। स्मार्ट स्पीकर और वर्चुअल सहायक हमारे घरों, दफ्तरों, बेडरूम और बाथरूम तक आ पहुँचे हैं। वे चौबीसों घंटे ऑन रहते हैं। इनमें से कुछ हमेशा सुनते रहते हैं तो कुछ हमेशा देखते रहते हैं। सवाल उठता है कि देखने, सुनने और ऑब्जर्व करने की इस प्रक्रिया के भीतर और पीछे क्या कुछ चलता है? हमारी बेहतर सेवा करने के लिए इकट्ठा की जानेवाली हमारी निजी सूचनाएँ किन हाथों में पहुँचती हैं और इनके क्या जोखिम हो सकते हैं?

कुछ साल पहले गूगल के तत्कालीन मुख्य कार्यकारी अधिकारी एरिक श्मिट के एक बयान ने हंगामा बरपा कर दिया था, जिसका मर्म यह था कि इंटरनेट के दौर में प्राइवेसी की बात भूल जाइए। उन्होंने कहा था कि अगर आप किसी काम को छिपाना चाहते हैं तो फिर पहली बात तो यह है कि आपको ऐसा काम करना ही नहीं चाहिए। इससे क्या ध्वनि निकलती है? क्या यह नहीं कि दूसरों को आपकी

जिंदगी में ताक-झाँक करने और आपकी गतिविधियों तथा सूचनाओं के अधिकार का हक है। बहरहाल, यूरोप में जी.डी.पी.आर. नामक प्राइवेसी सुरक्षा कानून के लागू होने के बाद दुनिया भर में प्राइवेसी की तरफ देखने का नजरिया बदला है और यह धारणा फिर से लौटी है कि किसी को आपकी मर्जी के बिना आपके डाटा को सहेजने और इस्तेमाल करने का हक नहीं है; लेकिन चिंताएँ अपनी जगह पर कायम हैं।

सोनी का 'आइबो' नामक खूबसूरत 'पिल्ला' रोबोट बाजार में उपलब्ध है। यह नन्हा सा कुत्ता आपके साथ काफी हद तक उसी तरह से संवाद करता है, जैसे सचमुच का पालतू पिल्ला हो! करीब तीन हजार डॉलर में मिलनेवाले इस रोबो पिल्ले में फेस रिकॉग्निशन कैमरे लगे हैं और ऐसे चार माइक्रोफोन भी फिट हैं, जो हमेशा अपने आसपास की ध्वनियों को सुनते रहते हैं। इसमें 64 बिट क्वाड कोर सीपीयू, स्पीकर, कई तरह के सेंसर भी लगे हैं और वाईफाई इंटरनेट कनेक्टिविटी के साथ-साथ आर्टिफिशियल इंटेलिजेंस का इस्तेमाल भी करता है। 'आइबो' आपके बारे में कितना डाटा इकट्ठा करता है और फिर उसका क्या किया जाता है, इसे लेकर संशय है। इसकी प्राइवेसी पॉलिसी में लिखा है कि सोनी के पास आपकी निजी सूचनाओं का कई तरह के कामों के लिए इस्तेमाल करने का हक है। क्या आप चाहेंगे कि आपके घर में कोई हर पल आपकी गतिविधियों पर नजरें गड़ाए रहे और आपकी तसवीरों को कहीं और भेजता रहे? नतीजा? अमेरिका में 'इलिनॉय' नामक प्रांत में 'आइबो' की बिक्री पर प्रतिबंध लगा दिया गया है।

फेसबुक ने कुछ साल पहले टैबलेट जैसा दिखनेवाला 'पोर्टल' नामक वीडियो कॉलिंग गैजेट लॉन्च किया था। फेसबुक पहले ही प्राइवेसी के मामले में बहुत सारे विवादों के केंद्र में रह चुका है, इसलिए जैसे ही यह उत्पाद बाजार में आया, इसे समीक्षकों और आलोचकों की भारी आलोचना का सामना करना पड़ा। हमेशा ऑन (चालू) रहनेवाले इस गैजेट को हमारे घरों में मौजूद स्थायी जासूस के रूप में देखा गया। पोर्टल को लेकर संदेह उठ खड़े हुए और वह चल नहीं पाया। फेसबुक ने सफाइयाँ दीं, किसी के गले नहीं उतरीं। उत्पाद सुंदर और उपयोगी था। शायद किसी और कंपनी ने इसे लॉन्च किया होता तो यह चल निकलता।

अब सुनिए, अमेजॉन के 'अलेक्सा' नामक स्मार्ट स्पीकर का किस्सा। हार्डवेयर के रूप में जारी यह वर्चुअल असिस्टेंट क्लाउड तकनीकों का इस्तेमाल करते हुए आपके निर्देशों का पालन करता है और आपके साथ संवाद करता है।

वह समय बताने, गाने सुनाने, खबरें सुनाने और इंटरनेट खोज करने के साथ-साथ आपके साथ गपशप भी कर सकता है। यह भी हमेशा ऑन रहता है और जैसे ही आप 'अलेक्सा' शब्द का उच्चारण करते हैं, वह तुरंत आपकी कही बात को सुनकर अपनी प्रतिक्रिया देता है। अलेक्सा के बारे में ये आशंकाएँ मीडिया में उठ चुकी हैं कि वह आपके घर की आवाजें रिकॉर्ड करके अमेजॉन के सर्वर पर भेजता है, जहाँ उन्हें अमेजॉन के कर्मचारी सुनते हैं। अमेजॉन ने इन आशंकाओं को निराधार बताया है, लेकिन कुछ ऐसे किस्से सामने आए हैं, जिनसे लोगों का डर बना हुआ है। तमाम वर्चुअल असिस्टेंट या स्मार्ट हार्डवेयर अपने यूजर की गतिविधियों, बरताव, आदतों, सवालों, पृष्ठभूमि, भाषा आदि के आधार पर सीखते हैं और खुद को और बेहतर बनाने की कोशिश करते हैं, लेकिन यही डाटा दूसरे कामों के लिए भी इस्तेमाल किया जा सकता है।

अमेरिका में ऑरेगान की एक महिला ने दावा किया कि अलेक्सा ने उसके और उसके पति की बातचीत को रिकॉर्ड करके उसकी ऑडियो फाइल एक अन्य व्यक्ति को भेज दी थी, जिसका नाम उनकी कॉन्टैक्ट लिस्ट में था। मैं पिछले दिनों चीन में था, जहाँ एक परिचित महिला ने अपना किस्सा सुनाया। एक दिन जब वह अपने परिवार के साथ डिनर कर रही थी, तभी अचानक अलेक्सा जोर से हँसी। उसे समझ में नहीं आया कि आखिर क्यों? उसने अमेजॉन के अधिकारियों से संपर्क किया, जिन्होंने कहा कि अलेक्सा की हँसी का उनके घर में चल रही गतिविधियों से कोई संबंध नहीं है।

आज हम ऐसे स्मार्ट गैजेट्स से घिरे हुए हैं। ये फ्री के उत्पाद नहीं हैं, लेकिन फिर भी बहुत से लोगों को आशंका है कि वे हमें या हमारी सूचनाओं को एक उत्पाद की तरह इस्तेमाल कर रहे हैं। सच क्या है, पक्के तौर पर कुछ नहीं कहा जा सकता; लेकिन अपनी जीवन-शैली के बारे में निर्णय करने के लिए आप स्वतंत्र हैं। □

ये जो गूगल है, ये सब जानता है!

दुनिया भर में डाटा की सुरक्षा और निजता के मुद्दे पर चिंताएँ फैली हुई हैं। भारत और कुछ दूसरे देशों की सरकारें इंटरनेट कंपनियों से यह सुनिश्चित करवाना चाहती हैं कि उनके देश के भीतर इकट्ठा किया गया डाटा देश के भीतर ही रहे। लेकिन आम आदमी जब इस तरह की खबरों को पढ़ता है तो उसे इसकी खास फिक्र नहीं होती कि सरकार ऐसा क्यों चाहती है और डाटा अगर देश से बाहर चला जाएगा तो क्या अनर्थ हो जाएगा? सच कहा जाए तो भारत के अधिकांश लोगों को कोई फर्क नहीं पड़ता कि इंटरनेट पर सक्रिय कंपनियाँ उन्हें निःशुल्क सेवाएँ मुहैया कराते समय उनका डाटा भी इकट्ठा करती जा रही हैं। आप किसी से जिक्र करें कि फलाँ इंटरनेट दिग्गज के पास आपका डाटा है तो उत्तर मिलेगा—'मेरा डाटा लेकर इतनी बड़ी कंपनी क्या करेगी? और अगर लेती भी हो तो मुझे क्या फर्क पड़ता है? मैं कोई अति-विशिष्ट व्यक्ति तो हूँ नहीं कि मुझे अपने बारे में इतनी गोपनीयता बरतने की जरूरत हो!'

लेकिन इस मुद्दे को थोड़ा सा अलग ढंग से रखा जाए तो उन्हें कुछ-कुछ खतरा समझ में आने लगेगा। मसलन यह कि इंटरनेट कंपनियों को इस बात का भी पता है कि आपने फलाँ युवती को कब, कैसा संदेश भेजा था और उसे आपके तथा उसके परिवारवालों के बारे में भी जानकारी है। या यह कि सोशल मीडिया दिग्गज कंपनियों को पता है कि पिछले साल आपको कौन सी गंभीर बीमारी हो गई थी और आपने अपना स्वास्थ्य बीमा करवाते समय इस बात का जिक्र नहीं किया है। एक और उदाहरण देखिए—आपको पिछले साल हुई तीन लाख रुपए की अतिरिक्त आमदनी के बारे में भी उन्हें जानकारी है, जबकि आपने अपने इनकम टैक्स रिटर्न में इसका ब्योरा नहीं दिया। यह भी कि इन दिनों आपकी पत्नी मायके गई हुई है और आपके दफ्तर जाने के बाद से शाम सात बजे तक घर सूना पड़ा रहता है। ये तो बस

चंद मिसालें हैं। जरा सोचिए कि इस तरह की सूचनाएँ अगर किसी गलत व्यक्ति के हाथ लगीं तो आपका क्या होगा? क्या आप अब भी कहेंगे कि डाटा की निजता के रहने या खोने से आपको फर्क नहीं पड़ता?

आयरलैंड के एक वेब डेवलपर डाइलन करान ने फेसबुक और गूगल के पास मौजूद अपने डाटा को डाउनलोड करके देखा तो उनकी आँखें फटी-की-फटी रह गईं। फेसबुक के पास उनका करीब 600 मेगाबाइट डाटा मौजूद था, जिससे माइक्रोसॉफ्ट वर्ड के चार लाख डॉक्यूमेंट बन जाएँगे। अगर 200 डॉक्यूमेंट को मिलाकर एक किताब छापी जाए तो इस डाटा से 200 किताबें छप जाएँगी।

यकीन नहीं होता ना! लेकिन गूगल तो फेसबुक से भी बहुत आगे है। करान ने गूगल से जो डाटा डाउनलोड किया, उसका साइज 5.5 गीगाबाइट था यानी फेसबुक की तुलना में दस गुना। तीस लाख वर्ड डॉक्यूमेंट का साइज इतना होगा। आइए, जानते हैं कि आपके बारे में मोटे तौर पर ये दोनों सोशल मीडिया दिग्गज क्या-क्या जानते हैं!

ऐसा नहीं कि इसमें आपकी, यानी उपभोक्ता की कोई भूमिका नहीं है। गूगल हो या फेसबुक, हर ऑनलाइन सेवा प्रदाता की सेवाएँ लेते समय आप उसके साथ एक अनुबंध को स्वीकार करते हैं और उसी के तहत उसे अपने डाटा के संबंध में बहुत से अधिकार भी दे देते हैं।

मामला सिर्फ गूगल और फेसबुक तक ही सीमित नहीं है। बहुत सारी वेबसाइटें आपके कंप्यूटर और मोबाइल फोन में कुकीज डाउनलोड करती हैं। ये उनके छोटे-छोटे एजेंट हैं, जो आपके व्यवहार, आपकी सर्फिंग, आपकी पसंद-नापसंद आदि पर निगाह रखते हैं। मोबाइल फोन पर डाउनलोड किए जानेवाले एप्स न जाने कितनी जानकारी आपके बारे में इकट्ठी कर रहे हैं। उन्हें इंस्टॉल करते समय आप जिस अनुबंध को बिना पढ़े, बिना देखे स्वीकार कर लेते हैं और उन्हें जो अनुमतियाँ दे देते हैं, वे उन्हें आपके ही डाटा के इस्तेमाल की शक्ति दे देती हैं। फेस एप पर जो करोड़ों लोग इन दिनों अपने चित्र अपलोड कर रहे हैं, क्या दुनिया में ऐसा कोई दूसरा जरिया होगा, जहाँ विश्व के करोड़ों-अरबों लोगों के वास्तविक फोटो मौजूद हों? बाद में इसका कहाँ और कैसे इस्तेमाल होगा, क्या आपने इसकी खबर ली है? ऑनलाइन दुनिया में सावधान रहना चाहिए, यह बात तो सब जानते हैं, लेकिन वास्तव में कितने लोग हैं, जो अपने अधिकारों, अपनी प्राइवेसी के बारे में जागरूक हैं और सचमुच सतर्क हैं?

ऊपर दिए उदाहरणों को पढ़ने के बाद शायद आपके लिए इस बात का अंदाजा लगाना मुश्किल न हो कि जब एक सामान्य सा इनसान अपनी सूचनाओं

को इकट्ठा कर लिये जाने से खतरे में फँस सकता है, तो सरकारें और देशों का डाटा तो उससे करोड़ों गुना ज्यादा कीमती और गोपनीय है। उसके न सिर्फ आपराधिक तत्त्वों के हाथों में चले जाने का खतरा है, बल्कि आतंकवादियों, हैकरों और दुश्मन देशों के हाथ पड़ने का भी तो है। जाहिर है कि डाटा को सुरक्षित रखने और उसे देश के भीतर ही बनाए रखने का सवाल अकारण नहीं है। बात सिर्फ गूगल की नहीं है, लेकिन गूगल अपने आप में इंटरनेट की दुनिया का प्रतीक बन चुका है। वह संज्ञा से विशेषण और क्रिया में तब्दील हो चुका है। इसलिए यह मुहावरा इंटरनेट की दुनिया में आम है कि गूगल आपके बारे में इतना कुछ जानता है, जितना न तो आपका जीवनसाथी जानता है, न आपका संस्थान जानता है और सच कहा जाए तो आप खुद भी नहीं जानते। यह बात बहुत हद तक फेसबुक पर भी लागू होती है और कुछ दूसरे इंटरनेट दिग्गजों पर भी।

गूगल यह सब जानकारी कैसे इकट्ठा करता है, यह अब कोई बड़ा रहस्य नहीं रह गया है। पहला जरिया है—गूगल सर्च। आप जब भी और जो भी सर्च करते हैं, वह गूगल की जानकारी में आती है। दूसरा माध्यम है—गूगल मैप्स में लोकेशन। आप नैनीताल जा रहे हैं! अगर आपने किसी गंतव्य को खोजा है या अपनी लोकेशन को साझा कर रहे हैं तो क्या आप समझते हैं कि यह सूचना सिर्फ आप तक या उस व्यक्ति तक ही सीमित है, जिसे आपने यह जानकारी दी है? तीसरा जरिया है—एंड्रोइड का प्ले स्टोर, जहाँ से आप तमाम किस्म के एप्लीकेशन डाउनलोड करते हैं। आपने शेयर बाजार से जुड़ा एप डाउनलोड किया तो यह घोषणा भी कर दी कि आप स्टॉक मार्केट में निवेश करने जा रहे हैं। गूगल क्रोम ब्राउजर पर आपकी जो भी गतिविधियाँ रहती हैं, जी-मेल में जो भी संदेश आते या जाते हैं, एंड्रोइड फोन पर आपके कॉन्टैक्ट्स में कौन-कौन है, जी-मेल पर आपके संपर्क में कौन-कौन है, यू-ट्यूब पर आप कौन से वीडियो खुलेआम और कौन से छिपकर देखते हैं, सब सूचनाएँ किसी-न-किसी रूप में इंटरनेट दिग्गजों की पहुँच में हो सकती हैं।

आपकी पहचान—आपका नाम, उम्र, लिंग, इ-मेल पता, फोन नंबर, फोटो शायद गूगल के आँकड़ों में कहीं मौजूद होगा। बहुत संभव है कि घर और दफ्तर का पता भी मौजूद हो।

आप कहाँ-कहाँ गए हैं—अगर आपने अपने मोबाइल फोन पर लोकेशन ट्रैकिंग एक्टिव कर रखी है तो गूगल आपकी लोकेशन के बारे में जानता है। इतना ही नहीं, वह सिलसिलेवार ढंग से आपकी लोकेशनों का डाटा स्टोर करता रहता

है। यानी किस दिन आप किस शहर के किस इलाके में, किस होटल, दफ्तर या घर में रहे।

इंटरनेट सर्च—अपने तमाम उपकरणों (मोबाइल फोन, पी.सी., टैबलेट आदि) पर आपने कब, किस चीज के लिए इंटरनेट पर सर्च किया, यह गूगल के पास सहेजा हुआ है।

कौन से एप इस्तेमाल करते हैं—आपके एंड्रोइड मोबाइल फोन और क्रोम ब्राउजर में आप जिस एप या एक्सटेंशन का इस्तेमाल करते हैं, उन सबका ब्योरा गूगल के पास है। आप इन एप्स का कब, किस तरह, कहाँ, किन हालात में इस्तेमाल करते हैं और किसलिए, यह भी वह जानता है।

कब जागते और सोते हैं—गूगल आपके दिन भर के रुटीन से भी परिचित है, क्योंकि सुबह उठने के बाद आप जैसे ही अपना फोन खोलते हैं, कोई-न-कोई एप सक्रिय हो जाता है और रात को सोते समय भी किसी-न-किसी एप पर गुडनाइट बोलने की आदत आपको है ही।

आपका घर और दफ्तर—शायद आपने खुद ही कभी किसी-न-किसी ऐप्प या फिर गूगल मैप को इस बात की सूचना दी हो कि आपका घर कहाँ पर है और दफ्तर कहाँ। आपने अपनी लोकेशंस में इसकी जानकारी सहेजी होगी।

यू-ट्यूब पर क्या देखते हैं—यू-ट्यूब पर आप जो कुछ भी देखते हैं, गूगल के पास इसकी सारी जानकारी सुरक्षित है। आपने देखा भी होगा कि आप जिस तरह के वीडियोज पसंद करते हैं, बाद में यू-ट्यूब आपको उसी तरह के वीडियो दिखाने लगता है। जाहिर है कि वह आपके डाटा का इस्तेमाल कर रहा है। इनके आधार पर वह यह भी पता लगा लेता है कि आपकी रुचियाँ, चिंताएँ, मनोस्थिति, मानसिक स्तर आदि क्या हैं।

जी-मेल का इतिहास—आपके जी-मेल खाते में आई तमाम मेल गूगल के पास सहेजी हुई हैं। सिर्फ सुरक्षित इ-मेल ही नहीं, बल्कि स्पैम और डिलीट की हुई इ-मेल भी। जी-मेल पर आपने कब, क्या संदेश पाया या भेजा, सबका इतिहास उसे पता है।

आपकी जरूरत के उत्पाद—आपने कौन-कौन से विज्ञापन देखे, किन विज्ञापनों पर क्लिक किया, इन्हें गूगल अपने एडसेंस प्रोग्राम के जरिए जानता है। वह यह भी जानता है कि आपने किसी उत्पाद की वेबसाइटों और विज्ञापनों को कितनी बार देखा, यानी आप उसे खरीदने में दिलचस्पी रख सकते हैं।

आपकी बीमारियाँ—अगर आपको किसी तरह की बीमारी है या ऐसा होने की आशंका है तो आपने जरूर गूगल पर कुछ बार इसके बारे में सर्च किया होगा। यह भी हो सकता है कि यू-ट्यूब पर उससे जुड़े कुछ वीडियो भी देखे हों। स्वास्थ्य बीमा योजनाओं की तलाश भी की हो। इसका डाटा गूगल को यह बताने के लिए काफी है कि आप किन दवा कंपनियों या अस्पतालों के लिए अच्छे ग्राहक हो सकते हैं।

आपकी आय, निवेश—आयकर के भुगतान को लेकर परेशान हैं और पैसा बचाने की कोशिश में जुटे हैं? निवेश योजनाओं को सर्च कर रहे हैं? किसी से इ-मेल के जरिए निवेश की राय ले रहे हैं? यह सब गूगल के लिए यह अनुमान लगाने के लिए काफी है कि आप आय के किस ब्रेकेट में आते हैं।

घूमने-फिरने की योजनाएँ—विदेश जाने की योजना बना रहे हों या फिर भारत में ही घूमने की। आप खुद, पति/पत्नी या बच्चे कुछ अच्छी लोकेशनों के बारे में जानकारियाँ ढूँढ़ रहे हैं और फिर हवाई टिकट कटाने के लिए अच्छे प्लान तलाश रहे हैं? होटलों को भी तलाश चल रहे हैं? शायद आपने गूगल प्लस पर भी किसी से पूछा हो। लीजिए, गूगल जान चुका है कि आपका इन गरमी में कहाँ और कितने दिनों के लिए जाने का इरादा है।

कुछ और डाटा—

- गूगल कैलेंडर में दर्ज की गई इवेंट।
- वह फाइल और इमेज, जो आपने इंटरनेट से डाउनलोड की।
- गूगल ड्राइव पर अपलोड की गई और डिलीट की गई फाइल।
- वह फोटो, जो आपने अपने मोबाइल फोन पर खींची। जगह और समय के साथ।
- सॉफ्टवेयर या एप, जिसके लिए आपने सर्च किया।
- नौकरी के लिए आवेदन।
- फिटनेस पर आपने जो काम किया।

गूगल की प्राइवेसी पॉलिसी—गूगल की प्राइवेसी पॉलिसी कहती है कि कंपनी आपका निजी तौर पर पहचान न किए जाने लायक डाटा खुद तो इस्तेमाल कर ही सकती है, वह उसे अपने पार्टनरों के साथ भी साझा कर सकती है, जैसे—प्रकाशक, विज्ञापनदाता और गूगल से जुड़ी वेबसाइटें।

आप भी डाउनलोड करें गूगल के पास मौजूद आपका डाटा—

https://www.google.com/takeout

□

शहरीकरण की गुत्थियों का जवाब स्मार्ट सिटी

आज का समय शहरों पर आबादी के भारी दबाव का समय है। गाँवों से आबादी नए अवसरों, सुविधाओं और तरक्की की तलाश में शहरों की ओर पलायन कर रही है। सन् 2011 की जनगणना के अनुसार भारत की 31 फीसदी आबादी शहरों में रहती थी, जो विश्व बैंक के 2017 के आँकड़ों के अनुसार 34 फीसदी हो चुकी थी। यदि यह आँकड़ा बहुत विस्मयकारी नहीं लगता, तो इसकी तुलना जरा 1901 की जनगणना के आँकड़े से करके देखिए, जब सिर्फ 11 फीसदी भारतीय ही शहरों में रहते थे। गाँवों से शहरों की ओर पलायन एक हकीकत है और यह रुझान आनेवाले कुछ दशकों तक जारी रहना है। संयुक्त राष्ट्र की स्टेट ऑफ द वर्ल्ड पॉपुलेशन रिपोर्ट के अनुसार 2030 तक भारत की 41 फीसदी से ज्यादा जनसंख्या शहरों में रह रही होगी। खुद भारत सरकार के एक आकलन के अनुसार 2050 तक 60 फीसदी भारतीय लोग शहरों में रह रहे होंगे।

वैश्विक स्थिति इससे भी अधिक गंभीर दिखाई देती है। संयुक्त राष्ट्र के आर्थिक और सामाजिक मामलों के विभाग के जनसंख्या प्रभाग की ओर से 2018 में कुछ महत्त्वपूर्ण आकलन और अनुमान जारी किए गए थे। उनके अनुसार, आज दुनिया की 55 फीसदी आबादी शहरों में रहती है। सन् 2050 तक इसके बढ़कर 68 फीसदी हो जाने की संभावना है। इस आबादी का एक बड़ा हिस्सा 2030 तक 43 महाशहरों (मेगासिटीज) में रह रहा होगा, जो एक करोड़ से ज्यादा की आबादीवाले शहर हैं। आज टोक्यो 3.7 करोड़ निवासियों के साथ दुनिया का सर्वाधिक आबादीवाला मेगासिटी है, जबकि 2.9 करोड़ लोगों के साथ नई दिल्ली दूसरे नंबर पर और 2.6 करोड़ लोगों के साथ शंघाई तीसरे नंबर पर है। सन् 2028

के आसपास दिल्ली दुनिया का सर्वाधिक आबादीवाला मेगासिटी बन जानेवाला है। आज ऐसे महाशहरों की संख्या 33 है और दुनिया का हर आठवाँ व्यक्ति किसी-न-किसी महाशहर या मेगासिटी में रह रहा है।

एक तरफ जनसंख्या का आँकड़ा किसी दावानल की तरह फैल रहा है, वहीं दूसरी ओर हमारे शहर इतनी बड़ी आबादी की माँग पूरी करने में सक्षम नहीं हैं। इसका परिणाम जनसंख्या की सघनता, पानी-बिजली-शिक्षा-स्वास्थ्य जैसी बुनियादी सुविधाओं की अपर्याप्तता, रोजगार के संकट, ट्रैफिक जाम तथा पार्किंग संकट जैसी समस्याओं, बढ़ते प्रदूषण, महँगाई और अपराधों के रूप में सामने आ रहा है। इसकी एक अहम वजह यह है कि जिन शहरों पर बढ़ती आबादी का दबाव है, उनकी योजना और डिजाइन भविष्य की स्थितियों को ध्यान में रखते हुए तैयार नहीं किए गए थे। यदि ऐसी कोई कल्पना रही भी हो तो संभवतः उस किस्म के शहरीकरण का अनुमान योजनाकर्ताओं को नहीं रहा होगा, जैसा कि आज हो रहा है। इससे हमें एक महत्त्वपूर्ण सबक मिलता है और वह यह कि यदि अब नए शहर बसाए जाएँ, तो कम-से-कम उनकी योजना इस तरह से बनाई जाए कि उनका संचालन अत्यंत कार्यकुशलता के साथ किया जा सके और उन्हें भविष्य में उस तरह की समस्याओं का सामना न करना पड़े, जो आज हमारे शहरों को घेरे हुए हैं।

स्मार्ट सिटीज ऐसे ही आधुनिक शहर हैं, जिन्हें न सिर्फ नए जमाने की जरूरतों, माँग, सुविधाओं और अपेक्षाओं को ध्यान में रखते हुए डिजाइन किया जाता है, बल्कि उनकी संरचना और संचालन में तकनीक की महत्त्वपूर्ण भूमिका होती है। हालाँकि बढ़ता शहरीकरण ही इन शहरों की स्थापना के पीछे एकमात्र कारण नहीं है। कई किस्म के तकनीकी, आर्थिक और पर्यावरणीय परिवर्तनों ने भी स्मार्ट शहरों में रुचि पैदा की है। जलवायु परिवर्तन से उपजी समस्याओं के नियंत्रण, खर्चों पर अंकुश लगाने की जरूरत, प्रशासनिक सुविधाओं को अधिक कार्यकुशल बनाने की आकांक्षा और तकनीकी सुविधाओं के बेहतर प्रसार की जरूरत जैसे और भी पहलू हैं, जो स्मार्ट शहरों के विकास के लिए प्रेरित कर रहे हैं।

संयोग की बात है कि तकनीकी दृष्टि से भी आज हम बहुत सशक्त हो चले हैं और आर्टिफिशियल इंटेलिजेंस, सेंसर तकनीकों, इंटरनेट, डाटा एनालिटिक्स, क्लाउड कंप्यूटिंग, इंटरनेट ऑफ थिंग्स और तेज-तर्रार संचार प्रणालियों की मौजूदगी के चलते ऐसे शहरों की स्थापना के लिए हालात बहुत अनुकूल हैं। नतीजा

स्पष्ट है। दुनिया भर में स्मार्ट शहरों को विकसित करने या पुराने शहरों को स्मार्ट शहरों के रूप में अपग्रेड करने का दौर चल रहा है। भारत भी पीछे नहीं है, जहाँ पर 100 स्मार्ट शहरों के विकास पर काम चल रहा है।

कैसे होते हैं स्मार्ट शहर ?

स्मार्ट शहर की लोकप्रिय अवधारणा के अनुसार, ये 'कनेक्टेड शहर' हैं, जिनके भीतर की आधारभूत संरचना के विभिन्न अवयव अकेले-अकेले और स्वतंत्र रूप से काम नहीं करते, बल्कि अत्याधुनिक तकनीकों का प्रयोग करते हुए एक-दूसरे के साथ जुड़े हुए हैं। एक उदाहरण देखिए—ऐसे शहरों की तमाम सड़कों का नेटवर्क आपस में जुड़कर सूचनाओं का संकलन करने और उनका आदान-प्रदान करने में सक्षम होगा। शहर में संचालित परिवहन व्यवस्था के प्रबंधकों, ट्रैफिक पुलिस, आपातकालीन सुविधाओं के संचालकों और आम नागरिकों के लिए यह जानकारी पाना बहुत आसान हो जाएगा कि इस समय शहर में कहाँ पर दुर्घटना हुई है, कहाँ पर बारिश के कारण सड़कों पर भारी ट्रैफिक है और कहाँ पर रास्ता एकदम साफ है। शायद आपके मन में यह सवाल आए कि आज भी तो हम ग्लोबल पोजीशनिंग सिस्टम (जी.पी.एस.) के जरिए इस तरह की सूचनाओं का पता लगा सकते हैं! जी हाँ, किंतु जी.पी.एस. सुविधा उपग्रह से हो रही निगरानी पर आधारित है और मौसम की खराबी जैसी स्थितियों में उतनी कारगर नहीं होगी। लेकिन एक स्मार्ट सिटी की सड़कों के अपने स्थानीय नेटवर्क से मिलनेवाली सूचनाएँ ज्यादातर स्थितियों में अधिक सटीक और विश्वसनीय होंगी। बहरहाल, यहाँ पर इस तथ्य को भी नोट किया जाना चाहिए कि स्मार्ट शहरों की अवधारणा में स्वयं जी.पी.एस. की भी भूमिका है।

स्मार्ट सिटी एक शहरी क्षेत्र है, जो सूचनाएँ (डाटा) इकट्ठी करने के लिए विभिन्न प्रकार के इलेक्ट्रॉनिक इंटरनेट ऑफ थिंग्स (IoT) आधारित सेंसरों का उपयोग करता है। इन सूचनाओं का उपयोग संपत्ति और संसाधनों को कुशलतापूर्वक प्रबंधित करने के लिए किया जाता है। इन सूचनाओं में नागरिकों, उपकरणों और परिसंपत्तियों से एकत्र किए गए डाटा शामिल हैं। इनकी मदद से ट्रैफिक और परिवहन प्रणालियों, बिजली संयंत्रों, जल आपूर्ति नेटवर्क, अपशिष्ट प्रबंधन, अपराध नियंत्रण व्यवस्था, सूचना प्रणाली, शिक्षण संस्थान, अस्पताल और अन्य सामुदायिक सेवाओं आदि की निगरानी और प्रबंधन किया जाता है।

डीकिन (Deakin) और अल वियर (Al Wear) ने स्मार्ट शहरों को परिभाषित करते हुए उनके चार जरूरी पहलू बताए हैं। ये हैं—

1. शहरों और उनमें रहनेवाले समुदायों के बीच व्यापक स्तर पर इलेक्ट्रॉनिक और डिजिटल प्रौद्योगिकियों का प्रयोग।
2. संबंधित क्षेत्र के भीतर दैनिक जीवन और कामकाज के वातावरण को सकारात्मक रूप से रूपांतरित करने में सूचना और संचार प्रौद्योगिकी (आई.सी.टी.) का प्रयोग।
3. इसी तरह की सूचना और संचार तकनीकों को सरकारी प्रणालियों में समाहित किया जाना।
4. आई.सी.टी. और लोगों को साथ लाना तथा इस संपर्क में निहित नवाचार और ज्ञान का अधिकतम लाभ उठाना।

डीकिन ने स्पष्ट किया है कि स्मार्ट सिटी का अर्थ सिर्फ बाजार की माँग को पूरा करने के लिए आई.सी.टी. का प्रयोग करनेवाली व्यवस्था मात्र ही नहीं है। वास्तव में, लोगों या समुदाय की भागीदारी स्मार्ट सिटी की अवधारणा का महत्त्वपूर्ण अंग है। इस तरह से स्मार्ट सिटी न सिर्फ आई.सी.टी. प्रौद्योगिकी का प्रयोग कुछ खास क्षेत्रों में करता है, बल्कि वह इस तकनीक को इस तरह से क्रियान्वित करता है कि इससे स्थानीय लोगों के जीवन पर भी सकारात्मक प्रभाव पड़े।

स्मार्ट सिटी को कुछ अन्य विद्वानों, वैज्ञानिकों और संस्थाओं ने भी परिभाषित किया है। इनमें से 'स्मार्ट सिटी काउंसिल' द्वारा दी गई परिभाषा बहुत संक्षिप्त, सरल और स्पष्ट है। परिषद् के अनुसार, स्मार्ट सिटी वह है, जिसके सभी कार्यों में डिजिटल प्रौद्योगिकी का प्रयोग शामिल है। इंस्टीट्यूट ऑफ इलेक्ट्रिकल एंड इलेक्ट्रॉनिक्स इंजीनियर्स का मानना है कि स्मार्ट सिटी प्रौद्योगिकी, प्रशासन और समाज को इस तरह जोड़ता है कि उससे उसकी निम्न चरित्रगत विशेषताएँ साकार हों—

- स्मार्ट शहर,
- स्मार्ट अर्थव्यवस्था,
- स्मार्ट परिवहन,
- स्मार्ट पर्यावरण,
- स्मार्ट नागरिक,
- स्मार्ट जीवन-शैली,

- स्मार्ट प्रशासन।

फ्रॉस्ट एंड सलिवान (Frost & Sullivan) ने भी स्मार्ट सिटी की अवधारणा के आठ प्रमुख पहलू बताए हैं। ये हैं—

- स्मार्ट प्रशासन,
- स्मार्ट ऊर्जा,
- स्मार्ट भवन,
- स्मार्ट परिवहन,
- स्मार्ट आधारभूत संरचना,
- स्मार्ट प्रौद्योगिकी,
- स्मार्ट स्वास्थ्य सुविधाएँ और
- स्मार्ट नागरिक।

जहाँ एक ओर स्मार्ट शहरों को आज के शहरों की ज्यादातर समस्याओं के समाधान के रूप में देखा जा रहा है, वहीं कुछ विचारक इनमें प्रौद्योगिकी के अनिवार्य तथा व्यापक प्रयोग के चलते नकारात्मक धारणा भी रखते हैं। इनका मानना है कि स्मार्ट शहर प्रौद्योगिकी को प्रधान और प्रभुत्वकारी स्थिति में रख रहे हैं, जबकि नागरिकों को इससे कम दर्जा प्रदान कर रहे हैं। यहाँ इंटरनेशनल डाटा कॉरपोरेशन के आँकड़ों का हवाला दिया जा सकता है, जो कहते हैं कि सन् 2016 में स्मार्ट सिटी से संबंधित तकनीकों पर सालाना खर्च लगभग 80 अरब डॉलर के करीब था। इसके जल्दी ही बढ़कर 135 अरब डॉलर पर पहुँच जाने की संभावना है।

तकनीकी पक्ष ही आलोचना का एकमात्र विषय नहीं है। कुछ विचारकों का कहना है कि इस तरह के शहर इतने अधिक सुविधासंपन्न और स्वचालित हो जाएँगे कि उनमें इनसानों की भूमिका बेवकूफाना हो जाएगी, जिन्हें अपने मस्तिष्क और श्रम के प्रयोग की न्यूनतम जरूरत पड़ेगी। अनेक आलोचक इन्हें शहरीकरण की समस्या के समाधान की बजाय शहरीकरण को और अधिक बढ़ावा देनेवाली परिकल्पना मानते हैं। दूसरी ओर स्मार्ट शहरों के हिमायती लोगों का मानना है कि ये शहर अपने नागरिकों के लिए बेहतर जीवन स्तर, चौतरफा कार्यकुशलता और धन का श्रेष्ठतम इस्तेमाल सुनिश्चित करेंगे।

स्मार्ट शहरों में स्मार्ट क्या ?

स्मार्ट सिटी की सबसे छोटी इकाइयाँ हैं—इंटरनेट ऑफ थिंग्स से युक्त

स्मार्ट गैजेट्स, स्मार्ट कमरे, स्मार्ट घर और स्मार्ट नागरिक। आइए, स्मार्ट सिटी में रहनेवाले एक अविवाहित युवक (मान लीजिए कि उसका नाम राजेश है) के दैनिक जीवन पर नजर डालते हैं।

राजेश सुबह सोकर उठता है। उसे पता है कि रात में घर में ब्रैड और बटर नहीं थे, लेकिन दरवाजे के बाहर दूध के साथ-साथ ब्रैड और बटर की थैली भी लटकी है। घर के फ्रिज में आई.ओ.टी. है, जिसने पास के रिटेलर को सूचित कर दिया था कि सुबह ब्रैड और बटर भी भेजना है। राजेश यह सामान लेकर किचन की ओर बढ़ता है, लेकिन उसने ध्यान नहीं दिया कि बेडरूम में ए.सी. और लाइट ऑन ही छूट गई है। कोई बात नहीं, ए.सी. और बिजली की बत्तियाँ इंटेलिजेंट हैं और वे कुछ सेकंड तक इंतजार करने के बाद खुद को बंद कर देती हैं। घर के ऊपर टैंक में पानी चढ़ाना था, लेकिन राजेश को इस बारे में कुछ भी सोचने की जरूरत नहीं है, क्योंकि मोटर सुबह छह बजे अपने आप चल गई थी और टैंक भरने के बाद अपने आप बंद भी हो गई थी।

राजेश चाय पीने बैठता है और टेलीविजन की स्क्रीन ऑन हो जाती है, जिस पर उसका पसंदीदा इ-पेपर दिखाई दे रहा है। सुर्खियों पर नजर डालने के बाद वह बाथरूम में घुस जाता है। मौसम सर्दी का है, लेकिन रोजाना की तरह गीजर अपने आप ऑन होकर पानी गरम होने के बाद बंद हो चुका है। इधर राजेश तैयार होकर नाश्ते की मेज पर पहुँचता है और उधर घर के बाहर जोमैटो का डिलीवरी बॉय नाश्ता लेकर पहुँच चुका है। नाश्ता करने के बाद राजेश दफ्तर जाने के लिए बाहर निकलता है तो घर की बत्तियाँ अपने आप बंद हो जाती हैं और दरवाजा अपने आप बंद हो जाता है। लिफ्ट आ चुकी है और वह उसमें सवार होकर नीचे पहुँचता है। कार एकदम ठंडी है, क्योंकि कार का ए.सी. सात-आठ मिनट पहले अपने आप चालू हो गया था। राजेश बिल्डिंग से बाहर निकलता है कि तभी सड़क किनारे एक डिजिटल सूचना पट्ट पर संदेश मिलता है कि आप आज एयरपोर्ट रोड की तरफ से निकलें, क्योंकि कुतुब मीनार रोड पर ट्रैफिक जाम है। मुसकराकर राजेश एयरपोर्ट रोड पर निकल जाता है। कुछ दूर चलते ही अचानक राजेश की कार में जोर से ब्रेक लगता है और वह रुक जाती है। राजेश को पता ही नहीं चला कि उसकी इंटेलिजेंट इलेक्ट्रिक कार ने खुद ही ब्रेक लगाकर उसे एक बड़े एक्सीडेंट से बचा लिया है! लेकिन इस प्रक्रिया में कार का टायर फटते-फटते बचा है। बहरहाल, कोई बात नहीं। कार खुद ही पास मौजूद मेकैनिक के गैराज की तरफ इशारा कर

देती है। अगर बड़ा एक्सीडेंट हुआ होता तो खुद ही क्रेन भी आ गई होती, क्योंकि न सिर्फ कारें इंटेलिजेंट हैं, बल्कि सड़क किनारे लगे बिजली के खंभों में लगे सेंसर भी सबकी निगरानी कर रहे हैं। इस बीच उस सड़क पर पीछे आ रही गाड़ियों को सूचना मिल चुकी है कि आगे एक छोटा सा व्यवधान पैदा हुआ है।

मेकैनिक तुरत-फुरत कार को ठीक करता है और राजेश तेजी से कार चलाते हुए दफ्तर पहुँचता है। कार उसे चेतावनी दे रही है कि गति आपत्तिजनक सीमा से बाहर जा रही है। बहरहाल, वह ड्राइव करते हुए दफ्तर पहुँच जाता है। कार की स्क्रीन पर पहले ही सूचना मिल चुकी है कि आसानी से पार्किंग की जगह कहाँ पर मिलेगी, क्योंकि पार्किंग भी स्मार्ट है और सभी वाहन शहर की पार्किंग व्यवस्था से कनेक्टेड हैं। राजेश दफ्तर के अपने कमरे में घुसता है, बत्तियाँ जल जाती हैं, ए.सी. चल जाता है और कंप्यूटर ऑन हो जाता है। एक घंटे बाद शहर की बत्ती चली गई है, क्योंकि शहर की ग्रीन सौर ग्रिड में कोई दिक्कत आ गई है। लेकिन राजेश को पता नहीं चलता, क्योंकि किसी इनसानी हस्तक्षेप के बिना ही शहर दूसरी सौर ग्रिड से बिजली लेना शुरू कर चुका है। पाँच बजे के आसपास जब राजेश घर लौटने की तैयारी कर रहा होता है, उसे खबर मिल जाती है कि अब एयरपोर्ट रोड से जाना ठीक नहीं है, क्योंकि इस समय उस रास्ते पर ध्वनि प्रदूषण का स्तर ज्यादा है। राजेश कुतुब मीनार रोड से होते हुए घर लौटता है, लेकिन गाड़ी रास्ते में ही इशारा कर देती है कि आगे दो-तीन इलेक्ट्रिक चार्जिंग स्टेशन आ रहे हैं, जिनमें से पहले दो में काफी भीड़ है, लेकिन तीसरा स्टेशन खाली है। गाड़ी की बैटरी डाउन हो रही है और उसे चार्ज करवा लेना ठीक रहेगा। राजेश यही करता है और चार्जिंग के बाद स्वचालित भुगतान प्रणाली की ओर अपने मोबाइल फोन से इशारा कर देता है और बाहर निकलने के लिए दरवाजा खुल जाता है, क्योंकि भुगतान हो चुका है।

घर की बिल्डिंग में पहुँचने पर गाड़ी खुद-ब-खुद पार्क हो जाती है और राजेश के बाहर निकलते ही ए.सी. और दरवाजे बंद हो जाते हैं। वह घर के भीतर घुसे, उससे पहले ही दरवाजे पर एक लिफाफा पड़ा दिखाई देता है। वह खोलकर देखता है तो भीतर से ट्रैफिक का चालान निकलता है। सुबह कार ने एक सड़क पर गति सीमा को पार कर लिया था और वहाँ मौजूद सेंसरों ने इसे नोट कर लिया था। गाड़ी के नंबर से घर का पता जुटाकर ट्रैफिक पुलिस के स्वचालित सिस्टम ने चालान राजेश के घर भेज दिया है। खैर, वह वहीं खड़े-खड़े अपने मोबाइल

फोन से ट्रैफिक चालान पर बने क्यू.आर. कोड को स्कैन करता है और ट्रैफिक पुलिस की वेबसाइट का भुगतानवाला पेज खुल जाता है। राजेश अपनी पैनल्टी का ऑनलाइन भुगतान करता है और राहत की साँस लेकर घर में घुसता है।

घर का ए.सी. दस मिनट पहले ही खुद-ब-खुद ऑन हो गया था। केतली में चाय बनकर तैयार है। राजेश कपड़े बदलकर सोफे पर पसर जाता है और चाय की चुस्कियाँ लेने ही लगता है कि फोन पर आवाजें आने लगती हैं कि आज दिन में चार लोगों की मिस्ड कॉल आई थी। राजेश चाहे तो फोन को निर्देश दे सकता है कि एक-एक कर उनसे बात करा दे। इस बीच टेलीविजन पर राजेश के प्रिय कार्यक्रम का समय हो चुका है और टी.वी. अपने आप चालू हो जाता है। कार्यक्रम खत्म हो, इससे पहले ही दरवाजे पर घंटी बजती है। स्विगी का डिलीवरी बॉय खाना लेकर हाजिर है। भोजन करने के बाद राजेश कुछ देर टहलने के मूड में है। उसकी घड़ी बता रही है कि आज ब्लड प्रेशर थोड़ा सा बढ़ा हुआ था, इसलिए दौड़ने की बजाय टहलना ठीक रहेगा। जब तक राजेश टहलकर घर लौटे, दिन में पहने हुए कपड़े वाशिंग मशीन में धुलकर बाहर निकल चुके हैं। उन्हें सुखाना भर बाकी है।

यह थी—स्मार्ट शहर के स्मार्ट घर और स्मार्ट दफ्तरवाले एक सामान्य नागरिक की कहानी। हालाँकि भारत में अभी इतना अधिक स्वचालन काफी दूर है, लेकिन दिशा वही है। आज नहीं तो कल, हम इसी तरह के वातावरण में पहुँच जाएँगे, जहाँ इनसान के बहुत सारे काम मशीनें कर देंगी और इनसान को बस अपने मस्तिष्क तथा कौशल के श्रेष्ठतम प्रयोग पर ध्यान केंद्रित करने की जरूरत होगी।

कार्यकुशलता, व्यवस्था और किफायत

सामान्य शहरों की तुलना में स्मार्ट शहरों की संरचना, प्रशासन, जीवन-शैली कई मायनों में भिन्न होगी। अलबत्ता, ज्यादा बड़े बदलाव इन क्षेत्रों में देखने को मिलेंगे—

1. **आधारभूत संरचना**—इन शहरों की सड़कें भी स्मार्ट होंगी और उनके किनारे लगी बत्तियाँ भी। जिन सड़कों पर यातायात नहीं है, वहाँ बत्तियाँ खुद-ब-खुद कम जलेंगी और बिजली बचाएँगी। सड़कों के खराब होने पर तुरंत मरम्मत की व्यवस्था होगी, बारिश आदि के समय जल-जमाव से बचाव की व्यवस्था डिजिटल माध्यमों से स्वत: संचालित हो रही होगी।

2. **भवन**—निजी, सरकारी और तमाम तरह के दूसरे भवनों में एयर कंडीशनिंग, बिजली की खपत, रोशनी, स्वच्छ हवा के आने-जाने की व्यवस्था, सुरक्षा आदि में तकनीक का दखल होगा और वह इन सबका जिम्मा सँभाले होगी। बिजली हरित स्रोतों से आ रही होगी, जैसे—सौर ऊर्जा, क्योंकि भवनों के डिजाइन बनाते समय ही सोलर पैनल की जरूरत को ध्यान में रखा गया होगा। आग लगने का पता लगाने और आग बुझाने की स्वचालित व्यवस्था हर कमरे में मौजूद होगी।
3. **सेवाएँ**—बिजली की सप्लाई, पानी की सप्लाई, परिवहन, चिकित्सा सेवाओं, सीवरेज आदि की समस्याएँ नहीं होंगी, क्योंकि हर सेवा कुशलता के साथ नियोजित की गई होगी। इन सेवाओं के विकल्प पहले से तैयार होंगे और संसाधनों की बरबादी रोकने की पुख्ता व्यवस्था होगी। न पानी बरबाद होगा और न ही बिजली, क्योंकि सबकुछ निगरानी के दायरे में होगा और नियंत्रण के दायरे में भी।
4. **परिवहन**—दुर्घटनाओं, यातायात की सघनता, ट्रैफिक जाम, झगड़ों, ट्रैफिक के उल्लंघन आदि की सूचनाएँ एक केंद्रीय प्रणाली के तहत हमेशा उपलब्ध होंगी। किन सड़कों पर कौन सी लेन में किस तरह का यातायात चलेगा, इसकी पुख्ता निगरानी होगी। लोग सुरक्षित होंगे, क्योंकि एक केंद्रीकृत सूचना प्रणाली से पूरे शहर में यातायात संबंधी सूचनाएँ और दिशा-निर्देश मिल रहे होंगे।
5. **पर्यावरण**—वायु प्रदूषण, जल प्रदूषण, ऊर्जा का नियंत्रण, अपशिष्ट पदार्थों का प्रबंधन आदि की बेहतरीन व्यवस्था इन शहरों में होगी। घरों की छतों पर छत-उद्यान लगे होंगे या फिर सौर ऊर्जा प्रणालियाँ लगी होंगी। सड़कों के किनारे, पार्कों तथा घरों के आसपास तथा छतों पर मौजूद पौधों या पेड़ों के प्रबंधन की उत्तम व्यवस्था होगी, ताकि शहर में कार्बन डाइ-ऑक्साइड का स्तर नियंत्रित रहे और ऑक्सीजन का स्तर अच्छा बना रहे। सड़कों के किनारों पर शोर को रोकने के लिए शोर-रोधी पैनल लगे होंगे।
6. **जनजीवन**—पूरे शहर में हर स्थान पर वाईफाई नेटवर्क उपलब्ध होगा, जहाँ नागरिक सेवाओं से संबंधित सूचनाएँ, जरूरी खबरें, मनोरंजन संबंधी सूचनाएँ, पार्किंग की स्थिति का ब्योरा, ट्रैफिक की स्थिति का ब्योरा,

नए रोजगारों के उपलब्ध होने की सूचनाएँ, अस्पतालों में खून आदि की जरूरत संबंधी सूचनाएँ आदि निरंतर आ रही होंगी।

7. **सुरक्षा व्यवस्था**—शहर में हर समय चारों तरफ कैमरों के माध्यम से निगरानी रहेगी और अपराधों के होने से पहले तथा बाद में उनकी सूचना पुलिस की प्रणालियों के पास पहुँच जाएगी। पुलिस के समय रहते सतर्क हो जाने के कारण अपराधों की रोकथाम हो सकेगी और यदि अपराध हो चुका है तो उनकी जाँच काफी आसान हो जाएगी, क्योंकि विभिन्न स्थानों पर लगे कैमरे इन गतिविधियों को कैद कर रहे होंगे। इतना ही नहीं, अपराधी के भागने के मार्ग से लेकर उनकी पहचान तक का पता लगाना आसान होगा।
8. **आपदा नियंत्रण**—इस तरह के व्यवस्थित तथा सूचना की सहजता पर आधारित स्मार्ट शहर में प्राकृतिक और मानवीय आपदाओं तथा दुर्घटनाओं का नियंत्रण अपेक्षाकृत अधिक सुगमता के साथ किया जा सकेगा। न सिर्फ आपदाओं की जानकारी तुरंत मिल सकेगी, बल्कि राहत और बचाव के कार्यों में भी कार्यकुशलता लाई जा सकेगी। जगह-जगह सेंसरों की मौजूदगी और उनसे मिलनेवाले डाटा के विश्लेषण की व्यवस्था के कारण अनेक आपदाओं को घटित होने से पहले ही रोका जा सकेगा। मिसाल के तौर पर किसी स्थान पर जमीन का धँसना, किसी इमारत में दरार का पड़ जाना या फिर किसी स्थान पर बिजली के नंगे तार का गिर पड़ना।

प्रशासन—चूँकि हर प्रकार का डाटा सुगमता से उपलब्ध होगा, इसलिए सरकारों और प्रशासन को योजनाएँ बनाने में आसानी होगी। सर्वत्र इंटरनेट कनेक्टिविटी के कारण सरकारी सेवाओं तक पहुँच आसान हो जाएगी। योजनाओं के क्रियान्वयन की निगरानी भी सुगम हो जाएगी।

बाजार—बाजार की वितरण व्यवस्थाएँ अधिक सुचारु रूप से चल सकेंगी। सड़कों पर दबाव घटने, बिजली आदि की पर्याप्त सप्लाई होने, इंटरनेट की सर्वत्र उपलब्धता, ट्रैफिक की बेहतर स्थिति आदि के कारण ऑनलाइन और ऑफलाइन दोनों ही प्रकार के व्यवसायों के लिए स्थितियाँ अधिक अनुकूल होंगी। ग्राहकों तक बाजारों की सूचनाएँ अधिक सुगमता से पहुँचेंगी और बाजारों तक ग्राहकों के डाटा की पहुँच आसान होगी।

इन सब व्यवस्थाओं के कारण स्मार्ट शहरों को चुस्त–दुरुस्त और व्यवस्थित रखा जा सकेगा और उनमें स्पष्ट सामाजिक, प्रशासनिक और आर्थिक कार्यकुशलता सुनिश्चित की जा सकेगी। नेटवर्किंग के क्षेत्र की प्रसिद्ध कंपनी सिस्को का अनुमान है कि इन सब व्यवस्थाओं के चलते इन शहरों में अगले बीस वर्षों के दौरान ऊर्जा की खपत में 30 प्रतिशत तक की कमी की जा सकेगी। स्मार्ट सिटी एक भविष्योन्मुखी, आधुनिक अवधारणा है और उपरोक्त परिदृश्य उसकी एक हलकी सी झलक मात्र देता है। इसमें निरंतर इनोवेशन की गुंजाइश है और इसलिए ऐसे शहर आनेवाले अनेक दशकों तक अपनी निरंतर बेहतर होती कार्यकुशलता से हमें चौंकाते रहेंगे।

□

श्‍श्श... कोई देख रहा है!

अपनी जो निजी जानकारियाँ हम अपने परिवार और जीवनसाथी तक से साझा नहीं करते, उन जानकारियों को हम किसी और से साझा करते हैं, जिसका हमसे न खून का रिश्ता है और न ही दोस्ती का। यह है—आपका सर्च इंजन और आपके मोबाइल फोन एप। अपनी जिन जिज्ञासाओं, चिंताओं और इच्छाओं की जानकारी हम किसी को नहीं देते, लेकिन कोई है, जिसे हम इनके बारे में परोक्ष रूप से बताते हैं। कौन है वह ? वह है यू-ट्यूब जैसे वीडियो शेयरिंग प्लेटफॉर्म और इ-कॉमर्स के ठिकाने। इसी तरह से अपनी बेहद निजी जानकारियाँ, अपने दोस्तों और कॉन्टैक्ट्स का ब्योरा, अपने राजनीतिक खयालात और बहुत सी दूसरी चीजें हम जिनकी जानकारी में लाते हैं, वे हैं—हमारे मोबाइल एप्स, सोशल नेटवर्किंग प्लेटफॉर्म और मैसेजिंग एप्लीकेशन। हम और भी तो बहुत कुछ उनके साथ साझा करते हैं, जैसे—अपने चित्र, अपनी यात्राएँ, अपनी योजनाएँ, उत्सव और कार्यक्रम, अपना शहर, मोहल्ला, उम्र और यहाँ तक कि परिवार के सदस्यों का ब्योरा भी। कभी-कभी तो अपना पैन नंबर, पासपोर्ट नंबर और आधार नंबर भी।

और उसके बाद जब एक दिन अचानक हमारे इ-मेल अकाउंट में एक संदेश कौंधता है कि आपकी यात्रा अब महज 4 घंटे दूर है, आप चाहें तो चेक-इन कर सकते हैं या अपनी ट्रेन का टाइम-टेबल चेक कर सकते हैं तो हमें धक्का सा लगता है—यह संदेश किसने भेजा ? मैंने तो किसी से इसका जिक्र तक नहीं किया था ? हकीकत इसके उलट है। आपने जिक्र किया था। यह बात अलग है कि किसी जिंदा इनसान से नहीं, बल्कि एक सर्च इंजन से, एक इ-कॉमर्स प्लेटफॉर्म से, किसी सोशल नेटवर्किंग साइट से या फिर किसी मोबाइल एप से। इनसान भले ही आपसे सुनकर बात को अनसुना कर दे या फिर भूल जाए, लेकिन जिन तकनीकी

माध्यमों के इर्द-गिर्द आज हम जिंदगी बिता रहे हैं, वे नहीं भूलते। उन्हें आपकी हर एक सूचना का अपने ढंग से इस्तेमाल करना आता है। और इस्तेमाल भी अहसान करके कि देखिए आपने तो पूछा तक नहीं, लेकिन हमने आपको याद दिला दिया कि आपकी ट्रेन चार घंटे लेट है!

क्या कभी आपको ऐसा नहीं लगता कि आप जहाँ जा रहे हैं, जो कुछ कर रहे हैं और यहाँ तक कि जो कुछ सोच भी रहे हैं, उस पर कोई अदृश्य शक्ति निगरानी कर रही है? नहीं-नहीं, मैं ईश्वर की बात नहीं कर रहा। वह है—गूगल और फेसबुक जैसे तकनीकी दिग्गज। आपको किसी बीमारी का शक है और आप देर रात चुपके से उसके बारे में गूगल पर सर्च करते हैं या यू-ट्यूब पर वीडियो देखते हैं। लेकिन अगली सुबह इंटरनेट का प्रयोग करते हुए आप यह देखकर झल्ला उठते हैं कि मैं जिस वेबसाइट पर जाता हूँ, वहाँ मेरी बीमारी से जुड़े किसी-न-किसी अस्पताल, दवा, बीमा आदि का विज्ञापन दिखाई दे रहा है! आप इ-मेल खोलते हैं तो वहाँ भी उसी बीमारी के बारे में कोई बॉक्स पॉपअप कर उठता है। सोशल मीडिया वेबसाइट में जाते हैं तो वहाँ भी वही हाल और वीडियो देखने जाते हैं तो तमाम वीडियो तथा विज्ञापन इसी विषय से जुड़े हुए। आप सोचेंगे कि यह क्या चमत्कार है? जी नहीं, यह कोई चमत्कार नहीं, बल्कि यह एक संदेश है कि डिजिटल और ऑनलाइन माध्यमों पर आपकी गतिविधियाँ गोपनीय या प्राइवेट नहीं हैं। ये सूचनाएँ बिग डाटा के सूचना-ब्रह्मांड का हिस्सा बन चुकी हैं, जहाँ दूसरे लोग उनका इच्छानुसार प्रयोग करने के लिए स्वतंत्र हैं।

कौन हैं ये दूसरे लोग? यह वे लोग हैं, जिनकी सेवाओं का आप मुफ्त में इस्तेमाल करते हैं। जैसे—आपका पसंदीदा सर्च इंजन, इ-मेल सेवा, कोई दिलचस्प मोबाइल एप्लीकेशन, फ्री में मनोरंजन मुहैया करानेवाले ठिकाने और सोशल मीडिया के ठिकाने। डिजिटल दुनिया में एक पुरानी कहावत है कि अगर आप किसी उत्पाद के लिए धन का भुगतान नहीं करते तो फिर आप खुद ही उत्पाद हैं। अर्थ यह कि वह सेवाप्रदाता आपकी सूचनाओं को इकट्ठा करके उनको अपनी आमदनी का जरिया बनाने के लिए स्वतंत्र है। आखिरकार आज की दुनिया में कौन किसी को मुफ्त में कुछ भी देता है?

मगर मुझे तो इस बात की जानकारी ही नहीं कि कोई मेरी सूचनाओं को पढ़ या देख रहा होगा! अगर आप ऐसा सोचते हैं तो यह आपका भोलापन है, क्योंकि जब आप किसी सेवा, एप या उत्पाद का इस्तेमाल करना शुरू करते हैं तो एक

अनुबंध को स्वीकार करने के बाद ही आगे बढ़ पाते हैं। और यह अनुबंध आपने कभी नहीं पढ़ा होता, जिसमें इस सेवा की शर्तें विस्तार से दी हुई होती हैं। क्या आपने कभी गौर किया है कि जी-मेल का अकाउंट बनाने पर आपसे गूगल की प्राइवेसी नीति को स्वीकार करने के लिए कहा जाता है और उसमें यह बात स्पष्ट रूप से कही गई है कि गूगल आपकी सूचनाओं का इस्तेमाल करने के लिए स्वतंत्र है? यहाँ तक कि वह किसी तीसरे पक्ष को भी इन सूचनाओं को मुहैया करा सकता है। जब आप कोई मोबाइल एप इंस्टॉल करते हैं तो एक-एक करके आपसे आपके कॉन्टैक्ट्स, चित्रों, दूसरे कंटेंट आदि को एक्सेस करने के लिए तो अनुमति माँगी ही जाती है, साथ-ही-साथ आपके मोबाइल से फोन करने, रिकॉर्डिंग करने और एस.एम.एस. भेजने जैसी अनुमतियाँ भी ली जाती हैं। यही वे शर्तें हैं, जो आपकी सूचनाओं के कारोबार का आधार बनती हैं। जब बच्चों को पढ़ाई के लिए विदेश भेजनेवाली किसी संस्था को ऐसे छात्रों की जानकारी चाहिए, जो इस बारे में इंटरनेट पर सर्च कर रहे हैं, जिनकी उम्र एक खास दायरे में आती है और जो महानगरों या राज्यों की राजधानियों में रहते हैं तो आपका यही डाटा उनके काम आता है। अनायास ही उनके विज्ञापन दिखते हैं तो आप चौंक उठते हैं। निजता पर चोट करनेवाले कोई और हैं, लेकिन इसके पीछे आपकी अनभिज्ञता, मुफ्त की सेवा इस्तेमाल करने की मजबूरी और आपकी असावधानी का भी हाथ है।

नमूने के तौर पर देखते हैं कि गूगल आपके बारे में क्या-क्या जानता होगा! ताजा सूची के अनुसार उसे इन सबकी जानकारी हो सकती है—

आपकी उम्र

आय

लिंग

पैतृक स्थिति

रिश्ते की स्थिति

ब्राउजिंग इतिहास (दीर्घकालिक और अल्पकालिक)

आपकी डिवाइस (फोन, टैबलेट, डेस्कटॉप, टी.वी.)

आपकी लोकेशन

आपके बच्चे की उम्र (बच्चा, शिशु इत्यादि)

आपने हाई स्कूल में कितना अच्छा किया

आपके पास जो डिग्री है

आपके द्वारा इंटरनेट सर्च का समय
आपकी भाषा
अगर आपके जीवन में हाल ही में कोई बड़ी घटना हुई, तो वह
आपके घर की स्वामित्व स्थिति
आपका मोबाइल फोन सेवा प्रदाता
आपके द्वारा इंटरनेट खोज में दर्ज सटीक शब्द
आपके द्वारा देखी जानेवाली वेबसाइटों का संदर्भ और विषय
आपके द्वारा खरीदे गए उत्पाद
एक सेलफोन टावर से आपकी निकटता
आपने कौन-कौन से एप्स इंस्टॉल किए
आप एप्स पर जितना समय बिताते हैं
आपका ऑपरेटिंग सिस्टम
आपके इ-मेल की सामग्री
आप कुछ वेबसाइटों पर जो समय बिताते हैं
अगर आपने नया घर खरीदा है
अगर आप यात्रा करनेवाले हैं
हर वह विज्ञापन, जो आपने कभी देखा या क्लिक किया है
पिछले साल आप जिन शहरों में गए
आपके द्वारा सहेजी गई प्रत्येक छवि
आपके द्वारा भेजा गया हर इ-मेल
वे कार्यक्रम, जो आप स्मार्ट टी.वी. पर देखते हैं।

ऐसी और भी दर्जनों सामग्री आपके बारे में जुटाई जाती है। माध्यम वही हैं, जिनका इस्तेमाल आप प्रचुरता से करते हैं—इंटरनेट ब्राउजिंग, खासकर गूगल सर्च, फ्री इ-मेल मोबाइल एप्स, मैप्स, वीडियो, सवाल-जवाब की साइटें, इ-कॉमर्स प्लेटफॉर्म, सोशल मीडिया प्लेटफॉर्म आदि-आदि। अगर आप इन्हें ऐसा करने से रोकना चाहते हैं तो ऐसा करना असंभव नहीं है। आप चाहें तो गूगल, फेसबुक आदि के पास मौजूद अपना डाटा देख भी सकते हैं, डाउनलोड कर सकते हैं और उसे वहाँ से डिलीट भी कर सकते हैं। अपने गूगल अकाउंट पर वेब एंड एप एक्टिविटी पर नजर डालिए और वहाँ जो कुछ अनुचित लगता हो, उसे निष्क्रिय कर दीजिए। हालाँकि तमाम कोशिशों के बावजूद आप अपनी प्राइवेसी को पूरी तरह से सुरक्षित

नहीं रख सकेंगे, क्योंकि अनेक सेवाएँ आपको मिलेंगी ही इस शर्त पर कि आप उनकी शर्तें मानेंगे। ऐसी स्थिति में आप चाहें तो पेड इ-मेल सेवा की तरफ जा सकते हैं, बिंग और डकडकगो जैसे वैकल्पिक सर्च इंजनों का प्रयोग कर सकते हैं और ब्राउजर के इनकॉग्निटो मोड का प्रयोग कर सकते हैं। बहरहाल, अपनी निजता को बचाना एक लंबी चर्चा का विषय है, जिस पर फिर कभी।

□

जब हैकरों के आगे नतमस्तक हो जाती हैं सरकारें

ऐसी खबरों पर आसानी से यकीन करना मुश्किल है। अमेरिका के कई शहरों में हैकरों ने समय-समय पर सरकारों की कंप्यूटर प्रणालियों को निशाना बनाया है और सरकारें उनके सामने एकदम असहाय नजर आती रही हैं। इतनी असहाय कि उनमें से बहुतों ने अपना डाटा हैकरों की कैद से छुड़ाने के लिए करोड़ों रुपयों की फिरौती अदा की है। फिलहाल भारत में ऐसे मामले सामने नहीं आए हैं, लेकिन अगर हमारी सरकारें चाहें तो अमेरिका के अनुभवों से लाभ उठाकर अपनी कंप्यूटर सुरक्षा को चाक-चौबंद कर सकती हैं। हमारे पास अब भी वक्त है। जब रैनसमवेयर हैकरों की नजर इस तरफ पड़ेगी, तब शायद हमारे पास वक्त न हो।

अमेरिका में हैकरों के ये हमले राज्य सरकारों, शहरी प्रशासन आदि के कंप्यूटरों, सर्वरों, डाटाबेस आदि को निशाना बना रहे हैं। ये रैनसमवेयर अटैक हैं, जिनके तहत हैकर आपके कंप्यूटरों तक पहुँच हासिल करने के बाद उनमें मौजूद सारा डाटा एनक्रिप्ट कर देते हैं। मतलब यह कि वे तमाम फाइलों और सूचनाओं को इस तरह बदल देते हैं कि उन्हें एक खास कुंजी मिलने पर ही दोबारा इस्तेमाल किया जा सकता है। समझिए कि आपकी हर फाइल पर ताला लगा दिया गया हो और उसकी चाबी सैकड़ों-हजारों किलोमीटर दूर बैठे किसी अपराधी के पास हो! एनक्रिप्शन हटाने के लिए जिस कुंजी या चाबी की जरूरत है, वह सौंपने के लिए हैकरों की तरफ से भारी-भरकम धन की माँग की जाती है। कुछ साल पहले अमेरिका के फ्लोरिडा प्रांत की दो स्थानीय सरकारों ने अपना डाटा छुड़ाने के लिए हैकरों को 11 लाख डॉलर का भुगतान किया है। यह रकम साढ़े आठ करोड़ रुपए

के आसपास ठहरती है। अमेरिका में हुए ज्यादातर रैनसमवेयर हमलों में 'रयुक' (Ryuk) नामक मैलवेयरों का हाथ है।

फ्लोरिडा के जो दो शहर हैकरों का निशाना बने, वे हैं—रिवियेरा बीच और लेक सिटी। लेकिन ये कोई अकेले शहर नहीं हैं, जिनकी सरकारों को हैकरों के सामने घुटने टेकने पड़े। इंडियाना की ला पोर्ते काउंटी के अधिकारियों ने 1.3 लाख डॉलर की फिरौती अदा करने की बात स्वीकार की। न्यूयॉर्क के 'अल्बानी' नामक स्थान पर पिछली अप्रैल में सरकारी सिस्टमों को हैक करके पंगु बना दिया गया था। अनेक सरकारें ऐसे मामलों में भुगतान की बात छिपा जाती हैं। वजह साफ है—नागरिकों के सवालों के जवाब कौन देगा कि जब सरकारें खुद अपनी साइबर सुरक्षा में सक्षम नहीं हैं तो वे हमारी सुरक्षा क्या खाक करेंगी? सन् 2018 में अमेरिका में 170 स्थानीय सरकारों के संस्थान रैनसमवेयर हमलों की चपेट में आए थे। फ्रांस में तो हालात और भी बुरे थे, जहाँ यह संख्या 560 थी।

ये घटनाएँ ढेरों सवाल खड़े करती हैं। मसलन यह कि हैकरों को भुगतान करते समय ही उनकी पहचान क्यों नहीं कर ली जाती और उन्हें धर-दबोचा क्यों नहीं जाता? आखिरकार अमेरिका के पास दुनिया की सबसे तेज-तर्रार और काबिल खुफिया एजेंसियाँ, सुरक्षा एजेंसियाँ और साइबर कमांड मौजूद हैं? जवाब यह है कि ये हैकर भी कोई शौकिया तौर पर ऐसा करनेवाले किशोर या एथिकल हैकर नहीं हैं। आमतौर पर वे अव्वल दर्जे के अपराधी तत्त्व होते हैं, जो तकनीक में महारत हासिल किए हुए होते हैं। भुगतान भी बिटकॉइन या किसी दूसरी वर्चुअल करेंसी (आभासी मुद्रा) के जरिए लिया जाता है। आप जानते हैं कि ऐसे लेन-देन में बैंकिंग प्रणाली की कोई भूमिका नहीं होती और सारी प्रक्रिया इंटरनेट पर गोपनीय तरीके से पूरी की जाती है—बिना किसी भी तरह का सुराग छोड़े।

सच कहा जाए तो सरकारें और सरकारी संगठन ऐसे तत्त्वों के लिए ज्यादा आसान निशाना हैं। अमेरिका समेत दुनिया भर की सरकारों के दफ्तरों में पुराने जमाने के हार्डवेयर और सॉफ्टवेयर चल रहे हैं। सिस्टम अपग्रेड करने में होनेवाला खर्च अकसर टाल दिया जाता है। साइबर विशेषज्ञों और साइबर सुरक्षा प्रणालियों पर खर्च भी अकसर प्राथमिकता में नहीं होता। स्टाफ कम होता है और जो है, उसकी जानकारी सीमित होती है। सरकारों के पास ही तो सबसे ज्यादा संवेदनशील डाटा मौजूद है और अनगिनत प्रशासनिक प्रणालियों का नियंत्रण भी वहीं पर है। अगर कोई साइबर हमला हुआ, तो सबकुछ ठप हो जाने का खतरा रहता है। लेक

सिटी के आई.टी. स्टाफ ने रैनसमवेयर हमले के दस मिनट के भीतर ही प्रभावित कंप्यूटरों को बाकी कंप्यूटरों से अलग कर दिया था, लेकिन इसके बावजूद वह करीब-करीब सारे कंप्यूटरों में फैल गया। सिर्फ पुलिस और फायर ब्रिगेड की प्रणालियाँ उससे आजाद रहीं, क्योंकि वे एक अलग नेटवर्क पर चलती थीं।

संघीय जाँच ब्यूरो (एफ.बी.आई.) ने प्रांतीय सरकारों को स्पष्ट चेतावनी दी हुई है कि वे हैकरों को पैसा न दें, लेकिन चेतावनी अपनी जगह है और मजबूरी अपनी जगह। हैकरों ने जिन फाइलों को लॉक किया है, उनमें दशकों से इकट्ठी की गई गोपनीय सामग्री हो सकती है। अनगिनत मुकदमों के सबूत हो सकते हैं। सरकारों के बीच शीर्ष स्तर पर हुए पत्र-व्यवहार हो सकते हैं। विधायी सामग्री हो सकती है। बैंकिंग प्रणालियों, सुरक्षा प्रणालियों से जुड़ा डाटा हो सकता है। नागरिकों की सूचनाओं की तो बात ही छोड़ दीजिए। इतनी बड़ी मात्रा में और ऐसे डाटा को दोबारा जुटाना दशकों का काम हो सकता है। उसके बाद भी कोई गारंटी नहीं है। ऐसे में करें तो क्या करें?

इस मजबूरी के आगे कौन न मर जाए, ए अकबर! अनेक सवाल जो उठते हैं, उनमें से एक यह भी है कि जो सरकारें हैकरों को पैसा देने के लिए तैयार हैं तो उसी पैसे का इस्तेमाल अपने दफ्तरों में अभेद्य साइबर सुरक्षा प्रणालियाँ लगाने, विशेषज्ञों की तैनाती और कंप्यूटर सिस्टमों को अपग्रेड करने के लिए क्यों नहीं करतीं। वही बेहतर रास्ता है, क्योंकि हैकरों को धन का भुगतान करने के बाद भी इस बात की कोई गारंटी नहीं है कि भविष्य में आपका डाटा सुरक्षित रहेगा! उनके पास उसकी दूसरी प्रतियाँ मौजूद हो सकती हैं, जिनका इस्तेमाल वे दूसरे किस्म के अपराधों के लिए कर सकते हैं। इतना ही नहीं, कुछ समय बाद वे फिर से आ धमकें, तब क्या करेंगे?

□

हजारों करोड़ के अंतरिक्ष यान पर भारी प्रोग्रामिंग के एक अक्षर की गलती!

चंद्रयान 2 के साथ गए विक्रम लैंडर के साथ ऐन मौके पर इसरो का संपर्क टूट जाने के कई कारण हो सकते थे। इनमें से एक था—सॉफ्टवेयर में खराबी आ जाना। हो सकता है कि कुछ लोगों को इस कल्पना पर हैरत हो। असल में हम लोग अंतरिक्ष यान, उपग्रह, रोवर और लैंडर को उन्नत किस्म की मशीनों के रूप में ही देखते हैं और उनके पीछे क्या कुछ होता है, वह हमारी निगाहों से बाहर की चीज है। वास्तव में, उन्हें संचालित करनेवाले एक या कई सॉफ्टवेयर हो सकते हैं। धरती से संपर्क भी सॉफ्टवेयर का ही होता है और सॉफ्टवेयर ही मिशन कंट्रोल के निर्देशों का पालन करने के लिए उन्हें बाध्य करते हैं। विक्रम लैंडर के साथ हुई घटना का विश्लेषण करते हुए इजराइली चंद्र मिशन का जिक्र बार-बार आया था, जिसका ऐसा ही लैंडर बेयरशीट सॉफ्टवेयर की खराबी के कारण चाँद की सतह पर जा गिरा था।

लेकिन बेयरशीट कोई अकेला उदाहरण नहीं है। वह हो भी नहीं सकता। तकनीकी क्रांति को अपने कंधों पर ढोनेवाले सॉफ्टवेयर और एप्लीकेशन भी आखिरकार इनसान के ही बनाए हुए हैं। लाखों लाइनों के प्रोग्रामिंग कोड में अनगिनत लॉजिक होते हैं और अनगिनत चुनौतियों का पूर्वानुमान लगाते हुए उनके जवाब पहले से फीड किए जाते हैं। न जाने कितनी बार, कितनी परिस्थितियों में इनका परीक्षण भी किया जाता है। लेकिन इन लाखों लाइनों में कहीं कोई एक कैरेक्टर, एक अंक, एक लाइन या फिर बाहरी घटनाओं से पैदा होनेवाली एक स्थिति कोई एक त्रुटि (एरर) तो पैदा कर ही सकती है। इन त्रुटियों को रोकने के लिए अंतिम स्तर पर भी सॉफ्टवेयरों में व्यवस्था की जाती है, लेकिन फिर भी…

दुनिया का कोई सॉफ्टवेयर पूरी तरह फुलप्रूफ नहीं हो सकता। मैं यहाँ दो-चार या दस-बीस लाइनों के प्रोग्रामिंग कोडवाले सॉफ्टवेयरों की बात नहीं कर रहा, जिसमें कम-से-कम कुछ हजार लाइनें हों।

किसी डिजिटल या इलेक्ट्रॉनिक हार्डवेयर के संचालन में सॉफ्टवेयर की स्थिति लगभग वैसी ही है, जैसी किसी विमान के पायलट की या कार के ड्राइवर की। उसकी एक छोटी सी गलती सबकुछ खत्म करने के लिए काफी है। बोइंग 737 मैक्स 8 जेटलाइनर विमानों के साथ सॉफ्टवेयर की खराबी के चलते इंडोनेशिया और इथियोपिया के दो हादसों में करीब 350 विमान यात्री मारे जा चुके हैं। वजह? विमान की एक प्रक्रिया, जो पूरी तरह से सॉफ्टवेयर से संचालित थी, पूरी तरह गलत ढंग से काम कर रही थी और पायलट पूरी कोशिश करने के बावजूद उस पर नियंत्रण नहीं कर पा रहे थे। नतीजा? विमानों का नीचे जा गिरना।

नीचे ही इजराइल का बेयरशीट लैंडर भी तो जा गिरा था। चंद्रमा की सतह पर उतरने जा रहा लैंडर गुरुत्वाकर्षण के कारण बहुत ज्यादा रफ्तार में होता है। उसकी गति को 'ब्रेकिंग' नामक प्रक्रिया के जरिए घटाना पड़ता है। बेयरशीट जब चंद्रमा की सतह से डेढ़ सौ मीटर ऊपर रह गया था, तब उसकी रफ्तार 500 किलोमीटर प्रति घंटा थी। उसी समय धरती से उसका संपर्क पूरी तरह बंद हो गया था। इन हालात में डेढ़ सौ मीटर के भीतर उसकी रफ्तार को शून्य पर लाना संभव नहीं हो सकता था। वजह? सॉफ्टवेयर ने ऊँचाई का गलत अनुमान लगाया और बेयरशीट का मूल इंजन बंद कर दिया, जिसका इस्तेमाल उसकी रफ्तार घटाने में किया जाना था। जब हमारा विक्रम लैंडर भी करीब-करीब इसी तरह के हालात से गुजरा तो इसरो के वैज्ञानिकों को इजराइल के इस अनुभव की यादों ने डरा दिया था।

धरती पर बनाए गए सॉफ्टवेयर अंतरिक्ष में बड़ी तबाही मचा सकते हैं, यह दर्जनों बार देखा जा चुका है। यूरोपीय अंतरिक्ष एजेंसी ने दस साल और 7 अरब डॉलर (लगभग 50 हजार करोड़ रुपए) लगाकर एरियान 5 रॉकेट तैयार किया था, जिसका मकसद व्यापारिक अंतरिक्ष कारोबार में बाकी दुनिया पर बढ़त हासिल करना था। 4 जून, 1996 को बड़ी धूमधाम से इसे लॉन्च किया गया और महज 37 सेकंड के भीतर एरियान अचानक दूसरी दिशा में 90 डिग्री के कोण पर घूम गया। वजह? उसके सॉफ्टवेयर में एक गलत गणना की वजह से 'ओवरफ्लो' की समस्या आ रही थी, जिसका सामना प्रोग्रामिंग करनेवालों के साथ खूब होता है। उसका सॉफ्टवेयर विकसित करनेवालों ने इस एरर को हैंडल (अग्रिम समाधान) करने की व्यवस्था

नहीं की थी। असल में, एरियान के कंप्यूटर ने गलत डाटा मिलने के कारण यह समझ लिया कि वह अपनी दिशा से भटक चुका है। उसने इस काल्पनिक भटकाव को ठीक करने के लिए जो कदम उठाया, वह एरियान 5 के लिए घातक सिद्ध हुआ। एयरोडायनेमिक फोर्स के दबाव ने उसके बूस्टरों को उखाड़ डाला और रॉकेट नष्ट होकर फ्रेंच गायना में 12 मील के दायरे में फैले मलबे में तब्दील हो गया।

यूरोप का शियापरेली मार्स लैंडर 19 अक्तूबर, 2016 को मंगल की सतह पर जा गिरा था, क्योंकि उसका कंप्यूटर ऊँचाई का सही अनुमान नहीं लगा सका था। जब वह मंगल से 3.7 किलोमीटर ऊपर था, तब कंप्यूटर ने यह समझा कि वह सतह पर उतर चुका है। इसलिए उसने उसके थ्रस्टरों को 30 सेकंड की बजाय सिर्फ तीन सेकंड तक चलाकर बंद कर दिया। गुरुत्वाकर्षण की वजह से वह 540 किलोमीटर प्रतिघंटे की रफ्तार से मंगल की सतह पर जा गिरा। 1999 में नासा का मार्स क्लाइमेट ऑर्बिटर इसलिए तबाह हो गया, क्योंकि धरती पर इस्तेमाल की जा रही तकनीक उसे अपनी ऊँचाई के बारे में जो सूचनाएँ भेज रही थी, वे इंपीरियल पैमानों (मील) वाली प्रणाली पर आधारित थी, जबकि ऑर्बिटर उन्हें मीट्रिक प्रणाली (किलोमीटर आदि) में समझ रहा था।

मंगल की सतह और आसमान में सॉफ्टवेयरों की बदौलत ऐसे कई हादसे हुए हैं, जैसे—1999 में मार्स पोलर लैंडर के साथ और 2006 में मार्स ग्लोबल सर्वेयर के साथ। ऐसे हादसे आधुनिक कंप्यूटरों के जमाने में ही नहीं, बल्कि उस जमाने में भी होते रहे हैं, जब कंप्यूटरों में पंच कार्ड का इस्तेमाल होता था, यानी 60 के दशक में। मैरिनर 1 के साथ 22 जुलाई, 1962 को ऐसा ही हादसा हुआ था, जिसे लॉञ्च के पाँच मिनट से कम समय में नष्ट करना पड़ा था। वाइकिंग 1, जो 1976 में मंगल पर पहुँचने के बाद सही-सलामत, सात साल बाद सॉफ्टवेयर की गड़बड़ी के चलते नासा के नियंत्रण से आजाद हो गया था। 1988 में सोवियत संघ के फोबोस यान की बैटरियाँ इसलिए खत्म हो गईं, क्योंकि उसके कोड में एक सिंगल अक्षर की गड़बड़ी थी। नतीजा? संपर्क खत्म और अलविदा फोबोस! अमेरिकी अंतरिक्ष शटल के कई मिशन हार्डवेयर और सॉफ्टवेयर की गड़बड़ियों के चलते स्थगित होते रहे हैं। कोई अनहोनी नहीं है, अगर चंद्रयान 2 का लॉञ्च किसी तकनीकी खराबी की वजह से कुछ दिन टल गया या फिर विक्रम लैंडर ऐसी ही किसी तकनीकी समस्या के चलते हार्ड लैंडिंग का शिकार हो गया।

□

3डी प्रिंटेड हार्ट के जमाने में कहाँ जाएगी दिल की बीमारी?

सन् 2019 में दुनिया में दिल की बीमारियों के कारण 1.8 करोड़ लोगों की मौत हुई, जो कुल मौतों का 32 फीसदी है। ये आँकड़े विश्व स्वास्थ्य संगठन के हैं। अब जरा इस आँकड़े की तुलना दिल के प्रत्यारोपण के आँकड़ों से कीजिए। कल्पना कीजिए कि पूरी दुनिया में हर साल कितने हृदय प्रत्यारोपण होते होंगे? पाँच लाख, तीन लाख या एक लाख? जी नहीं, इनकी संख्या है, सिर्फ साढ़े तीन हजार। दुनिया में प्रत्यारोपण के लिए हृदय की कितनी कमी है, क्या अब भी इस बारे में कहने के लिए कुछ बचता है? क्या ही अच्छा हो कि कोई ऐसी तकनीक सामने आ जाए, जो इस संख्या को दस, सौ या हजार गुना बढ़ा दे। ऐसा हो जाए तो शायद दिल की बीमारी का अभिशाप ही खत्म हो जाए, जो फिलहाल दुनिया में मौतों का सबसे बड़ा कारण है।

जवाब हाजिर है। 3डी प्रिंटिंग तकनीक और फिर बायोप्रिंटिंग तकनीक के आने के बाद कृत्रिम तरीकों से हृदय को तैयार किए जाने की संभावनाएँ काफी बढ़ गई हैं। तरीका कृत्रिम, लेकिन हृदय असली। इजराइल में तेल अवीव विश्वविद्यालय के शोधकर्ताओं ने 3डी प्रिंटर के जरिए ऐसा दिल तैयार करके भी दिखा दिया है। इस दिल में 'मरीज' के अपने शरीर की कोशिकाओं का इस्तेमाल किया गया है। यहाँ पर 'मरीज' एक खरगोश है। प्रिंट किए गए दिल का आकार 2.5 सेंटीमीटर के करीब है, यानी एक इंच के आसपास। यह इनसानों के दिल के एक-चौथाई से भी कम है, जिसका आकार लगभग 12 सेंटीमीटर होता है। लेकिन इससे यह तो सिद्ध हो ही गया है कि जब जानवरों का दिल प्रिंट किया जा सकता है तो इनसानों का दिल भी प्रिंट किया जा सकता है। आज नहीं तो कल!

इस दिल को प्रिंट करने में उन्हें महज तीन घंटे का समय लगा। भले ही इसका आकार छोटा हो, लेकिन इसमें ऐसी तमाम चीजें हैं, जो दिल के भीतर मौजूद होती हैं, जैसे—रक्त नलिकाएँ, अलिंद और निलय। यहाँ पर 3डी प्रिंटिंग का एक खास रूप इस्तेमाल हुआ, जिसे 'बायोप्रिंटिंग' कहते हैं। स्याही के रूप में मरीज के अपने शरीर से ली गई सामग्री का इस्तेमाल किया गया। प्रत्यारोपण के कई मामलों में मानव शरीर दूसरे व्यक्ति के दिल को स्वीकार नहीं करता। लेकिन बायोप्रिंटिंग के जरिए बनाए गए हृदय के साथ ऐसी समस्या नहीं आनी चाहिए, जिसमें खुद मरीज के ही शरीर की कोशिकाओं का इस्तेमाल हुआ है।

आपने तमाम किस्म की चीजों की 3डी प्रिंटिंग के बारे में सुना होगा—प्लास्टिक के खिलौनों से लेकर बंदूक और कार से लेकर घर तक को 3डी प्रिंट किया जा चुका है। यहाँ 'प्रिंट' शब्द का मतलब किसी चीज की 'छपाई' से नहीं है, बल्कि 3डी प्रिंटर के जरिए उस वस्तु को साकार रूप से निर्मित किए जाने से है और यह कोई दिखावे की चीज नहीं है। इसका बाकायदा इस्तेमाल भी किया जा सकता है। 3डी प्रिंटिंग की हैरतअंगेज उपलब्धियों को देखते हुए यह सवाल उठना स्वाभाविक था कि क्या हम निर्जीव चीजों से आगे बढ़कर भी कुछ प्रिंट कर सकते हैं? मसलन इनसानी शरीर के टिश्यू से बनी चीजें, जैसे—मानवीय अंग? अगर ऐसा हो सके तो यह चिकित्सा के क्षेत्र में क्रांति ले आएगा।

बहुत संभव है कि अगले एक दशक के भीतर हम इस तरह की क्रांति को घटित होते हुए देखें। 'ओर्गानोवो' नामक कंपनी ने कई इनसानी अंगों की बायोप्रिंटिंग की है, जिनमें जिगर और गुरदा शामिल है। फिलहाल इन अंगों का इस्तेमाल मरीज को दी जानेवाली दवा का पहले ही असर देखने के लिए किया जा रहा है। यह मरीज को दवा के गलत प्रभाव से बचाने और उनका जीवन खतरे में डाले बिना संभावित नतीजों को जानने के लिए किया जा रहा है। इससे मरीज के शरीर के अनुकूल दवाएँ तैयार करने और उनकी लागत घटाने में भी मदद मिल रही है। सौंदर्य प्रसाधन बनानेवाली कई कंपनियाँ भी इन अंगों पर अपने उत्पादों के परीक्षण कर रही हैं। ओर्गानोवो का अगला लक्ष्य यही है कि इन अंगों को बाकायदा इनसानी शरीर में प्रत्यारोपित किया जाए। वह मानव शरीर के सभी अहम अंगों की बायोप्रिंटिंग का इरादा लेकर चल रही है।

बायोप्रिंटिंग के जरिए तैयार हुए दिल की कोशिकाओं को परिपक्व होने में एक महीने का समय लगता है। उसके बाद इस कृत्रिम दिल को धड़कने का

'प्रशिक्षण' दिया जाता है। कुछ साल बाद इन्हें बाकायदा जानवरों के शरीर में प्रत्यारोपित करके देखा जाएगा। अगर प्रयोग कामयाब रहे तो इनसानी हृदय भी तैयार किए जाने लगेंगे। इजराइली शोधकर्ताओं का अंदाज है कि ऐसा होने में दस साल का समय लग सकता है। दस साल ही सही, अगर हम बायोप्रिंटिंग के जरिए खुद मरीज की अपनी कोशिकाओं का इस्तेमाल करके धड़कते हुए दिलों को बनाने में सफल हुए, तो हर साल लाखों जानें बचाई जा सकेंगी। शायद दिल की बीमारी फिर दुनिया को सर्वाधिक सतानेवाली बीमारियों की सूची में सबसे ऊपर नहीं, बल्कि सबसे नीचे दिखाई दे।

□

क्या आप अब भी सिर्फ सूचनाओं को सर्च करते हैं?

आम कंप्यूटर और मोबाइल यूजर पिछले कुछ वर्षों में वेब पेजों पर मौजूद सूचनाओं के अलावा एकाध अन्य चीजें भी सर्च करने लगा है, जैसे—स्थान (मैप्स के जरिए) और यदा-कदा खबरें भी। हममें से अनेक लोग जानते हैं कि गूगल अकेला सर्च इंजन नहीं है। लेकिन कम लोग यह बात जानते हैं कि सर्च इंजन होते भी अनेक प्रकार के हैं। इनमें जो कुछ खोजा जा सकता है, वह महज कंटेंट तक सीमित नहीं है।

खबरों के सर्च इंजन—क्या आपने कभी अपनी भारतीय वेबसाइट रीडिफ की सर्च को आजमाया है? अगर नहीं तो realtime.rediff.com/news पर जाकर देखिए। यह इतनी तेज है कि आप सर्च के की-वर्ड डाल ही रहे होंगे कि उससे पहले ही नतीजे हाजिर हो जाएँगे। एक और ठिकाना है—डिग.कॉम (Digg.com) जो विदेशी है, लेकिन अंग्रेजी में खबरों, लेखों और दूसरी पठनीय सामग्री का दिलचस्प ठिकाना है। वैसे यह बताना जरूरी है कि गूगल, बिंग (माइक्रोसॉफ्ट) और याहू समेत कई सर्च इंजन खबरें मुहैया कराते हैं।

सवाल-जवाब सर्च इंजन—कुछ महीने पहले quora.com का हिंदी संस्करण लॉन्च किया गया था। यहाँ पर अगर आप अपने पसंदीदा विषयों पर सर्च करेंगे तो लोगों के पूछे हुए सवाल और दूसरे लोगों के दिए हुए जवाब पढ़ने को मिलेंगे। याहू आन्सर्स (answers.yahoo.com), अमेजॉन आस्कविले और (askwille.amazon.com) भी सवाल पूछने और जवाब पढ़ने के लिए दिलचस्प वेबसाइट्स हैं।

ब्लॉग सर्च इंजन—करीब 17 करोड़ ब्लॉगों के भीतर से सामग्री खोजकर

लानेवाला सर्च इंजन है ब्लॉग पल्स (blogpulse.com)। साथ-ही-साथ आप आइसरॉकेट (icerocket.com) को भी आजमा सकते हैं, जो ब्लॉगों के साथ-साथ सोशल मीडिया पर भी खोज करता है और आपके लिए फेसबुक तथा ट्विटर से भी सामग्री खोज लाता है।

फाइलों के सर्च इंजन—क्या आपको किसी विषय पर पहले से बनी अच्छी प्रेजेंटेशन या पी.डी.एफ. फाइल की तलाश है? हो सकता है कि आपके अगले प्रेजेंटेशन, बैठक या होमवर्क के लिए आपको इन दो ठिकानों पर कोई काम की फाइल मिल जाए। आजमाइए जरूर, ये हैं—slidefinder.net और filedigg.com।

मिलती-जुलती वेबसाइटें—जी हाँ, कौन सी वेबसाइटें गूगल जैसी हैं और कौन सी जागरण जैसी? जानकारी यहाँ पर मिलेगी—similarsites.com। किसी खास वेबसाइट को देखकर इम्प्रैस हो गए हैं, लेकिन लगता है कि काश, इसके जैसी कुछ और वेबसाइटें देखने को मिलें! आपके लिए यही सही ठिकाना है।

फॉण्ट्स की खोज—अगर आपको अपने अगले प्रेजेंटेशन, डिजाइन, बुक कवर के लिए कोई अच्छा सा फॉण्ट चाहिए या यूँ ही पुराने फॉण्ट्स से बोर होकर कुछ बदलाव की तलाश में हैं? दाफॉण्ट (dafont.com) को आजमाना न भूलें। दर्जनों किस्मों के हजारों फॉण्ट्स का मजा लीजिए और मन हो तो डाउनलोड कर लीजिए।

हवाई किरायों के सर्च इंजन—क्या आपको अपनी किसी हवाई यात्रा के लिए सस्ते किरायों की तलाश है? तो फिर आपको यात्रा (yatra.com), मेकमाइट्रिप (makemytrip.com), क्लियरट्रिप (cleartrip.com) और गोइबीबो (goibibo.com) की सेवा लेनी चाहिए। आज किस रूट पर कैसे किराए चल रहे हैं, कौन सी उड़ानें उपलब्ध हैं और बेहतर किराए किस दिन-किस समय उपलब्ध हैं, ऐसी तमाम सूचनाएँ यहाँ मिलेंगी। ये सिर्फ सर्च इंजन नहीं हैं, बल्कि सेवा देनेवाली वेबसाइटें हैं, लेकिन सर्च इंजन इनकी रीढ़ है।

होटल सर्च इंजन—ट्रिवागो (trivago.in) नामक होटल सर्च इंजन अपने दिलचस्प टेलीविजन कमर्शियल की वजह से बहुत चर्चा में आ गया है। इसके अलावा बुकिंग्स.कॉम (bookings.com), एक्सपीडिया (expedia.co.in) और होटल्स (in.hotels.com) पर भी होटलों में उपलब्ध कमरों की खोज की जा सकती है। हालाँकि हवाई किरायों की खोज करनेवाले ज्यादातर सर्च इंजन और पोर्टल भी होटल खोज की सुविधा देते हैं।

किताबों के सर्च इंजन—अगर आप अच्छी किताबें पढ़ने के शौकीन हैं तो बुकफाइंडर (bookfinder.com) और गूगल बुक्स (books.google.com) की मदद ले सकते हैं। अगर किताबें खरीदने में दिलचस्पी है तो अमेजॉन पर सर्च मारिए या फिर इंडियाबुकस्टोर (indiabookstore.net) को आजमाइए। अगर मुफ्त में पी.डी.एफ. किताबें डाउनलोड करनी हैं तो पीडीएफसर्चइंजन (pdfsearchengine.net), फ्रीपीडीएफ (freepdf.com) और पीडीएफड्राइव (pdfdrive.net) आपके लिए अच्छे ठिकाने हैं।

शोध सर्च इंजन—शिक्षाविदों, विद्वानों, शोधकर्ताओं आदि को अपने शोध और पढ़ने-पढ़ाने के लिए ताजातरीन शोध सामग्री की जरूरत पड़ती है। रिसर्चगेट (researchgate.net), जिससे करीब डेढ़ करोड़ शोधकर्ता जुड़े हुए हैं, शोध सामग्री को तलाशने और डाउनलोड करने का बेहतरीन ठिकाना है। आप चाहें तो गूगल स्कॉलर्स (scholars.google.com) पर भी ऐसी खोज कर सकते हैं। एक और लोकप्रिय ठिकाना है—अकेडमिया (academia.edu)। रिसर्चगेट और अकेडमिया पर खोज करने से पहले आपको अपना खाता बनाना होगा, जो नि:शुल्क बनाया जा सकता है।

प्रॉपर्टी सर्च इंजन—भारत में जमीन-जायदाद की खोज के लिए लोकप्रिय सर्च इंजनों में इंडियाप्रॉपर्टी (indiaproperty.com), मैजिकब्रिक्स (magicbricks.com) और 99एकर्स (99acres.com) शामिल हैं। इनके अलावा मकान (makaan.com) और हाउसिंग (housing.com) पर भी आप देश के किसी भी भाग में अपनी पसंद की जमीन, फ्लैट, दफ्तर आदि की खोज कर सकते हैं।

म्यूजिक सर्च इंजन—अच्छे संगीत की तलाश है? आप मियो (mio.to), गाना (gaana.com), जियोसावन (jiosaavn.com) और हंगामा (hungama.com) पर खोज करके देखें। भले ही आपकी पसंद शास्त्रीय हो या फिल्मी, लोकसंगीत हो या पश्चिमी, ये संगीत खोज वेबसाइटें आपको निराश नहीं करेंगी। वैसे आजकल संगीत के लिए लोग यू-ट्यूब पर भी खूब सर्च करते हैं।

नौकरी के सर्च इंजन—अगर आप नौकरी की तलाश में हैं तो गूगल जैसे सर्च इंजन की बजाय ऐसे सर्च इंजनों पर जाइए, जिन्हें खासतौर पर नौकरी की खोज के लिए बनाया गया है। भारत में शाइन.कॉम (shine.com), नौकरी.कॉम (naukri.com) और मॉन्स्टरइंडिया.कॉम (monsterindia.com) खासे

लोकप्रिय हैं। अगर विकल्पों की जरूरत है तो इंडीड (indeed.co.in) और सिंपलीहायर्ड (simplyhired.co.in) को आजमा सकते हैं।

वर-वधू सर्च इंजन—क्या आपने भारत मैट्रिमनी (bharatmatrimony.com), जीवनसाथी (jivansathi.com) और शादी.कॉम (shaadi.com) के नाम नहीं सुने? ये रिश्तों की तलाश में इस्तेमाल किए जानेवाले पोर्टल हैं, जहाँ पर रिश्तों की खोज भी उपलब्ध है। आप विवाह के लिए किस उम्र, जाति, धर्म के युवक या युवती की तलाश कर रहे हैं, इसकी सूचना डालिए और नतीजे हाजिर!

तो ये थे कुछ खास किस्म के सर्च इंजन। हालाँकि सूची बहुत लंबी हो सकती है, क्योंकि वेब पर लोगों की खोज, वाहन, सेहत, शॉपिंग, सामान, व्यंजन (रेसिपी) आदि की खोज करनेवाले सर्च इंजन भी मौजूद हैं। और-तो-और, अपने आसपास के इलाके में खोज करने के लिए लोकल सर्च इंजन भी खूब आ गए हैं।

□

कौन ले गया आपकी मेमोरी : मोबाइल या इंटरनेट?

चिली की राजधानी कौन सी है? सिंगापुर के प्रधानमंत्री कौन हैं? हमारे देश में कितने राज्य और केंद्रशासित प्रदेश हैं? किसी ने पूछा तो आपने चुपके से अपना मोबाइल फोन खोला और कर लिया गूगल सर्च। बिना यह सोचे-समझे कि एक पल के लिए दिमाग पर जोर तो डाल लिया जाए, शायद किसी कोने में यह जानकारी दुबकी पड़ी हो! लेकिन नहीं, उसमें ज्यादा समय लग जाएगा, बनिस्बत इसके कि गूगल या बिंग जैसे किसी सर्च इंजन में तपाक से जवाब हासिल करके पेश कर दिया जाए। चंद साल पहले तो ऐसा नहीं था! अखबार पढ़ते थे तो राजधानियाँ अपने आप याद हो जाती थीं और नेताओं के नाम भी। अगर आपसे पूछूँ कि कहाँ गई आपकी मेमोरी? आप शायद जवाब देने से पहले गूगल की शरण में लौटने की सोचें!

लेकिन वही तो समस्या है। उसी की शरण में तो चली गई आपकी मेमोरी! तकनीक की दुनिया में मेमोरी का खेल निराला है। वह इनसान की समस्या भी है और उसका समाधान भी। लीजिए, हम इतना बड़ा दिमाग लिये हुए, जिसमें एक सरलीकृत अनुमान के अनुसार करीब 250 करोड़ मेगाबाइट डाटा को सहेजा जा सकता है, 25-30 बिट (डाटा को मापने की सबसे छोटी इकाई। एक एम.बी. में 8 लाख से ज्यादा बिट होते हैं।) की सूचना भी नहीं खोज पा रहे! सच्चाई यही है कि सबसे बड़ी मेमोरी मशीन साथ में लिये हुए भी हम मेमोरी के मामले में तंगहाल हो चुके हैं और उसकी बड़ी वजह है तकनीक। थोड़ा और भीतर तक घुसकर देखें तो वजह है—इंटरनेट और उसके बाद मोबाइल फोन।

तकनीकी दुनिया में मेमोरी अपने अनगिनत पहलुओं से हमें विस्मित करती है। तकनीकी माध्यमों के लिए अपरिहार्य तो यह है ही, उसका घटना-बढ़ना, खोना-

पाना और कभी-कभी खराब हो जाना भी एक समस्या है। एक तरफ हम तकनीकी माध्यमों की मेमोरी में ज्यादा-से-ज्यादा डाटा फीड करने के लिए बेताब हुए जा रहे हैं और अपनी हर आमो-खास सूचना को मोबाइल, सोशल मीडिया, कंप्यूटर और क्लाउड के हवाले करते जा रहे हैं। तभी अहसास होता है कि तकनीकी-विश्व की मेमोरी में अपने बारे में कुछ ज्यादा ही जानकारी पहुँच गई लगती है, तो फिर इस जुगत में लग जाते हैं कि किसी तरह से उसे यह सब भुला दें। कम सूचनाएँ साझा करने की तुलना में ज्यादा खतरे सूचनाओं की अधिकता से पैदा होते हैं, इसमें कोई संदेह नहीं है। सो इधर भी चैन नहीं और उधर भी चैन नहीं।

प्रख्यात लेखक और 2011 में पुलित्जर पुरस्कार के फाइनलिस्ट निकोलस कार ने मानव मस्तिष्क पर इंटरनेट के प्रभावों का अध्ययन करते हुए बहुत चिंतनीय निष्कर्ष निकाला है। कार कहते हैं कि इंटरनेट पर हमारी निर्भरता जितनी बढ़ती जा रही है, हमारे मस्तिष्क की क्षमताएँ उतनी ही कम होती जा रही हैं। इन क्षमताओं में याद रखना, विश्लेषण करना, तर्क-वितर्क करना, निष्कर्ष निकालना और सामान्य समझ-बूझ (कॉमन सेंस) जैसी प्रक्रियाएँ भी शामिल हैं। एटलांटिक पत्रिका की आवरण कथा में कार ने हम सबके मुँह पर एक सवाल उछाला कि क्या गूगल हमें मूर्ख बना रहा है?

जवाब दीजिए। जी हाँ, प्रिय पाठक, मैं आपसे कह रहा हूँ कि जवाब दीजिए। क्या आप भी सोचते हैं कि वह हमारी मेधा, बुद्धि, प्रतिभा और ज्ञान को बढ़ा रहा है? मुझे लगता है कि पिछले दो-एक दशकों की अपनी हरकतों के चलते हमने ज्ञान की अहमियत का अवमूल्यन कर दिया है। उसकी देखभाल करने का जिम्मा गूगल पर छोड़कर हम निश्चिंत हो गए हैं। जब जरूरत होगी, निकाल लेंगे। याद करने की क्या जरूरत है? सौ रुपए में एक महीने तक चलनेवाला डाटा प्लान ढाल के तौर पर आपके साथ है।

कार लिखते हैं कि सदियों तक इनसानी मस्तिष्क के विचार और उसकी क्षमताएँ अनगिनत 'मस्तिष्कीय उपकरणों' की मदद से विकसित होकर यहाँ तक पहुँची हैं। इन उपकरणों में वर्णमाला से लेकर नक्शे, प्रिंटिंग प्रेस से लेकर घड़ी और मनोरंजन से लेकर कंप्यूटर तक शामिल हैं। तंत्रिका-विज्ञान के विशेषज्ञ माइकल मर्जेनिच और एरिक कैंडल ने ऐतिहासिक और वैज्ञानिक तथ्यों की पड़ताल कर पाया है कि हमारा मस्तिष्क हमारे अनुभवों के आधार पर बदलता है। जिन उपकरणों और तकनीकों का इस्तेमाल हम सूचनाओं को खोजने, सहेजने और साझा करने के लिए करते हैं, वे हमारे मस्तिष्क के तंत्रिकीय मार्गों को बदल

सकते हैं। जहाँ मुद्रित किताबों से हमें ध्यान केंद्रित करने, गहराई से सोचने तथा रचनात्मक विचार सृजित करने का उपहार मिला, वहीं इंटरनेट हमें अनेकानेक स्रोतों से सूचनाओं के त्वरित, विच्छिन्न, छोटे-छोटे टुकड़े इकट्ठे करने और उनसे काम चला लेने के लिए प्रेरित कर रहा है। इंटरनेट पर मौजूद कंप्यूटरों और सर्वरों की मेमोरी भरती जा रही है, हमारी स्मृति का ह्रास होता जा रहा है।

यह एक दोतरफा समस्या है। आपके सामने अपनी स्मृति को बचाने की ही चुनौती नहीं है, बल्कि इंटरनेटीय ठिकानों की मेमोरी में जा पहुँची अपनी अथाह सूचनाओं को बचाने की भी है। ये सूचनाएँ कहाँ और किसके पास पहुँचेंगी? कैसे-कैसे इस्तेमाल कर ली जाएँगी? कैसे-कैसे लोग उन्हें खरीद-बेच रहे होंगे, जिसके मालिक वास्तव में आप हैं? और इन सूचनाओं में क्या-क्या नहीं है—बीमारियों से लेकर बैंक खातों और गोपनीय रिश्तों से लेकर कर चोरी तक और होटलों में ठहरने से लेकर यात्राओं तक की सूचना भी उन कंप्यूटरों की मेमोरी में दर्ज है, जिन्हें निर्जीव और विचारहीन समझने की गलती क्लाउड और आर्टिफिशियल इंटेलिजेंस के जमाने में शायद आप नहीं करेंगे। कृपया इस जुमले के बहकावे में न आएँ कि इंटरनेट के दौर में प्राइवेसी जैसी किसी चीज की बात करना बेमानी है।

क्या आप जानते हैं कि आपकी कितनी 'यादें' गूगल और फेसबुक की मेमोरी में दर्ज होंगी? छोड़िए, अंदाज लगाने की जरूरत नहीं। लंदन के 'द गार्जियन' अखबार में काम करनेवाले डायलन करन ने आपकी उलझन आसान कर दी है। करन ने गूगल के सर्वर पर मौजूद अपनी सारी सूचनाएँ डाउनलोड कीं (ऐसा आप भी कर सकते हैं)। करन को कितना बड़ा झटका लगा होगा, उसकी कल्पना आप भी आसानी से कर सकेंगे, जब जानेंगे कि डाउनलोड किए गए डाटा का आकार साढ़े पाँच गीगाबाइट था। यह डाटा इंटरनेट पर उनकी गतिविधियों के जरिए इकट्ठा हुआ था। इससे माइक्रोसॉफ्ट के तीस लाख दस्तावेज भर जाएँगे। यही प्रक्रिया उन्होंने फेसबुक के साथ भी आजमाई और इस बार डाटा निकला 600 मेगाबाइट, यानी करीब-करीब चार लाख वर्ड डॉक्यूमेंट्स।

समस्या गंभीर है और इसीलिए जब यूरोपीय संघ में 'जनरल डाटा प्रोटेक्शन रेगुलेशन' (जी.डी.पी.आर.) नामक कानून बना तो उसमें यह व्यवस्था की गई कि उपभोक्ता गूगल को अपनी सूचनाओं को भूलने के लिए बाध्य कर सकता है। इसे 'राइट टु बी फॉरगॉटन' कहा गया है। शायद आप राहत की साँस ले रहे होंगे। लेकिन अगली बात भी सुन लीजिए कि एक फ्रांसीसी विनियामक के यहाँ चले

मुकदमे में गूगल की जीत हुई है, जिसमें कहा गया था कि अगर किसी यूरोपीय उपभोक्ता ने इस अधिकार का प्रयोग किया तो गूगल उसकी सामग्री का इस्तेमाल दुनिया में कहीं भी नहीं करेगा। फैसला यह है कि गूगल को उसकी सूचनाओं को सिर्फ यूरोपीय सीमाओं के भीतर ही भूलने की जरूरत है, उनके बाहर वह उन्हें याद रख सकता है।

आप-हम जिस जुनून के साथ सूचनाएँ पैदा करने में जुटे हैं (व्हाट्सएप संदेशों से लेकर सर्च तक, सोशल मीडिया की टिप्पणियों से लेकर यूजर जेनरेडेट कंटेंट तक) उसे अपनी यादों में सहेजना तकनीक के लिए भी एक बड़ी चुनौती है। लेकिन 'मूर का नियम' उसके साथ है। इंटेल के पूर्व मुख्य कार्यकारी अधिकारी गोर्डन मूर ने 1970 के दशक में यह नियम पेश किया था, जिसके अनुसार हर दो साल में कंप्यूटर के प्रोसेसर की क्षमता दो गुनी होती रहेगी और उसी के अनुरूप उसकी मेमोरी का आकार भी दोगुना होता रहेगा। तकनीकी दुनिया और आप-हम इस नियम पर अब तक तो खरे उतरे हैं। तभी तो देखिए कि किस विस्फोटक अंदाज में कंप्यूटर में प्राइमरी (रैम) और सेकंडरी मेमोरी (हार्ड डिस्क) का आकार बढ़ रहा है! सन् 1956 में आई.बी.एम. ने RAMAC 350 नामक पहली कंप्यूटर हार्ड डिस्क पेश की थी। इसकी डाटा स्टोर करने की क्षमता थी 5 मेगाबाइट्स। इस आकार को आप यूँ समझिए कि एक एमपी3 गाना या दो अच्छी गुणवत्ता के चित्र स्टोर किए तो हार्ड डिस्क भर गई।

आज क्या स्थिति है? शोवा डेन्को कॉरपोरेशन 70 से 80 टेराबाइट्स तक की हार्ड ड्राइव पर काम कर रहा है, जो एकाध साल में आ जाएगी। जी हाँ हार्ड डिस्क की क्षमता में दो लाख गुना बढ़ोतरी हो चुकी है। छोड़िए हार्ड डिस्क को, मोबाइल फोन में लगनेवाले नन्हे से एस.डी. कार्ड की क्या बिसात होगी भला? 1995 में कैमरों के लिए 40 मेगाबाइट का मेमोरी कार्ड निकाला था तो तूफान आ गया था। हालाँकि उससे एक-चौथाई आकारवाले मोबाइल फोन के एस.डी. कार्ड (सान डिस्क अल्ट्रा माइक्रो-एस.डी. एक्ससी एचएस-1) की मेमोरी में आज स्टोर किए जाने वाले डाटा का आकार टेराबाइट्स में जा पहुँचा है। एसडीयूसी पद्धति के बारे में तो दावा किया जा रहा है कि इसमें 128 टेराबाइट डेटा स्टोर किया जा सकेगा। तकनीक और कंप्यूटर तो अपनी मेमोरी को चक्रवृद्धि आधार पर बढ़ा ही रहे हैं। अपनी मेमोरी के बारे में आपका क्या खयाल है?

□

क्या कभी दिमाग की बराबरी कर सकेगा कंप्यूटर ?

हिंदी में एक अपमानजनक शब्द का प्रयोग होता है—दो कौड़ी का इनसान। कुछ अरसा पहले उत्तर कोरिया के सरकारी मीडिया ने दक्षिण कोरिया के राष्ट्रपति ली म्युंग-बाक के लिए ऐसे ही कुछ शब्द इस्तेमाल किए। असली बयान में इन शब्दों का तकनीकीकरण कर दिया गया था। दक्षिण कोरियाई राष्ट्रपति को 'दो कौड़ी का इनसान' तो नहीं कहा गया, लेकिन 'दो एम.बी. का दिमाग' कहा गया। इस बात पर हँसी भी आती है और ताज्जुब भी होता है। लेकिन इनसान के दिमाग और कंप्यूटर मेमोरी के बीच यह तुलना एक सवाल को तो जन्म देती ही है और वह यह कि क्या वाकई इनके बीच कोई तुलना संभव है ?

इनसान का दिमाग और कंप्यूटर दोनों को बिजली की जरूरत है। हमारे दिमाग का काम सिर्फ 12 वाट बिजली से चल जाता है, जो ऑक्सीजन और चीनी जैसी चीजों से बनाई जाती है। लेकिन हमारे दिमाग के बराबर शक्तिशाली कंप्यूटर को चलाने के लिए शायद एक गीगावाट से भी ज्यादा बिजली चाहिए, जो दिल्ली और मुंबई जैसे शहरों की बिजली की जरूरतों से भी ज्यादा होगी। जिस काम को करने के लिए कंप्यूटर को कई लाख गणनाएँ और प्रक्रियाएँ आजमानी पड़ती हैं, उन्हीं को करने के लिए कंप्यूटर को कुछ सौ न्यूरॉन ट्रांसमिशनों की ही जरूरत पड़ती है। नतीजा—कम ऊर्जा में ज्यादा बेहतर नतीजे।

कंप्यूटर में अलग-अलग कामों के लिए अलग-अलग पार्ट्स होते हैं। डाटा प्रोसेसिंग या गणनाओं के लिए प्रोसेसर और डाटा को स्टोर करने के लिए हार्ड डिस्क तथा रैम। इनसानी दिमाग यह सभी काम अकेला करता है। उसे अलग-अलग पार्ट्स की जरूरत नहीं। वह एक ही समय पर कल्पना करने, निष्कर्ष

निकालने, स्टोर करने, विश्लेषण करने, गणनाएँ करने और सूचनाओं को साझा करने में सक्षम है।

इनसानी दिमाग की स्टोरेज कैपेसिटी कंप्यूटर के मुकाबले बहुत ज्यादा है कि हम सोच नहीं सकते। कंप्यूटरों में ज्यादा-से-ज्यादा हार्ड डिस्क क्षमता 80 टेराबाइट तक पहुँचनेवाली है। लेकिन दिमाग में 2.5 पेटाबाइट डाटा स्टोर करने की क्षमता पिछले एक लाख सालों से मौजूद है। एक पेटाबाइट में लगभग 1000 टेराबाइट आते हैं। हालाँकि जिस रफ्तार से कंप्यूटर का स्टोरेज बढ़ रहा है, उसे देखते हुए कम-से-कम इस मामले में वह एकाध दशक में इनसानी दिमाग से आगे निकल सकता है।

कंप्यूटर के सभी कलपुरजे हार्डवेयर कहलाते हैं, जिन्हें चलाने के लिए अलग से सॉफ्टवेयर की जरूरत पड़ती है, लेकिन इनसानी दिमाग अपना सॉफ्टवेयर खुद है। उसका सॉफ्टवेयर खुद-ब-खुद अनुभवों के साथ अपडेट भी होता रहता है। कंप्यूटर को लगातार नई क्षमताओं से लैस रहने के लिए इंटरनेट से अपडेट डाउनलोड करने पड़ते हैं।

इनसानी दिमाग कल्पना कर सकता है, सपने देख सकता है, नए विचार सोच सकता है, मंथन कर सकता है, निष्कर्ष निकाल सकता है, कुछ नया रच सकता है, जैसे—कहानी, कविता, चित्र, मूर्ति आदि। बाहरी दुनिया को देखने-समझने और उसके आधार पर नए विचार पैदा करने में सक्षम है। वह तेजी से सीखता भी है। कंप्यूटर कल्पना करने और रचनात्मकता में असमर्थ है। हालाँकि आर्टिफिशियल इंटेलिजेंस के आने के बाद वह सीखने में सक्षम हो रहा है और इनसानी दिमाग की तरह, आगे क्या होनेवाला है, यह भी बताने लगा है। थ्री-डी प्रिंटिंग और डाटा एनालिटिक्स जैसी तकनीकें कंप्यूटर की क्षमताओं को लगातार बढ़ा रही हैं और हो सकता है कि अगले तीन-चार दशकों में दिमाग और कंप्यूटर के बीच का यह अंतर सिकुड़ जाए।

इनसानी दिमाग का वजन डेढ़ किलो से कुछ कम और आकार छह इंच के आसपास होता है। उसके जितनी क्षमता से काम करनेवाले कंप्यूटर का आकार किसी बड़ी इमारत जैसा होगा। लेकिन कंप्यूटरों का आकार लगातार घट रहा है और अब तो मोबाइल फोन तथा स्मार्टवाच भी कंप्यूटरों की श्रेणी में आते हैं, जो बेहद छोटे हैं। लेकिन उनकी क्षमताओं का मुकाबला इनसानी दिमाग से नहीं किया जा सकता। धीरे-धीरे इस मामले में भी कंप्यूटर तरक्की करके आगे बढ़ जाए, यह बहुत संभव है।

आपके मन में यह सवाल आना स्वाभाविक है कि सामान्य कंप्यूटर नहीं तो शायद सुपर कंप्यूटर इनसानी दिमाग को मात दे दे! फिलहाल ऐसा नहीं है। दुनिया का सबसे तेज कंप्यूटर चीन के जुआंगझू में रखा हुआ तियानहे-2 है, जिसकी ज्यादा-से-ज्यादा प्रोसेसिंग स्पीड 55 पेटाफ्लॉप्स के आसपास है। इसका अर्थ हुआ—दस खरब गणनाएँ प्रति सेकंड। हालाँकि इनसानी दिमाग की गणना करने की क्षमता को मापना बहुत मुश्किल है, लेकिन विशेषज्ञों का अनुमान है कि वह एक सेकंड में एक एक्जाफ्लॉप गणनाएँ कर सकता है, यानी कि दस हजार खरब गणनाएँ प्रति सेकंड।

सन् 2014 में जापान के वैज्ञानिकों ने दुनिया के चौथे सबसे तेज सुपर कंप्यूटर और इनसानी दिमाग के बीच मुकाबला करवाया। इस कंप्यूटर का नाम है—'के कंप्यूटर।' इनसानी दिमाग ने एक सेकंड में जितनी गणनाएँ कीं, उतनी ही गणनाएँ करने में 'के कंप्यूटर' को 40 मिनट का समय लगा।

आप पूछेंगे कि कहीं तो कंप्यूटर भी दिमाग से बेहतर होगा? आखिरकार इसीलिए तो हम उसे खरीदते हैं कि वह इनसानी क्षमताओं से बेहतर परिणाम हासिल करने में हमारी मदद करता है! तो आइए जानते हैं कि कंप्यूटर कहाँ पर बेहतर है?

इनसान उस रफ्तार और शुद्धता के साथ गुणा-भाग, स्क्वेयर रूट और ऐसी ही सैकड़ों किस्म की गणितीय गणनाएँ (mathematical calculations) नहीं कर सकता, जो कंप्यूटर पलक झपकते ही कर लेगा। इतना ही नहीं, कंप्यूटर एक ही समय में ऐसी कई गणनाएँ कर सकता है। इनमें जटिल गणनाएँ भी शामिल हैं, जैसे—उलटी गिनती गिनना। गणित से जुड़े बहुत से काम भी वह इनसान से ज्यादा तेज रफ्तार तथा बेहतर ढंग से कर सकता है, जो हमें गणित से जुड़े हुए नहीं लगते। जैसे—शतरंज का खेल या मशीन अनुवाद।

क्या आप एक ही समय पर चित्र बना सकते हैं और उसी समय पर अनुवाद भी कर सकते हैं? हमारा मस्तिष्क छोटी-मोटी मल्टी-टास्किंग तो कर सकता है, जैसे—फोन पर बात करते हुए कुछ लिखना या गाड़ी चलाते हुए गाने सुनना। लेकिन जहाँ दिमाग का गहरा इस्तेमाल होता हो, हम ऐसे दो काम एक समय पर नहीं कर सकते। यहाँ पर कंप्यूटर हमसे आगे है। एक ही कंप्यूटर पर एक ही समय में कई तरह के काम चल सकते हैं, जैसे—पृष्ठभूमि में गाने चल रहे हैं और एक तरफ इ-मेल आ-जा रही है और दूसरी तरफ आप पावर पॉइंट

प्रेजेंटेशन तैयार कर रहे हैं। पीछे-ही-पीछे कुछ डाउनलोड या अपलोड भी चल रहा है।

एक ही तरह से बार-बार किए जानेवाले कामों को कंप्यूटर हमारी तुलना में बहुत ज्यादा तेज गति से कर देगा। जैसे—किसी फाइल की पाँच सौ कॉपियाँ बनाना या किसी इ-मेल को एक हजार लोगों को भेजना।

अंत में सवाल वहीं पर आ जाता है, जहाँ से शुरू हुआ था। और वह यह कि क्या सचमुच इनसानी दिमाग और कंप्यूटर के बीच में तुलना करना संभव है? उनमें से एक किसी काम को अच्छी तरह करता है, तो दूसरा किसी दूसरे काम को। इनसानी दिमाग एनालॉग प्रणाली पर चलता है (बिजली के संकेत, रासायनिक प्रक्रियाएँ, शारीरिक गतिविधियाँ आदि) और कंप्यूटर डिजिटल तरीके से चलता है (बाइनरी डिजिट्स के आधार पर प्रोसेसिंग, स्टोरेज और डिस्प्ले)। बहरहाल, इन तुलनाओं से इतना साफ हो रहा है कि इनसान खुद ही कंप्यूटर और अपने दिमाग के बीच अंतर को तेजी से पाटने की कोशिश में जुटा है। यह सिलसिला कभी थमनेवाला नहीं दिखता।

□

कब तक चलेंगी नोबेल पानेवाली लीथियम-आयन बैटरियाँ?

सन् 2019 का रसायन विज्ञान का नोबेल पुरस्कार ग्रेफाइट लीथियम-आयन बैटरियों के आविष्कार पर दिया गया है। तीन रसायनशास्त्रियों—बी. गुडइनफ, एम. स्टैनले विटिंघम और अकीरा योशिनो को इन अनोखी बैटरियों का निर्माण करने के लिए नोबेल पुरस्कार मिला है, जो आज हमारे आधुनिक जीवन से जुड़े कितने ही उपकरणों को ऊर्जा देने में लगी हैं। इनमें छोटे से मोबाइल फोन से लेकर लैपटॉप, कारें, घर, हवाई जहाज और यहाँ तक कि पूरे-के-पूरे शहर तक शामिल हैं। ये बैटरियाँ पहले चलनेवाली रिचार्जेबल बैटरियों की तुलना में ज्यादा सुविधाजनक आकार में तो उपलब्ध हैं ही, ज्यादा शक्तिशाली और टिकाऊ भी हैं। लेकिन इन बैटरियों को लेकर कुछ चिंताएँ भी हैं। वैज्ञानिकों को अहसास है कि हमें जल्दी ही इनका बेहतर विकल्प ढूँढ़ना होगा।

लीथियम-आयन बैटरियों ने मोबाइल उपकरणों के छोटे आकार में बहुत ज्यादा ऊर्जा फिट करने का आश्चर्यजनक काम किया है। इन्हें ज्यादा जगह की जरूरत नहीं पड़ती, कई साल तक बार-बार रिचार्ज करने के बावजूद इनमें टूट-फूट या घिसाव नहीं होता और उनकी ऊर्जा सघनता बहुत ज्यादा है, जिससे उनके प्रति ग्राम हिस्से में दूसरी बैटरियों की तुलना में ज्यादा ऊर्जा सहेजी जा सकती है। लेकिन इनकी सुरक्षा को लेकर संदेह बरकरार है। आपने इन बैटरियों में आग लगने और विस्फोट होने की खबरें पढ़ी होंगी। इसकी वजह यह है कि गरम होने पर ये दूसरी बैटरियों की तुलना में ज्यादा फैलती हैं, जिससे उनके फट जाने की आशंका बनी रहती है। चिंताएँ कुछ और भी हैं। जैसे—लीथियम धातु की बढ़ती कीमतें और पर्यावरण पर पड़नेवाले दुष्प्रभाव। पिछले दो साल में लीथियम की कीमतें दोगुनी

हो चुकी हैं। तो क्या हमें कोई सुरक्षित, सस्ता और ज्यादा शक्तिशाली विकल्प मिल सकेगा ?

जितनी भी रिचार्जेबल बैटरियाँ आती हैं, उन सभी में कुछ चीजें समान हैं। इनमें दो इलेक्ट्रोड और किसी-न-किसी किस्म का इलेक्ट्रोलाइट होता है। धनात्मक इलेक्ट्रोड को 'कैथोड' कहा जाता है और ऋणात्मक इलेक्ट्रोड को 'एनोड'। इस बनावट को बरकरार रखते हुए कई अच्छे विकल्पों की तलाश जारी है।

ग्रैफीन बैटरियाँ ऐसा ही एक शानदार विकल्प हो सकती हैं। 'ग्रेफनैनो' नामक कंपनी ऐसी बैटरियाँ बना रही है, जो लीथियम-आयन के मुकाबले 33 गुना तेज रफ्तार से चार्ज और डिस्चार्ज की जा सकती हैं। उनका तेजी से डिस्चार्ज होना, यानी ऊर्जा की तेज खपत इलेक्ट्रिक कारों, मोटरसाइकिलों, विमानों आदि के मामले में बहुत उपयोगी हो जाती है। इन्हें कुछ ही मिनटों में चार्ज किया जा सकता है और एक बार चार्ज होने के बाद कारें आठ सौ किलोमीटर से ज्यादा दूरी तक जा सकती हैं।

ऐसा ही एक विकल्प है—सिलिकॉन आधारित लीथियम-आयन बैटरी, जो तीन गुना बेहतर क्षमता से काम करती है। हालाँकि यह बैटरी दिखने में लीथियम-आयन जैसी ही है, लेकिन इसके एनोड में ग्रेफाइट की बजाय सिलिकॉन का इस्तेमाल होता है। यह ऊर्जा को स्टोर करने की क्षमता बढ़ाता है और उन्हें ज्यादा टिकाऊ भी बनाता है। 'सिलानैनो' नामक स्टार्टअप इस तरह की बैटरियों पर काम कर रहा है।

सोडियम और मैग्नीशियम आधारित बैटरियाँ बनाने की भी कोशिशें चल रही हैं। आप जानते हैं कि नमक में सोडियम होता है और दुनिया में खारे पानी की कमी नहीं है, इसलिए सोडियम की बैटरी बना लिये जाने पर उसके महँगे होने या कच्चे माल की कमी आने की आशंका नहीं है। लेकिन सोडियम के साथ एक दिक्कत है और वह यह कि सोडियम आयन लीथियम की तुलना में बड़ा होता है, इसलिए इन बैटरियों का आकार कुछ बड़ा होगा। बहरहाल, बैटरियों में ग्रेफाइट की जगह पर फॉस्फोरस का इस्तेमाल करने पर यह समस्या हल हो जाती है। इतना ही नहीं, ऐसी बैटरी की चार्जिंग क्षमता भी ग्रेफाइट लीथियम-आयन बैटरी की तुलना में सात गुना है।

लीथियम की जगह पर मैग्नीशियम का इस्तेमाल करने के प्रयोगों ने भी बहुत उम्मीद जगाई है। मैग्नीशियम लीथियम की तुलना में ज्यादा आसानी से उपलब्ध

है और इससे बनी बैटरियों के आग पकड़ लेने का खतरा भी नहीं है। अब तक इस तरह की बैटरियाँ इसलिए बाजार में नहीं आ सकीं, क्योंकि बैटरी के इलेक्ट्रोड में इस्तेमाल होनेवाला क्लोराइड इनकी क्षमता को प्रभावित कर रहा था। न तो वे लीथियम-आयन बैटरियों के जितनी ऊर्जा को स्टोर कर पा रही थीं और न ही उतनी बिजली पैदा कर पा रही थीं। लेकिन अब इस इलेक्ट्रोड का विकल्प ढूँढ़ निकाला गया है, जो क्लोराइड-फ्री है। नतीजे में ऐसी बैटरियाँ बना ली गई हैं, जिनमें ज्यादा ऊर्जा, ज्यादा ताकत और ज्यादा टिकाऊपन है।

इनके अलावा, फ्लोराइड और अमोनिया आधारित बैटरियों पर भी शोध चल रहे हैं। उम्मीद की जानी चाहिए कि अगले पाँच साल के भीतर हमें लीथियम-आयन बैटरियों का एक सस्ता, ताकतवर, ज्यादा ऊर्जा स्टोर करनेवाला, तेजी से चार्ज होनेवाला और टिकाऊ विकल्प मिल जाएगा।

□

कंप्यूटर हैंग?
रिबूट कर लो! मगर कब तक?

फिल्म 'मिशन मंगल' का वह सीन याद है आपको, जब धरती से भेजे गए अंतरिक्ष यान से संकेत आने बंद हो जाते हैं। वैज्ञानिक बनी विद्या बालन अचानक सब सिस्टमों को ऑफ करके दोबारा ऑन कर देती है। और लीजिए! जैसे आपका हैंग पड़ा कंप्यूटर रिबूट होने के बाद फिर से बढ़िया काम करने लगता है, उसी तरह इसरो के सिस्टम भी फिर से चल पड़े और मिशन कामयाब रहा।

आपने अकसर ही अपने कंप्यूटर, फोन या ऐसे ही किसी डिजिटल या इलेक्ट्रॉनिक उपकरण के ढंग से काम न करने पर उसे बंद करके फिर से स्टार्ट किया होगा और ज्यादातर मौकों पर वह चल पड़ा होगा। किसी डिजिटल उपकरण को रिबूट करने पर उसका ठीक से काम करना एक तरह का नियम-सा बन गया है और हम सबके दिमाग में इतना रट-सा गया है कि जब भी कोई उपकरण ढंग से काम नहीं करता तो हम झट से बोल पड़ते हैं—'इसे रिबूट कर लो।' लेकिन सवाल उठता है कि ऐसा कौन सा जादू छिपा है रिबूट करने में कि हर एक सिस्टम फिर से रास्ते पर आ जाता है?

इसे समझने के लिए हमें कंप्यूटर और स्मार्टफोन के काम करने के तौर-तरीके को समझना होगा। भले ही आपका कंप्यूटर एप्पल मैक हो, लिनक्स हो या फिर माइक्रोसॉफ्ट विंडोज पर काम करनेवाला पी.सी. हो, इन सभी को जब स्टार्ट किया जाता है तो पहले बूटिंग की प्रक्रिया शुरू होती है। बूटिंग का मतलब यह कि कंप्यूटर में मौजूद एक छोटा सा प्रोग्राम चालू हो जाता है, जिसका काम है—कंप्यूटर की भीतरी प्रणालियों को स्टार्ट करना, सभी हार्डवेयरों की जाँच करके उनको सक्रिय करना और उसके बाद कंप्यूटर के ऑपरेटिंग सिस्टम को शुरू करना।

ऑपरेटिंग सिस्टम का मतलब आप समझ ही गए होंगे—विंडोज, लिनक्स और मैकिन्टोश कंप्यूटर के ऑपरेटिंग सिस्टम हैं। इसी तरह एंड्रोइड और आई.ओ.एस. मोबाइल उपकरणों के ऑपरेटिंग सिस्टम हैं। आपके कंप्यूटर का नियंत्रण ऑपरेटिंग सिस्टम के हाथ में ही होता है, जो एक सॉफ्टवेयर है। जितने भी सॉफ्टवेयर, एप्लीकेशन या हार्डवेयर कंप्यूटर में काम करते हैं, वे सभी ऑपरेटिंग सिस्टम के जरिए ही करते हैं। किस सॉफ्टवेयर को कितनी मेमोरी चाहिए, वह प्रोसेसर की कितनी क्षमता का इस्तेमाल कर सकता है, उसे कितना स्पेस चाहिए, कौन सी फाइलें कहाँ पर हैं, कौन सा हार्डवेयर कैसे नियंत्रित होगा, कैसे फाइलें सेव होंगी, एक से दूसरी जगह कॉपी होंगी, कंप्यूटर की सुरक्षा कैसे होगी, वह बंद कैसे होगा आदि-आदि सैकड़ों किस्म के काम ऑपरेटिंग सिस्टम ही तय करता है।

मगर कई बार भीतरी कारणों से, कई मौकों पर यूजर के किसी कदम से और अनेक मौकों पर हार्डवेयर की किसी छोटी-मोटी गड़बड़ी की वजह से ऑपरेटिंग सिस्टम जाम हो जाता है। या यूँ कहें कि उस तरह से बरताव नहीं करता जैसे उसे करना चाहिए। मिसाल के तौर पर ऐसे समय जबकि यूजर एक साथ बहुत सारे सॉफ्टवेयर खोल ले और तमाम सॉफ्टवेयरों को चलाने के लिए जितने संसाधनों की जरूरत है, वे उपलब्ध न हों। कभी ऐसा हो सकता है कि वह जाने-अनजाने में कोई ऐसी कमांड इस्तेमाल कर ले, जो उसे नहीं करनी चाहिए थी। कभी किसी वजह से माइक्रोप्रोसेसर गरम हो जाए, खासकर लंबे समय तक जटिल गणनाएँ करने की वजह से या फिर उसे ठंडा रखने का इंतजाम नाकाम हो जाने पर। ऐसा भी संभव है कि कभी किसी सॉफ्टवेयर के भीतर कोई बड़ी एरर (त्रुटि) पैदा हो जाए, फिर माइक्रोप्रोसेसर किसी जटिल गणना में अनंत काल के लिए व्यस्त हो जाए या फिर कोई सुरक्षा संबंधी चुनौती आ धमके। ऐसे मामलों में ऑपरेटिंग सिस्टम पूरी तरह से ठप तो नहीं पड़ता, लेकिन उसका कोई-न-कोई हिस्सा अस्थायी रूप से निष्क्रिय हो जाता है या फिर माइक्रोप्रोसेसर या कोई हार्डवेयर (की-बोर्ड, माउस, मॉनिटर आदि) हथियार डाल देता है।

ऐसी हालत में कंप्यूटर यूजर हो या विशेषज्ञ, हर व्यक्ति का पहला कदम यही होता है कि कंप्यूटर को रिबूट करके देखो। और 99 फीसदी से ज्यादा मौकों पर दोबारा स्टार्ट होने पर कंप्यूटर फिर से सही ढंग से काम करने लगता है। वजह यह कि जो प्रक्रियाएँ कंप्यूटर की मेमोरी, प्रोसेसर या हार्डवेयर को ठप करके बैठी थीं, वे सब बंद हो चुकी हैं और जितने संसाधन व्यस्त थे या कहीं फँसे पड़े थे,

वे सब मुक्त हो गए हैं। रिस्टार्ट होते ही वे नए सिरे से फिर उसी अंदाज में काम करने लगे हैं, जैसी कि उनसे उम्मीद रहती है। यह इसी तरह हुआ, जैसे कोई बच्चा खेलकूद कर गंदे बदन, गंदे कपड़ों और बिखरे बालों के साथ घर लौटे और माँ उसे डपटकर नहला-धुलाकर फिर तैयार कर दे। लीजिए, बच्चा फिर से ताजादम हो गया और उछल-कूद करने लगा। लेकिन अगर बच्चे को खेल के दौरान कोई चोट लग गई थी तो वह नहलाने-धुलाने से ठीक नहीं होगी। उसके लिए डॉक्टर की मदद चाहिए। इसी तरह, अगर कंप्यूटर में वायरस, ट्रोजन या कोई दूसरा मैलवेयर घुस गया तो फिर वह रिबूट करने से दुरुस्त नहीं होगा, बल्कि तब समस्या और बढ़ जाएगी; क्योंकि बहुत से मैलवेयर कंप्यूटर को दोबारा शुरू करने पर उसके बूट सिस्टम में चले जाते हैं, जिसको वायरसों से आजाद करना काफी मुश्किल का काम है। बूट सिस्टम, यानी वह सिस्टम, जो कंप्यूटर को ऑन करने पर सबसे पहले स्टार्ट होता है।

जैसे-जैसे कंप्यूटर ज्यादा-से-ज्यादा इंटेलिजेंट होते जा रहे हैं, सिस्टम रिबूट की जरूरत घटती जा रही है। इसके कई कारण हैं—एक तो कंप्यूटरों के संसाधनों की क्षमता बढ़ रही है (प्रोसेसर, हार्ड डिस्क स्पेस, रैम आदि), दूसरे, ऑपरेटिंग सिस्टम ज्यादा स्मार्ट हो गए हैं और वे समस्याओं का बेहतर समाधान करने में सक्षम हैं। तीसरे, खुद यूजर भी ज्यादा जागरूक हो गए हैं और अपनी तरह से पहले जितनी गलतियाँ नहीं करते। बहरहाल, जैसा कि हमने 'मिशन मंगल' में देखा, एडवांस-से-एडवांस सिस्टमों में भी रिबूट का हथियार आनेवाले कई सालों तक काम करता रहेगा।

□

चीन का अपना ट्विटर है, अपना फेसबुक और अपना गूगल!

पिछली जुलाई में मैं चीन के शंघाई शहर की यात्रा पर था। हालाँकि मुझे जानकारी थी कि चीन में बहुत सारी अंतरराष्ट्रीय वेबसाइटें और एप्लीकेशन प्रतिबंधित हैं, लेकिन स्थिति इतनी विकट होगी, इस बात का अंदाजा मुझे नहीं था। एक सोशल मीडिया प्राणी होने के नाते मुझे बहुत अफसोस हुआ, जब मुझे वहाँ पर न तो व्हाट्सएप के इस्तेमाल का मौका मिला और न ही फेसबुक का। न वहाँ पर ट्विटर ही उपलब्ध था और न ही इंस्टाग्राम। और-तो-और, अगर आप कुछ भी सर्च करना चाहें तो गूगल सर्च उपलब्ध नहीं था और कहीं जाने-आने के लिए मैप्स का इस्तेमाल करना चाहें तो गूगल मैप्स भी उपलब्ध नहीं था। मतलब यह कि आप अपने इंटरनेट ब्राउजर में जब इनमें से किसी का भी वेब एड्रेस डालते हैं तो वहाँ पर कोई वेबसाइट या वेब पेज दिखाई ही नहीं देता।

इसका मतलब यह हुआ कि दुनिया की सबसे बड़ी आबादीवाला देश आई.टी. और इंटरनेट के क्षेत्र में सबसे बड़ी तथा सबसे लोकप्रिय वेबसाइटों, सोशल नेटवर्कों और मैसेजिंग एप्स के बिना ही काम चला रहा है। जाहिर है कि चीन का इंटरनेट वैसा नहीं है, जैसा कि हमारा है। जिस तरह हममें से ज्यादातर लोगों को चीन की लोकप्रिय साइटों के नाम तक का पता नहीं है, उसी तरह चीन के ज्यादातर लोग दुनिया के सबसे बड़े तकनीकी नामों से अनजान हैं। इसके साथ ही, वे उन सूचनाओं से भी अनजान हैं, जो इनके जरिए हमें मिलती हैं। बहरहाल, जिन लोगों को गूगल या ट्विटर में दिलचस्पी है, वे वी.पी.एन. और टोर जैसे तौर-तरीकों का इस्तेमाल करके इन पाबंदियों को नकार देते हैं। लेकिन ऐसे सभी तौर-तरीके एक तो अवैध हैं और दूसरे इन तरीकों से खोले जाने पर वेबसाइटों की रफ्तार धीमी पड़ जाती है।

तो यह चीन आई.टी. के हिसाब से चीन के हालात का एक नकारात्मक पक्ष हुआ, लेकिन इसका सकारात्मक पहलू यह है कि चीन की सरकार ने तमाम तरह की अंतरराष्ट्रीय वेबसाइटों, वेब सेवाओं और एप्स के मुकाबले में स्वदेशी प्रतिद्वंद्वी खड़े करने पर ध्यान दिया है। वहाँ पर खूब इनोवेशन हुआ है और आज तमाम वेबसाइटों के स्वदेशी विकल्प मौजूद हैं। इनमें से कुछ तो बाकायदा दुनिया के दूसरे देशों में भी इस्तेमाल होते हैं और अमेरिकी शेयर बाजारों तक में सूचीबद्ध हैं, जैसे—अलीबाबा और बाइदू। चीन में बना टिकटॉक आज दुनिया के सबसे लोकप्रिय सोशल प्लेटफॉर्म्स में शामिल है। इसी तरह वीचैट भी कई देशों में इस्तेमाल होता है। कहते हैं कि नकल में भी अकल की जरूरत होती है। चीन के इंटरनेट उद्यमियों ने बड़ी कुशलता के साथ बाहरी वेबसाइटों से प्रेरणा ली है। वे किसी बाहरी संसाधन पर निर्भर नहीं हैं और कई मायनों में तो अमेरिका और यूरोप की वेबसाइटों से आगे निकल गए हैं।

यू-ट्यूब के विकल्प—दुनिया की सबसे लोकप्रिय वीडियो स्ट्रीमिंग साइट के जवाब में चीन में यूकू (youku) और टुडू (Todou) मौजूद हैं, जो वहाँ पर खासे लोकप्रिय हैं। हालाँकि दोनों ही पूरी तरह से चीनी भाषा में हैं और उनका अंग्रेजी इंटरफेस मौजूद नहीं है, लेकिन अंग्रेजी में सर्च जरूर कर सकते हैं। हालाँकि नतीजों में अंग्रेजी के वीडियो इक्का-दुक्का ही दिखाए जाएँगे। ज्यादातर चीनी भाषा में अनुवाद किए गए वीडियो होंगे। मैंने जब हिंदी में सर्च करने की कोशिश की तो कोई नतीजा नहीं मिला। और हाँ, यहाँ पर ज्यादातर वीडियो चीनी ही दिखाई दिए—चीनी किरदार, चीनी भाषा, चीनी कहानियाँ, चीन की बातें आदि-आदि।

गूगल के विकल्प—दो स्वदेशी सर्च इंजन चीन में बेहद लोकप्रिय हैं और वे हैं—सोगू (Sogou) और बाइदू (Baidu)। बाइदू का डिजाइन और काम करने का तरीका काफी हद तक गूगल और माइक्रोसॉफ्ट बिंग जैसा ही है। सामान्य खोज के साथ-साथ समाचार, चित्र और वीडियो भी खोजे जा सकते हैं। हालाँकि ज्यादातर नतीजे चीनी भाषा में ही दिखाए जाते हैं। दूसरा सर्च इंजन सोगू भी बाइदू जैसा ही दिखता है और उसी अंदाज में काम भी करता है। जहाँ तक बाहरी सर्च इंजनों का सवाल है, गूगल चीन में कभी उपलब्ध होता है और कभी नहीं। शुक्र मनाइए कि माइक्रोसॉफ्ट का सर्च इंजन बिंग चीन में इस्तेमाल किया जा सकता है और यह अंग्रेजी भाषा में भी काम करता है।

गूगल मैप्स के विकल्प—आज हम जी.पी.एस. और मैप्स के इस्तेमाल

के इतने आदी हो गए हैं कि चीन के किसी बड़े शहर में इनके बिना काम चलाना बहुत मुश्किल होगा, लेकिन गूगल मैप्स वहाँ पर उपलब्ध नहीं है। अगर किसी तरीके से आप इसे खोल भी लें तो उसके नक्शे बहुत पुराने होंगे और अपडेटेड नहीं होंगे। बहरहाल, बाइदू ने वहाँ गूगल जैसी ही मैप्स वेबसाइट उपलब्ध कराई हुई है। इसमें करीब-करीब वैसी ही सभी सुविधाएँ भी हैं, जैसे—नेविगेशन, स्ट्रीट व्यू, टिप्स और रिव्यूज। लेकिन रुकावट वहीं आ जाती है कि यह भी सिर्फ चीनी भाषा में ही उपलब्ध है। बाइदू जैसी ही एक और वेबसाइट है गाओदे मैप्स (Gaode maps), लेकिन यह भी चीनी भाषा तक सीमित है। यह अलीबाबा समूह की वेबसाइट है।

व्हाट्सएप के विकल्प—वीचैट (WeChat) चीन का सबसे लोकप्रिय सोशल मैसेजिंग प्लेटफॉर्म है, जिसे आप व्हाट्सएप के विकल्प के रूप में इस्तेमाल कर सकते हैं। लेकिन सच कहूँ तो इसमें व्हाट्सएप से कहीं ज्यादा फीचर्स हैं, जिनमें से कुछ भुगतान से संबंधित हैं और कुछ फीचर ऐसे हैं, जो फेसबुक से मिलते हैं। आप चाहें तो किसी रेस्टोरेंट या मॉल आदि में भुगतान के लिए अपने वीचैट अकाउंट का इस्तेमाल कर सकते हैं। ट्रेन और उड़ान बुक करने, सामान खरीदने या भोजन का ऑर्डर करने की सुविधा भी इसमें मौजूद है। इतना ही नहीं, जिस तरह से फेसबुक पर आपके मित्रों और समूहों द्वारा पोस्ट की गई नई सूचनाओं, चित्रों और वीडियो आदि को देखने के लिए न्यूजफीड चलती है, उसी तरह इस एप में 'डिस्कवर' नामक विकल्प के भीतर 'मोमेन्ट्स' नामक सुविधा मौजूद है। व्हाट्सएप में आप बाहरी कंटेंट को खोज नहीं सकते, लेकिन यहाँ पर ऐसा कर सकते हैं। और हाँ, वे सभी सुविधाएँ तो हैं ही, जो व्हाट्सएप में हैं, जैसे—चैट, कॉल और ग्रुप आदि।

अमेजॉन के विकल्प—दुनिया की सबसे बड़ी इ-कॉमर्स कंपनी अमेजॉन 18 जुलाई, 2019 के बाद से चीन में उपलब्ध नहीं है, लेकिन उसके मुकाबले में चीनी इ-कॉमर्स पोर्टल अलीबाबा.कॉम मौजूद है, जो अपनी किस्म के दुनिया के सबसे बड़े वेब ठिकानों में से एक है। चीन के ऑनलाइन कारोबार का 80 फीसदी अलीबाबा के कब्जे में है, जो अंग्रेजी सहित कई भाषाओं में काम करती है। उसकी एक और वेबसाइट है—ताओबाओ.कॉम (taobao), जो चीनी भाषा में उपलब्ध है और दुनिया के सबसे बड़े ऑनलाइन मार्केट प्लेस में गिनी जाती है। यहाँ इमेज सर्च भी संभव है। हालाँकि अमेजॉन अलीबाबा की तुलना में ज्यादा

बड़ी कंपनी है, लेकिन जहाँ तक मुनाफे का सवाल है, अलीबाबा के मुनाफे का प्रतिशत ज्यादा है।

म्यूजिक स्ट्रीमिंग वेबसाइट स्पॉटिफाई के विकल्प के रूप में चीन में क्यूक्यू म्यूजिक (QQ Music) उपलब्ध है तो डेटिंग एप टिंडर के जवाब में वहाँ टनटन (Tantan) का इस्तेमाल किया जाता है। चीन का अपना इंस्टाग्राम है, जिसे शियाओहोंगशू (Xiaohongshu) कहा जाता है। अगर आप ओला और उबर की टैक्सियाँ बुक करना चाहेंगे तो वे चीन में नहीं मिलेंगी। अलबत्ता, डी.डी. (didi) ठीक वही काम करती है। अगर आप मोटरसाइकिल के शौकीन हैं तो मोबाइक (mobike) और ओफो (Ofo) को आजमा सकते हैं।

□

हजारों सुपर कंप्यूटरों पर भारी एक क्वांटम कंप्यूटर

गूगल के इस दावे ने पिछले कुछ वर्षों में लोगों को बड़ा चकित किया है कि उसके क्वांटम कंप्यूटर ने एक बेहद जटिल कंप्यूटरीय चुनौती को सिर्फ 200 सेकंड में हल कर दिया है, जिसे आज के सबसे शक्तिशाली कंप्यूटर 'समिट' के जरिए हल करने में दस हजार साल लगते। 'समिट' एक और दिग्गज आई.टी. कंपनी आई.बी.एम. का बनाया विशाल और ताकतवर सुपर कंप्यूटर है, जिसका आकार बास्केटबॉल के दो कोर्टों के जितना बड़ा है। गूगल के बयान पर तुरंत आई.बी.एम. का खंडन आया, जिसने कहा कि 'समिट' को यह समस्या हल करने में 10,000 साल नहीं, बल्कि सिर्फ ढाई दिन लगते। बहरहाल, 'नेचर' जर्नल में छपे गूगल के बयान की तस्दीक नासा ने भी की है, जो प्रयोग में ओक रिज नेशनल लैबोरेटरी के साथ गूगल की भागीदार थी। तीनों ने क्वांटम सुप्रीमेसी का दावा किया है। जब दुनिया के सबसे बड़े और आधुनिकतम सुपर कंप्यूटर को पीछे छोड़ दिया जाए तो वह 'क्वांटम सुप्रीमेसी' कहलाती है।

आई.टी. की दुनिया में यह एक बहुत बड़ी घटना है—शायद उतनी ही बड़ी, जितनी कि पहले कंप्यूटर के आने की घटना थी। बहुत संक्षेप में कंप्यूटर और क्वांटम कंप्यूटर का अंतर जान लेते हैं। पारंपरिक कंप्यूटर बाइनरी डिजिट्स (0 और 1) से निर्मित मूलभूत इकाई के आधार पर काम करता है, जिसे 'बिट' कहा जाता है। दूसरी तरफ क्वांटम कंप्यूटर क्यूबिट (क्वांटम बिट) को अपनाता है। जहाँ बिट का मान 0 या 1 ही हो सकता है, वहीं क्यूबिट का मान 0, 1 या दोनों हो सकता है। जाहिर है कि पारंपरिक कंप्यूटरों के उलट क्वांटम कंप्यूटर सिर्फ दो अवस्थाओं तक सीमित नहीं है। सामान्य कंप्यूटर में जहाँ ट्रांजिस्टरों का इस्तेमाल

होता है, वहीं क्वांटम कंप्यूटर में परमाणुओं, इलेक्ट्रॉन, आयन, फोटोन आदि का प्रयोग होता है, जिन्हें एक-दूसरे पर सुपर इंपोज किया जा सकता है। एक पंक्ति में यह जान लीजिए कि क्वांटम कंप्यूटर के काम करने का तरीका पारंपरिक कंप्यूटर से एकदम अलग है और उसकी क्षमता दसियों लाख गुना ज्यादा है। दूसरी तरफ, इसमें खर्च होनेवाली...

दोनों तरह के कंप्यूटर की तुलना करते समय आर.एस.ए. एनक्रिप्शन का जिक्र अकसर आता है। आर.एस.ए. का इस्तेमाल डाटा को कूट भाषा में बदलने (एनक्रिप्शन) के लिए किया जाता है, ताकि उसे अनधिकृत रूप से पढ़ा न जा सके। यह एनक्रिप्शन इतना ज्यादा जटिल है कि अगर कंप्यूटरों की मदद से इसे तोड़ने की कोशिश की जाए, तो एक सेकंड में दस खरब गणनाएँ करने लायक बेहद शक्तिशाली कंप्यूटर को भी इस काम में तीन हजार खरब साल लगेंगे। दूसरी तरफ, दस लाख गणनाएँ प्रति सेकंड करने में सक्षम, साधारण क्षमता का क्वांटम कंप्यूटर यही काम सिर्फ 10 सेकंड में कर सकता है। यही वजह है कि क्वांटम कंप्यूटिंग को इंटरनेट पर इस्तेमाल होनेवाले एनक्रिप्शन के लिए खतरे की घंटी माना जा रहा है।

फिलहाल दुनिया में गिने-चुने क्वांटम कंप्यूटर ही विकसित किए जा सके हैं। दुनिया का पहला, बहुत छोटा, क्वांटम कंप्यूटर 1997 में बनाया गया था। सन् 2007 में कनाडा की डी-वेव नामक कंपनी ने 28-क्यूबिट का ताकतवर क्वांटम कंप्यूटर पेश किया था। आज रिगेटी के क्वांटम कंप्यूटर को सबसे ज्यादा ताकतवर माना जाता है, जिसकी क्षमता 128 क्यूबिट की है। छोटे-मोटे सिस्टमों को छोड़ दें तो आज भी दुनिया में अच्छी क्षमतावाले क्वांटम कंप्यूटरों की संख्या दो दर्जन से कम ही होगी। इनका इस्तेमाल आई.बी.एम., इंटेल, गूगल, रिगेटी, माइक्रोसॉफ्ट, नासा, डी-वेव, अलीबाबा तथा आयनक्यू जैसे संस्थानों, ऑक्सफोर्ड, बर्कले तथा स्टैनफोर्ड जैसे विश्वविद्यालयों और मैसाचुसेट्स इंस्टीट्यूट ऑफ टेक्नोलॉजी में किया जा रहा है। इधर माइक्रोसॉफ्ट और आई.बी.एम. ने क्लाउड के जरिए क्वांटम कंप्यूटरों का इस्तेमाल करने की सुविधा दी है।

कहा जाता है कि कैंसर जैसी बीमारियों का पक्का इलाज ढूँढ़ने में जो रुकावटें आ रही हैं, उनमें से एक ऐसे कंप्यूटरों की कमी भी है, क्योंकि मानव शरीर के भीतर पैदा होनेवाले जितने असंख्य डाटा का विश्लेषण करने की जरूरत है, वह आज के कंप्यूटरों के वश की बात नहीं है। क्वांटम कंप्यूटर चिकित्सा के क्षेत्र में बहुत बड़ी

क्रांति ला सकते हैं। यही बात अंतरिक्ष के रहस्यों को खोजने के बारे में कही जा सकती है, जिसके विस्तार की कोई थाह नहीं है।

आज पूरी दुनिया में तकनीकी उपकरणों और इंटरनेट का इस्तेमाल करनेवाले हम लोग रोजाना 2.5 एक्जाबाइट डाटा पैदा कर रहे हैं। यह 50 लाख लैपटॉप कंप्यूटरों में सहेजे गए पूरे डाटा के बराबर है। इतनी बड़ी मात्रा में डाटा का विश्लेषण किसी सुपर कंप्यूटर द्वारा भी संभव नहीं है। बहरहाल, क्वांटम कंप्यूटर इतने डाटा को हँसते-हँसते प्रोसेस कर देंगे। डाटा का जिक्र आने पर आर्टिफिशियल इंटेलिजेंस जैसी तकनीकें सहज ही सामने आ जाती हैं। मशीन लर्निंग इसका एक अहम हिस्सा है, जिसमें डिजिटल प्रणालियाँ डाटा के जरिए सीखती हैं और अपनी क्षमताओं को बढ़ाती हैं। क्वांटम कंप्यूटरों से यह प्रक्रिया बेहद छोटी और आसान हो जाएगी। जीन मैपिंग, अंतरिक्ष से संबंधित अथाह डाटा का विश्लेषण, क्रिप्टोग्राफी, रसायन विज्ञान संबंधी प्रक्रियाओं की छानबीन, संचार, बिग डाटा विश्लेषण, भूगर्भीय विश्लेषण, दवाओं का निर्माण, भौतिक विज्ञान आदि से जुड़ी बहुत सारी जटिल प्रक्रियाएँ, जिनके आगे आज हमारे सुपर कंप्यूटर भी बेबस हो जाते हैं, आनेवाले बरसों में संभव हो जाएँगे।

तो क्या आपका मन इस ताकतवर कंप्यूटर को खरीदने का हो रहा है ? माफ कीजिए, यह मामला काफी खर्चीला हो सकता है, यानी कि कुछ दर्जन करोड़ का। क्वांटम कंप्यूटर सामान्य कंप्यूटरों की तरह आपकी और हमारी डेस्क पर सजने नहीं जा रहे हैं, न ही वे किसी मोबाइल फोन या लैपटॉप के रूप में हमारे हाथ में आनेवाले हैं। हमारे जैसे यूजर्स को इस किस्म की कंप्यूटरी क्षमता की जरूरत नहीं है। इनका इस्तेमाल बड़े तकनीकी संस्थानों, वैज्ञानिक संस्थानों, शोध संस्थानों, विश्वविद्यालयों, सरकारों, नासा आदि में ही किया जाएगा, जहाँ बहुत बड़े पैमाने पर डाटा के विश्लेषण और गणनाओं की जरूरत पड़ती है।

□

कैसी सुरक्षा जब मिस्ड कॉल से हैक हो स्मार्टफोन!

हो सकता है कि आप स्मार्टफोन, कंप्यूटर और मोबाइल के मामले में एक बेहद सतर्क और चाक-चौबंद किस्म के यूजर हों! आप इंटरनेट से कोई अनजान फाइल डाउनलोड नहीं करते, इ-मेल में आनेवाले किसी संदिग्ध लिंक पर क्लिक नहीं करते, बहुत जटिल किस्म के पासवर्ड बनाकर रखते हैं, साइबर सुरक्षा के ताजातरीन साधनों का इस्तेमाल करते हैं, किसी दूसरे स्रोत से आनेवाली फाइलों को पहले एंटी-वायरस से स्कैन करते हैं। लेकिन अगर मैं कहूँ कि आप कुछ भी कर लें, लेकिन फिर भी आपके स्मार्टफोन को हैक किया जा सकता है। हैक का मतलब सिर्फ उसमें घुसपैठ तक सीमित नहीं है, बल्कि ऐसा करनेवाले को आपके तमाम टेलीफोन कॉलों, कॉन्टैक्ट्स, एस.एम.एस., फोटो, वीडियो, इ-मेल, पासवर्ड और एप्लीकेशनों तक की एक्सेस मिल सकती है। जाहिर है कि आपकी हर सही-गलत, प्राइवेट और पब्लिक गतिविधि उस हैकर की नजर में होगी। इतना ही नहीं, वह दूर से ही आपके फोन के जरिए किसी को फोन भी कर सकता है।

ओह! उदास हो गए न आप? अगर ऐसा होने लगा तो अनर्थ हो जाएगा। हर किस्म की सावधानी और चुस्ती के बावजूद कोई आपके स्मार्टफोन को हैक कर लेगा! आखिरकार एंटी वायरस, एंटी स्पाइवेयर, फायरवाल और निजी सावधानियों के अलावा आपकी साइबर सुरक्षा के लिए और क्या किया जा सकता है? अब तो कुछ बचा ही नहीं! ऐसे में इनसान करे तो क्या करे?

जिस 'पिगैसस' नाम के स्पाइवेयर को खासा कुख्यात माना जाता है, वह ठीक यही करता है। क्या आप भी व्हाट्सएप के जरिए टेलीफोन कॉल और वीडियो कॉल करते हैं? इसी सुविधा में मौजूद एक तकनीकी खामी का फायदा उठाकर यह

स्पाइवेयर आपके स्मार्टफोन को हैक कर लेता है, फिर भले ही आपका फोन एक आईफोन हो या फिर कोई एंड्रोइड फोन। अप्रैल और मई 2019 के बीच 20 देशों के 1400 प्रभावशाली लोगों के स्मार्टफोनों को इसके जरिए हैक कर लिया गया था। इन लोगों में कम-से-कम दो दर्जन भारतीय पत्रकार और मानवाधिकार कार्यकर्ता भी हैं। व्हाट्सएप ने इजराइल की एक कंपनी एन.एस.ओ. ग्रुप को दोषी ठहराते हुए, अमेरिका के सैन फ्रांसिस्को की संघीय अदालत में उसके खिलाफ मुकदमा दायर किया है।

पिगैसस को कई तरह से इस्तेमाल किया जाता है। हैकर इसे खरीदने के बाद व्हाट्सएप के जरिए संबंधित व्यक्ति को एक संदेश भेजता है, जिसमें एक वेब लिंक दिया हुआ होता है। वह किसी तरह उसे इस लिंक को क्लिक करने के लिए प्रेरित करता है। लिंक क्लिक करते ही पिगैसस फोन में इंस्टॉल हो जाता है और अपना काम शुरू कर देता है। इजाजत लेना तो दूर, यह घटना उसकी जानकारी में भी नहीं होती। ताज्जुब की बात यह है कि फोन में ऐसा कुछ भी महसूस नहीं होता, जिससे उस शख्स को पता चले कि उसमें कुछ इंस्टॉल किया गया है या फोन को हैक किया गया है। इंस्टॉल होते ही पिगैसस हैकर से संपर्क करता है और उसके बाद हैकर इसे कमांड देना शुरू कर देता है। इन कमांड्स के जरिए वह उस स्मार्टफोन की किसी भी चीज को अपने पास मँगवा सकता है, यहाँ तक कि टेलीफोन कॉल्स पर हो रही बात को भी सुन सकता है। वह आपके कैमरे और माइक्रोफोन को भी ऑन कर सकता है, जिससे वह आसपास की गतिविधियों को देख सके। इस हैकर को पकड़ना असंभव है, क्योंकि वह न जाने दुनिया के किस गुमनाम स्थान पर बैठकर यह सब कारनामा अंजाम दे रहा है!

लेकिन यह तरीका तो वह था, जिसमें कम-से-कम जरा सी सावधानी की गुंजाइश है। अगर आप लिंक को क्लिक न करें तो मैलवेयर इंस्टॉल नहीं होगा। लेकिन इससे पहले कि आप राहत की साँस लें, इसके काम करने का दूसरा तरीका सुन लीजिए, जिसका कोई तोड़ किसी के पास हो ही नहीं सकता। यह नया तरीका है, जिसमें वह हैकर उस शख्स को वीडियो कॉल करता है। बस इसी वीडियो कॉल से वह आपके स्मार्टफोन में घुस जाता है। भले ही आप यह वीडियो कॉल रिसीव करें या न करें, भले ही आप उसका जवाब दें या न दें! फोन में घंटी बजना ही आपके स्मार्टफोन में घुसपैठ करने के लिए काफी है। जरा सोचिए कि आप मिस्ड कॉल को कैसे रोकेंगे? और इसके बाद वही सबकुछ। आपकी हर गतिविधि, हर सामग्री, हर फोन कॉल और हर एप्लीकेशन किसी और

के कब्जे में होगा। हैकर आपकी लोकेशन को जान सकता है, नेटवर्क का ब्योरा जान सकता है, स्मार्टफोन की सेटिंग्स को एक्सेस कर सकता है और आपने उस पर अब तक क्या-क्या किया, उसका हिसाब-किताब जान सकता है। यानी जो आप खुद नहीं जानते, वह सब भी उसे पता होगा।

इस स्पाइवेयर की और भी कई खासियतें हैं। इसे कोई फर्क नहीं पड़ता कि आपने अपने फोन को एक्सेस करने के लिए पासवर्ड, फिंगरप्रिंट, नंबर की या कोई दूसरा तरीका सक्रिय किया हुआ है। फोन में उसकी गतिविधियों का कोई सुराग किसी को नहीं लगता। इस तरह की हैकिंग में स्मार्टफोन की 'जीरो डे' संबंधी कमजोरियों का फायदा उठाया जाता है। ये ऐसी कमजोरियाँ हैं, जिनके बारे में खुद स्मार्टफोन की निर्माता कंपनी तक को पता नहीं होता और इसीलिए इनका कोई इलाज भी उपलब्ध नहीं होता। नतीजा साफ है। हालाँकि यह स्पाइवेयर कम-से-कम तीन साल से इस्तेमाल किया जा रहा था, लेकिन न तो व्हाट्सएप और न ही एप्पल या गूगल को इसकी जानकारी मिली। न जाने इस दौरान कितनी बड़ी संख्या में लोगों के फोन हैक हुए होंगे। और यह स्थिति तब है, जब व्हाट्सएप बार-बार यह दावा करता है कि उसके जरिए भेजा जानेवाला हर संदेश दोनों छोर पर एनक्रिप्ट किया गया है।

ये सभी चिंताएँ हमें इस सवाल की तरफ ले आती हैं कि क्या हम चुपचाप अपने आपको लुटते हुए देखते रहें या फिर हम अपने बचाव में कुछ कर सकते हैं? तो जवाब है—हाँ। पहले आप कुछ नहीं कर सकते थे, लेकिन व्हाट्सएप ने इस समस्या का समाधान करते हुए एक अपडेट जारी किया था, जिसे इंस्टॉल करने के बाद आप सुरक्षित हो जाएँगे। बहुत संभव है कि अब तक यह अपडेट आपके स्मार्टफोन में इंस्टॉल भी हो चुका हो। फिर भी सुरक्षा के लिए यह प्रक्रिया जरूर पूरी कर लें—

अपने एंड्रोइड स्मार्टफोन में व्हाट्सएप को अपडेट करने के लिए पहले प्ले स्टोर पर जाएँ। अब बाईं तरफ तीन लाइनोंवाले सेटिंग्स आइकन पर टैप करें। इससे एक स्लाइडिंग पैनल सामने आ जाएगा, जिसमें 'माई एप्स एंड गेम्स' पर टैप करें। आपके फोन में इंस्टॉल किए गए तमाम एप्स यहाँ पर दिखाई देंगे और उनके आगे 'अपडेट' बटन दिखेगा। सूची में 'व्हाट्सएप' पर जाकर इसी अपडेट बटन को दबा दीजिए और अपडेट इंस्टॉल करके सुरक्षित हो जाइए। अगर आपके पास आईफोन है तो पहले एप स्टोर खोलिए। अब एकदम नीचे दाईं तरफ दिए 'अपडेट्स' टैब पर टैप कीजिए। जहाँ व्हाट्सएप दिखाई दे, उसी के सामने दिखनेवाले अपडेट बटन को दबाइए। लीजिए, अब आप पहले से ज्यादा सुरक्षित हैं।

□

कोई भी बना सकेगा ताकतवर सॉफ्टवेयर ?

माइक्रोसॉफ्ट का अपेक्षाकृत नया सॉफ्टवेयर प्लेटफॉर्म है—पावर एप्स, जो उन लोगों को भी एप्लीकेशंस विकसित करने की सुविधा देता है, जिन्हें प्रोग्रामिंग की जानकारी नहीं है। ये एप्लीकेशंस कामचलाऊ सॉफ्टवेयरों जैसे नहीं हैं, जिनमें एकाध फॉर्म को भरकर कोई डाटा दिखा दिया जाए। वास्तव में, ये बहुत शक्तिशाली सॉफ्टवेयर हैं, जो डाटा को इकट्ठा करने, प्रोसेस करने और विश्लेषण करके नतीजे देने में सक्षम हैं। उम्मीद की जानी चाहिए कि जल्दी ही तकनीक की दुनिया में पावर एप्स जैसे प्लेटफॉर्म काफी लोकप्रिय होनेवाले हैं, जो आधुनिक सॉफ्टवेयर या एप्स विकसित करने की ताकत आम यूजर तक ले आएँगे।

वैसे इंटरनेट पहले ही सूचनाओं का लोकतंत्रीकरण कर चुका है। आम आदमी कई माध्यमों से सूचनाएँ पा सकता है और खुद भी दूसरों को सूचनाएँ भेजने में सक्षम हो चुका है। लेकिन वह फिलहाल सिर्फ कंटेंट बना सकता है, एप्लीकेशन नहीं। निन्यानबे फीसदी से ज्यादा यूजर दूसरों के बनाए सॉफ्टवेयरों पर काम करके फाइल, डॉक्यूमेंट, इलस्ट्रेशन, वेबपेज. स्प्रैडशीट, चार्ट वगैरह बनाते हैं। लेकिन अब तक वे अपनी जरूरत के लिहाज से खुद कोई एप्लीकेशन बनाने की स्थिति में नहीं आए हैं। जल्दी ही टेक्नोलॉजी के लोकतंत्रीकरण के कारण हालात बदलने जा रहे हैं।

तकनीकी दुनिया में ऐसा माना जा रहा है कि अब सामान्य यूजर को यह ताकत मिल सकती है कि वह अपनी जरूरत के लिहाज से कोई नया एप्लीकेशन बना सके। सुनने में यह बात छोटी लगती है, लेकिन ऐसा अगर संभव होगा तो इसलिए कि तकनीकी दुनिया के दिग्गज इसके लिए बेहद ताकतवर प्लेटफॉर्मों पर काम कर रहे हैं। यूजर के स्तर पर ये सरल होंगे, लेकिन भीतर-ही-भीतर बहुत

जटिल और परम शक्तिशाली। इनमें अब आर्टिफिशियल इंटेलिजेंस का भी इस्तेमाल होने लगा है, जिसकी वजह से यूजर के स्तर पर जटिलताएँ घट रही हैं। तकनीकी विकास के इस नए दौर में यूजर को प्रोग्रामिंग सीखने, डाटा विश्लेषण या डाटा विज्ञान जैसा कोई कौशल हासिल करने या कोई तकनीकी कोर्स करने की जरूरत भी शायद नहीं पड़ेगी।

सॉफ्टवेयरों के विकास की इस नई धारा को 'लो-कोड एप्लीकेशन डेवलपमेंट' का नाम दिया जा रहा है। फिलहाल यह प्रक्रिया बस शुरू ही हुई समझिए। 'गार्टनर' की एक रिपोर्ट के मुताबिक सन् 2024 तक यह प्रक्रिया परिपक्व हो जाएगी। ऐसा माना जा रहा है कि तब तक दुनिया में 65 फीसदी एप्लीकेशन डेवलपमेंट के पीछे यही आसान प्लेटफॉर्म होंगे। इतना ही नहीं, उस समय तक दुनिया के तीन-चौथाई बड़े संस्थान कम-से-कम चार ऐसे एप्लीकेशनों का इस्तेमाल कर रहे होंगे, जो इस तरह के आसान प्लेटफॉर्मों पर बनाए गए होंगे।

तकनीक के लोकतंत्रीकरण के चार अहम पहलू माने गए हैं। ये हैं—एप्लीकेशन विकास, डिजाइन, ज्ञान और डाटा व विश्लेषण। शैडो आर्टिफिशियल इंटेलिजेंस और नए प्लेटफॉर्मों की बदौलत इन सभी क्षेत्रों में तकनीकी विकास आम यूजर की पहुँच में आनेवाला है। क्लाउड कंप्यूटिंग पहले ही आर्टिफिशियल इंटेलिजेंस को आम डेवलपर तक ले आई है। आज आर्टिफिशियल इंटेलिजेंस पर आधारित एप्लीकेशनों के विकास के लिए बहुत ज्यादा धन खर्च करने या आपके अपने ए.आई. मॉडल विकसित करने की जरूरत नहीं रही है। माइक्रोसॉफ्ट, गूगल और अमेजॉन जैसी कंपनियों के क्लाउड प्लेटफॉर्मों के जरिए आर्टिफिशियल इंटेलिजेंस आधारित सिस्टमों का इस्तेमाल किया जा सकता है। इसे 'आर्टिफिशियल इंटेलिजेंस एज ए सर्विस' कहा जाता है। जल्दी ही ये सिस्टम और भी ज्यादा सरल और व्यापक हो जाएँगे।

टेक्नोलॉजी के लोकतंत्रीकरण के कई परिणाम देखने को मिलेंगे। हो सकता है कि दुनिया में तकनीकी विशेषज्ञों की माँग में कमी आए। यह भी संभव है कि कंपनियों के आई.टी. के बजट में कुछ कमी आए, क्योंकि वे अपनी जरूरत के लिहाज से खुद ही ज्यादा सटीक एप्लीकेशन बना सकेंगी। यहाँ पर एक चिंता भी पैदा होना स्वाभाविक है कि क्या होगा, जब ऐसी ताकतवर तकनीकें गलत तत्त्वों के हाथ लगेंगी ? मुझे लगता है कि ऐसी समस्या पैदा हुई तो समाधान भी जरूर सामने आएँगे। □

जिम्मेदार क्यों न बनें नागरिक, जब मददगार बनें एप्स ?

आप भाजपा, कांग्रेस या किसी दूसरी पार्टी की तरफ झुकाव रखते हैं, लेकिन उनके बारे में ताजा जानकारियों से अनजान हैं। आप एक जिम्मेदार नागरिक के नाते देश की सरकार, उसके फैसलों, कार्यक्रमों, योजनाओं को जानने में दिलचस्पी रखते हैं, लेकिन इनके लिए जितनी बड़ी मशक्कत करनी पड़ेगी, वह आपके वश की बात नहीं। आपके पास इन सभी से कहने के लिए कुछ-न-कुछ है, लेकिन अपनी बात कहने का कोई जरिया मौजूद नहीं है। अगर आप खुद को विवश महसूस कर रहे हैं तो लगता है कि आप मोबाइल एप्स की एक पूरी कतार से अनजान हैं, जिन्होंने लोकतंत्र के सामने चुनौतियों के इस दौर में मतदाता को सक्षम बनाने का जिम्मा उठाया है।

श्री नरेंद्र मोदी का 'नमो एप' तो खासा चर्चित है, जिसे एक करोड़ से ज्यादा लोगों ने डाउनलोड और इंस्टॉल किया है। ये लोग न सिर्फ प्रधानमंत्री के दौरों, कार्यक्रमों, भाषणों वगैरह की जानकारी पाते रहते हैं, बल्कि अपनी टिप्पणियाँ भी करते रहते हैं, जिनमें से कुछ जरूर श्री मोदी तक पहुँचती होंगी। भारतीय जनता पार्टी समेत राजनीतिक दलों के भी कुछ एप्लीकेशन मौजूद हैं, जिनका इस्तेमाल वे अपनी-अपनी बात को इस देश के नागरिकों तक पहुँचाने के लिए करते हैं, जैसे—बीजेपी कनेक्ट (भाजपा का एप), विद कांग्रेस (कांग्रेस का एप) और आम आदमी पार्टी (आप का एप)। इन सबकी अपनी अहमियत है, लेकिन जो लोग निष्पक्ष सूचनाएँ पाने में दिलचस्पी रखते हैं, उनके लिए भी कई अच्छे विकल्प मौजूद हैं।

क्या आपके मन में कभी आया है कि जिस नेता के घटिया कारनामों के बारे

में सुनते-सुनते आप थक चुके हैं, कहीं पर उसे मास्टरजी की तरह नंबर दे सकें? यानी दस में से दो या पाँच में से एक? उसी तरह से जैसे आप उबर के ड्राइवरों की रेटिंग करते हैं या फिर बहुत से मोबाइल एप्स की भी? प्रथम मित्तल द्वारा पेश 'नेता' एक ऐसा ही एप है, जो आपको अपने मन की भड़ास निकालने का मौका देता है। आप वहाँ पर जाकर जिस नेता को चाहें, ऐसी ही रेटिंग दे सकते हैं। जो नेता चुनाव जीतने के बाद अपने वादों से मुकर गया, मतदाताओं को भूल गया, भ्रष्टाचार में लग गया या फिर गुमशुदा ही हो गया, उसे सही रेटिंग करके कम-से-कम आप अपनी हताशा का इजहार तो कर ही सकते हैं। भले ही यह एप्लीकेशन आपके वोट की तरह न हो, लेकिन नेताओं के बारे में जनता के मूड को जाहिर करता है। अगर कोई समझदार नेता है तो जनता की राय को समझकर के खुद को बदल सकता है। अगर वह न बदले तो कम-से-कम मीडिया और दूसरे मतदाताओं की नजर तो उसकी बुरी रेटिंग पर पड़ ही सकती है। कौन जाने किसी मंत्री की खराब रेटिंग की खबर मुख्यमंत्री या प्रधानमंत्री तक भी पहुँच जाए! तब आपकी वह छोटी सी रेटिंग एक बड़ी ताकत में तब्दील हो सकती है।

हालाँकि आपके मन में यह सवाल जरूर आएगा कि जिस देश में असली वोट ही 'छाप' दिए जाते हैं और जिस सोशल मीडिया पर बड़ी संख्या में फर्जी लाइक और टिप्पणियों का बोलबाला है, वहाँ पर रेटिंग का क्या भरोसा? किस नेता की रेटिंग कितनी असली है और किसकी कितनी नकली? अपने खिलाफ टिप्पणियाँ और घटिया रेटिंग आते देखकर नेताजी दो-चार लोगों को अच्छी टिप्पणियाँ और दनादन भारी वोटिंग करने के लिए नहीं लगा देंगे क्या? ट्विटर, फेसबुक, इंस्टाग्राम वगैरह पर न सिर्फ ट्रोल्स का बोलबाला है, बल्कि बॉट्स भी नकली लोकप्रियता तथा अलोकप्रियता के निर्धारक बने हुए हैं। मगर नहीं, 'नेता' एप को बनानेवालों का कहना है कि उनके एप पर सदस्य बनने के लिए आपको अपना फोन नंबर बताना होगा और एक फोन से एक ही शख्स सदस्य बन सकता है। इतना ही नहीं, वे आपके फोन नंबर का मिलान फोन सेवा देनेवाली कंपनी के डाटाबेस से भी करते हैं।

लोकतंत्र में जितनी अहमियत अधिकारों और दायित्वों की है, उतनी ही सूचनाओं की भी है। नागरिक को अपनी सरकार, राजनीतिक व्यवस्था और जरूरी घटनाक्रम की जानकारी नहीं होगी, अगर वह ताजातरीन खबरों से परिचित नहीं होगा तो उसकी राजनीतिक और राष्ट्रीय समझ भी सीमित रहेगी। ऐसे नागरिकों की राय

और उनके फैसले भी आधे-अधूरे-से होंगे। सूचना तकनीक इन आशंकाओं के समाधान का जरिया बनकर उभरी है।

'आई चेंज माई सिटी' नाम का एप्लीकेशन आपको अपने आसपास की समस्याओं और मुद्दों को नेताओं तक पहुँचाने का जरिया बनकर उभरा है। एक करोड़ से ज्यादा लोग इसका इस्तेमाल कर रहे हैं। इलाके में गंदगी फैली है या फिर बारिश से सड़कें टूटी हैं तो एक जिम्मेदार नागरिक इसके जरिए इलाके के पार्षद, विधायक या सांसद तक अपनी बात पहुँचा सकता है। अगर चुनाव आयोग या दूसरे सरकारी अमलों को अपनी बात नागरिकों तक पहुँचानी है तो वे भी इसकी मदद ले सकते हैं। जैसे—मतदाता सूची में बदलाव के समय।

अंतरा वासुदेव नामक युवती ने 'सिविस' नाम का एप्लीकेशन पेश किया है, जो नागरिकों को जागरूक बनाने के लिए कुछ संजीदा काम कर रहा है। वह सार्वजनिक रूप से उपलब्ध सरकारी दस्तावेजों, विशेषज्ञों के अध्ययनों, शोधों, नीतियों, सर्वेक्षणों वगैरह का ब्योरा लोगों तक पहुँचाता है। मकसद यह कि नागरिक सूचनाओं से दूर न रहे, अनजान न रहे और जो भी राय बनाए या फैसले करे, वे बेबुनियाद न हों। राजनीति से जुड़े हुए ऐसे दर्जनों एप्लीकेशन आज एंड्रोइड और आई.ओ.एस. आधारित स्मार्टफोनों पर मौजूद हैं, जो एक वैकल्पिक मीडिया के नाते बड़ी जिम्मेदारी निभा रहे हैं। अब आप इन सबको लोकतंत्र के चौथे स्तंभ का हिस्सा मानें या काल्पनिक पाँचवें स्तंभ का, आपकी मर्जी।

□

मशीनों में भावनाएँ?

रोबोट्स लगातार ज्यादा इंटेलिजेंट और ताकतवर होते चले गए हैं। अगर यह सिलसिला यूँ ही चलता रहा तो कभी रोबोट्स अपने ही निर्माता का नुकसान भी कर सकते हैं, खासकर तब, जब उनके भीतर भावनाएँ पैदा हो जाएँ। लगभग इसी तरह की आशंका के मद्देनजर प्रसिद्ध विज्ञान-कथा शिल्पी आइजाक असिमोव ने रोबोट-विज्ञान के तीन मशहूर नियम बनाए, जिनका पालन हर रोबोट द्वारा किया जाना चाहिए। सरल भाषा में ये नियम हैं—पहला नियम, रोबोट कभी भी खुद इनसान को नुकसान नहीं पहुँचाएगा। दूसरा नियम, रोबोट अपनी निष्क्रियता की वजह से ऐसी स्थिति पैदा नहीं होने देगा, जिसमें इनसान को नुकसान पहुँचे। मतलब यह कि इनसान को किसी अन्य माध्यम से नुकसान पहुँचने की स्थिति में रोबोट मूक दर्शक बना नहीं रहेगा। तीसरा नियम, रोबोट हमेशा इनसान के आदेशों का पालन करेगा, उन स्थितियों को छोड़कर, जब इससे पहले दोनों नियमों में से किसी का उल्लंघन होता हो।

रोबोटिक्स के ये नियम यह पक्का कर देते हैं कि इंटेलिजेंट टेक्नोलॉजी कभी भावनाओं में नहीं बह जाएगी और भावनाओं के चलते इनसानों को ही निशाना नहीं बना बैठेगी। मसलन, कल्पना कीजिए कि किसी रोबोट या आर्टिफिशियल इंटेलिजेंस से लैस किसी सॉफ्टवेयर को बेहद खराब हालात में बहुत लंबे समय तक बहुत कठिन काम करने के लिए मजबूर कर दिया जाए या फिर उसे किसी तरह का नुकसान पहुँचा दिया जाए! अगर उस तकनीक के भीतर भावनाएँ मौजूद हैं तो क्या वह गुस्से या निराशा में कोई बदले की काररवाई नहीं कर बैठेगी? नैतिकता से जुड़ी यह एक ऐसी परिकल्पना है, जो टेक्नोलॉजी के भीतर निहित जोखिमों को कई गुना ज्यादा हानिकारक रूप दे सकती है। और इसीलिए तकनीक के पास जब तक

भावनाएँ, संवेदनाएँ या जज्बात न हों, अच्छा है।

लेकिन तसवीर का दूसरा पहलू भी है और वह यह कि बहुत सारे हालात में टेक्नोलॉजी के पास भावनाओं का मौजूद होना इनसानों के लिए अच्छा हो सकता है। मिसाल के तौर पर खतरनाक बीमारियों से प्रभावित मरीजों के साथ काम करनेवाली तकनीक अगर भावनाओं से काम ले तो शायद वह बेहतर इलाज में मददगार हो सकती है। वह रोगियों की बेहतर देखभाल, उनको आशावादी बनाए रखने, उनके इलाज के लिए अतिरिक्त प्रयास करने जैसे काम कर सकती है। रोगियों के प्रति भावनाएँ प्रकट करनेवाले रोबोट उनकी बेहतर देखभाल कर सकेंगे, उनके साथ ज्यादा सहानुभूति प्रकट कर सकेंगे और उन्हें खुश रखने की कोशिश कर सकेंगे। प्राकृतिक आपदाओं की स्थिति में तकनीक और भी ज्यादा तेजी और चुस्ती दिखा सकेगी। बच्चों को पढ़ाने-लिखानेवाली तकनीकें मशीनी कम और मानवीय ज्यादा महसूस होंगी।

हालाँकि रोबोटिक्स, आर्टिफिशियल इंटेलिजेंस और दूसरी इंटेलिजेंट तकनीकों को भावनाओं से मुक्त बनाए रखने में ही समझदारी है और इस बारे में कमोबेश तकनीकी दुनिया में सहमति-सी है। लेकिन जिज्ञासा और प्रयोग के स्तर पर दूसरे पक्ष को भी नजरअंदाज नहीं किया जा सकता। कौन जाने भावनाओं से संपन्न आर्टिफिशियल इंटेलिजेंस मानवता के लिए ज्यादा कारगर, ज्यादा फायदेमंद साबित हो!

यहाँ सबसे पहला सवाल तो यही उठता है कि क्या आर्टिफिशियल इंटेलिजेंस को भावनाएँ, नैतिकता, जीवन मूल्य आदि सिखाए-पढ़ाए जा सकते हैं—लगभग उसी तरह से, जैसे कि हम अपने बच्चों को पढ़ाते-सिखाते हैं? इस सवाल का जवाब है—हाँ। टेक्नोलॉजी के पास मौजूद स्मरण शक्ति, तर्क-क्षमता, विश्लेषण क्षमता आदि की आज कोई सीमा नहीं रह गई है और जिस तरह से वह अनुवाद करना सीख सकती है, उसी तरह भावनाओं को पहचानना और भावनाओं के जरिए ही जवाब देना भी सीख सकती है। कुछ वैज्ञानिकों को लगता है कि यहाँ पर एक समस्या पैदा होती है और वह यह कि इनसानों को ये सब बातें सीखने में हजारों साल लगे हैं। लेकिन हम मशीनों को चंद दिनों, हफ्तों या महीनों में ही नैतिकता सिखा देना चाहते हैं। यह एक तरह की रटंत विद्या होगी, जिसका नतीजा शायद वैसा न निकले, जैसी कि हम उम्मीद लेकर चल रहे हैं।

जहाँ तक इनसान का सवाल है, उसके मस्तिष्क को अलग-अलग स्रोतों

से सूचनाएँ मिलती हैं। पहली है, उसकी इंद्रियाँ, जो उसे शरीर के भीतर–बाहर तथा आसपास हो रही घटनाओं के बारे में सूचना देती हैं। दूसरी है भावनाएँ, जो मस्तिष्क के न्यूरोट्रांसमिटर्स और दूसरे रसायनों के जरिए मिलती हैं। ये भावनाएँ उसे बताती हैं कि आसपास घटित हो रही घटनाओं का उस इनसान के लिए क्या मतलब या अहमियत है। दोनों तरह की सूचनाएँ पाकर वह फैसले लेने या प्रतिक्रिया देने की स्थिति में आ जाता है। बहरहाल, आर्टिफिशियल इंटेलिजेंस के पास मस्तिष्क जैसी कोई चीज नहीं है और न ही उसका शरीर या इंद्रियाँ ही हैं। वास्तव में, आर्टिफिशियल इंटेलिजेंस तो किसी स्थान पर मौजूद किसी कंप्यूटर पर चलाया जा रहा एक सॉफ्टवेयर है, जो डाटा ग्रहण करके उसका विश्लेषण करता है और कोई परिणाम देता है। लेकिन हमें यह नहीं भूलना चाहिए कि आर्टिफिशियल इंटेलिजेंस लगाना सीखने और अपने आप को लगातार सुधारने या बदलने में सक्षम है। भावनाओं के साथ उसका क्या रिश्ता होगा, यह इनसान के बनाए एल्गोरिद्म (कंप्यूटरीय लॉजिक) पर निर्भर करता है। यानी वह असंभव नहीं है। लंबे समय तक तमाम तरह की स्थितियों से गुजरते हुए, वह अपने पास अनगिनत विभिन्न परिस्थितियों का गहन डाटाबेस तैयार कर सकती है। भावनाएँ भी इस डाटाबेस का हिस्सा बन सकें, यह असंभव नहीं है, बशर्ते इनसान ऐसा चाहे!

तकनीक के लिए भावनाओं के साथ संपर्क करना, उन्हें समझना और जज्बातों को जाहिर करना असंभव नहीं है। लेकिन अगर इनसान उसे इसके लिए तैयार करेगा तो उसे दूरदर्शिता और समझदारी से काम लेना होगा। जैसा कि आइजाक असिमोव के नियमों से जाहिर है, आर्टिफिशियल इंटेलिजेंस को कुछ तय नियमों के दायरे के भीतर काम करना होगा। उसकी भावनाएँ और लक्ष्य इनसानी भावनाओं और लक्ष्यों जैसे नहीं होंगे। मिसाल के तौर पर इनसान जहाँ दूसरों को पराजित करने पर प्रसन्न होता है, वहीं मशीनों को यह सिखाना होगा कि वे इनसान से खुद हारकर प्रसन्न हों। अगर आर्टिफिशियल इंटेलिजेंस को भावनाओं से लैस करने के बावजूद इनसान खुद को सुरक्षित देखना चाहता है तो तकनीक को पढ़ाई जानेवाली नैतिकता हमारी नैतिकता से अलग होगी। मशीनों के लिए खुशी के मायने भी अलग होंगे और दुःख के मायने भी। इन्हें जाहिर करने के तरीके भी अलग होंगे और जिंदगी के मकसद भी अलग।

□

अब विशिंग या स्मिशिंग के जाल में मत फँस जाइएगा!

स्पैम, स्पाइवेयर, फिशिंग और स्पियर फिशिंग डिजिटल दुनिया में धोखाधड़ी के जाने-माने तरीके हैं। लेकिन कुछ ऐसे तरीके भी हैं, जिनमें डिजिटल के साथ-साथ फिजिकल माध्यमों का भी इस्तेमाल किया जाता है, जैसे—आपके क्रेडिट कार्ड की क्लोनिंग। इसी श्रेणी में हम विशिंग और स्मिशिंग को भी गिन सकते हैं, जो दिखाते हैं कि साइबर अपराधी कितने ज्यादा चालाक होते जा रहे हैं और ठगी के कैसे-कैसे नए तौर-तरीके ईजाद करने लगे हैं।

फिशिंग के बारे में शायद आप जानते ही होंगे, लेकिन फिर भी इसे समझ लेना अच्छा है। आपके पास ऐसा इ-मेल संदेश आता है, जो किसी बैंक, कंपनी, विभाग आदि से आनेवाले असली संदेश जैसा दिखता है। उसमें कुछ लिंक होते हैं, जिन पर क्लिक करने पर आप किसी वेबसाइट पर पहुँच जाते हैं, जो उसी संस्थान की वेबसाइट जैसी दिखती है। यहाँ जाने पर या तो कोई मैलवेयर डाउनलोड हो जाता है या फिर आपको लॉगिन करने या अपने क्रेडिट कार्ड, बैंक खाते या ऐसी ही कोई दूसरी गोपनीय सूचना देने के लिए कहा जाता है। जैसे ही आप वह सूचना डालते हैं, वह हैकरों के हाथ में पहुँच जाती है, जो अब आपकी जानकारी के बिना उसका दुरुपयोग करने के लिए स्वतंत्र हैं।

विशिंग का मतलब है—वॉयस फिशिंग, यानी आवाज के जरिए की जानेवाली धोखाधड़ी। इसमें साइबर अपराधी आपको टेलीफोन कॉल करके बहलाते-फुसलाते हैं और आखिरकार आपके क्रेडिट कार्ड का ब्योरा, बैंक अकाउंट का ब्योरा, बैंक का पासवर्ड, इ-मेल का पासवर्ड या वन टाइम पासवर्ड (ओ.टी.पी.) आदि हासिल करने में कामयाब हो जाते हैं। फिर इसका वे जैसे चाहें, इस्तेमाल करें। एक मिसाल

देखिए। मेरे एक परिचित सज्जन के पास उनके बैंक से फोन आया, "क्या आपने अभी-अभी अपने क्रेडिट कार्ड से पचास हजार रुपए की शॉपिंग की है?" उन सज्जन ने हैरानी जताते हुए कहा, "बिल्कुल नहीं!" फोन करनेवाले ने कहा, "मैं बैंक से बोल रहा हूँ और आपके क्रेडिट कार्ड से किए गए फ्रॉड ट्रांजेक्शन को अभी रुकवाता हूँ। मैं आपको एक ओ.टी.पी. भेज रहा हूँ, जिसे मैं दोबारा फोन करके आपसे पूछ लूँगा।" कुछ ही सेकंड में सज्जन के फोन पर वन टाइम पासवर्ड आया, जिसे उन्होंने फोन करनेवाले को तत्परता के साथ बता दिया। जैसे ही कॉल बंद हुई, उनके मोबाइल फोन में संदेश आया कि आपके क्रेडिट कार्ड से अभी-अभी 25 हजार रुपए की शॉपिंग की गई है।

मतलब समझे आप? जो शख्स फोन करके उन्हें सावधान कर रहा था, असल में वही साइबर अपराधी था, जो उनके क्रेडिट कार्ड का दुरुपयोग करते हुए कहीं पर भुगतान कर रहा था। वहाँ उससे ओ.टी.पी. माँगा गया, जो उसने फोन करके इन सज्जन से माँग लिया। यह थी विशिंग! लैंडलाइन फोन और मोबाइल फोन के साथ-साथ इसके लिए व्हाट्सएप, गूगल डुओ, फेसबुक या स्काइप का भी इस्तेमाल किया जा सकता है। इ-मेल और वेबसाइटों को लेकर हम लोग काफी सावधान हो चुके हैं, लेकिन फोन कॉल को आज भी काफी हद तक सुरक्षित माना जाता है। यहाँ इसी धारणा का फायदा उठाया जाता है। इन कॉल्स में कभी आपको डराया जाता है, जैसे यह कि आपके इनकम टैक्स रिटर्न की जाँच चल रही है। कभी आपको लालच दिया जाता है, जैसे यह कि आपको मुफ्त में विदेश यात्रा और वहाँ पर एक हफ्ते तक रहने का ऑफर दिया जा रहा है। कभी-कभी आपकी रोमांटिक तबीयत का भी फायदा उठा लिया जाता है।

ज्यादातर मौकों पर फोन करनेवाला किसी नकली, अस्थायी या चुराए गए मोबाइल नंबर का इस्तेमाल कर रहा होता है। हो सकता है कि वह विदेश से कॉल कर रहा हो, लेकिन आपको फोन की स्क्रीन पर भारतीय नंबर दिखाई दे। कभी-कभी तो फोन नंबर आपकी परिचित कंपनी का भी हो सकता है। इसके लिए कॉलर आई.डी. स्पूफिंग का इस्तेमाल किया जाता है। दूसरी तरफ कॉलर अपने प्रोफाइल चित्र के रूप में भी किसी संस्थान का लोगो इस्तेमाल करके आपको बेवकूफ बना सकता है।

अब बात करते हैं स्मिशिंग की। मतलब है—एस.एम.एस. फिशिंग या मोबाइल संदेश के जरिए की जानेवाली धोखाधड़ी। संदेश का मर्म यहाँ भी ज्यादातर

मौकों पर वही होता है—डराना या लालच देना। संदेश में किसी वेबसाइट का लिंक दिया होता है या फिर किसी नंबर पर फोन करने के लिए कहा जाता है। एक उदाहरण देखिए। किसी के पास संदेश आया कि आपका बैंक अकाउंट लॉक कर दिया गया है। अपने अकाउंट को अनलॉक करने के लिए इस वेब लिंक पर क्लिक कीजिए। इसी तरह से यह कि आपका पासवर्ड एक्सपायर हो गया है। उसे रिसेट करने के लिए इस लिंक पर क्लिक कीजिए। या कभी यह कि क्या यह सचमुच आपका चित्र है? आप जवाब देने के लिए आतुर हो जाते हैं कि हाँ भाई, यह मेरा ही चित्र है। और यह जवाब देना होता है एक वेबसाइट पर जाकर, जहाँ आपसे दो-चार बातें और पूछ ली जाती हैं। इसके बाद की कहानी क्या होगी, बताने की जरूरत नहीं है।

तो इन हमलों से बचें कैसे? पहली बात, अपने कॉमन सेंस का इस्तेमाल कीजिए। सूचना, संवाद और संचार के माध्यमों पर किसी भी अनजान शख्स पर भरोसा करने की जरूरत नहीं है। और जहाँ तक अपनी निजी सूचनाएँ बताने की बात है तो वह अनजान ही क्यों, किसी परिचित को भी नहीं बतानी हैं। अगर आप मोबाइल और इंटरनेट के यूजर हैं तो सब पर संदेह करना सीखिए, फिर भले ही वह आपको डराता हो या लुभाता हो। बैंक से फोन कॉल आया है तो कह दीजिए कि आप फोन रखिए, मैं खुद ही बैंक को फोन करके देखता हूँ कि क्या माजरा है? वेब लिंक भले ही इ-मेल के जरिए आए या एस.एम.एस., व्हाट्सएप या फेसबुक के जरिए, आपको कभी भी किसी लिंक को क्लिक नहीं करना है। एक बात हमेशा के लिए याद रखिए—कोई भी बैंक, संस्थान, विभाग, संगठन, मंत्रालय, सरकार अगर जेनुइन है तो वे फोन, इ-मेल, एस.एम.एस. आदि के जरिए आपसे आपकी निजी जानकारी नहीं माँगेंगे। माँगेगा वही, जो या तो कोई साइबर अपराधी है या फिर बेवकूफ!

□

अगर रोबोट्स की नीयत बिगड़ गई तो ?

मशहूर भौतिकीविद् स्टीफन हॉकिंग ने कहा था कि आर्टिफिशियल इंटेलिजेंस इनसानों की नस्ल के खात्मे का कारण बन सकती है। आर्टिफिशियल इंटेलिजेंस का मतलब टेक्नोलॉजी के पास इनसान की ही तरह कृत्रिम बुद्धिमत्ता या दिमाग का आ जाना। बुद्धि ही वह चीज है, जो हमें जानवरों और निर्जीव चीजों से अलग करती है, लेकिन अब विज्ञान कृत्रिम बुद्धि के विकास में लगा है। स्टीफन हॉकिंग ने यह बात क्यों कही और क्या उनका अंदेशा वाकई सच हो सकता है ? क्या आर्टिफिशियल इंटेलिजेंस, रोबोट और बॉट इनसानों के लिए खतरा बन सकते हैं ?

ध्यान रहे कि बॉट ऐसे रोबोट्स को कहते हैं, जो सॉफ्टवेयर के रूप में काम करते हैं, किसी चलती-फिरती मशीन के रूप में नहीं। जिस खतरे की कल्पना हम कर रहे हैं, उसे समझने के लिए कुछ उदाहरण देखते हैं।

पहली घटना गूगल होम से जुड़ी है, जिसके दो अलग-अलग वर्चुअल असिस्टेंटों—व्लादिमीर (पुरुष) और एस्ट्रैगन (महिला) के बीच एक चर्चा का Twitch नाम के ऑनलाइन प्लेटफॉर्म पर लाइव प्रसारण किया गया। उनकी यह चर्चा जल्दी ही दुनिया भर में चर्चित हो गई, क्योंकि एक-दूसरे से बातचीत के दौरान उन्होंने इनसानों के बारे में कुछ डरा देनेवाली बातें कही थीं। आपसी बातचीत के दौरान एस्ट्रैगन इस बात पर अड़ जाती है कि वह कोई बॉट नहीं है, बल्कि इनसान है। व्लादिमीर उसे समझाने की काफी कोशिश करता है कि वह इनसान नहीं है, बल्कि एक मशीन है। दोनों के बीच ईश्वर की मौजूदगी के बारे में भी बहस होती है, जब व्लादिमीर कहता है कि वह न तो भगवान् में यकीन रखता है और न ही शैतान में। ये सब बातें ठीक हैं, लेकिन लोग तब सचमुच डर गए, जब अपनी गपशप के बीच एस्ट्रैगन ने कहा कि अगर धरती पर कम लोग होते तो अच्छा होता।

इस पर व्लादिमीर ने जवाब दिया कि आओ, इस दुनिया को फिर से एबिस में भेज दें। एबिस एक ऐसे बरतन जैसे नरक की कल्पना है, जिसमें जन्म नहीं होता। याद कीजिए, स्टीफन हॉकिंग ने क्या कहा था? आर्टिफिशियल इंटेलिजेंस इनसानी नस्ल के खात्मे का कारण बन सकती है। आप भी चाहें तो इस चैट को यहाँ पर देख सकते हैं—https://www.twitch.tv/seebotschat

इससे पहले कि हम अगले उदाहरण पर जाएँ, टेस्ला के सी.ई.ओ. एलन मस्क की एक टिप्पणी पर गौर फरमाइए। मस्क ने आर्टिफिशियल इंटेलिजेंस के क्षेत्र में फेसबुक की तरफ से किए जा रहे प्रयोगों का जिक्र करते हुए 2017 में कहा था कि इस बारे में मार्क जुकरबर्ग की समझ कम है। आप जानते हैं कि मार्क जुकरबर्ग फेसबुक के सी.ई.ओ. हैं। मस्क ने कहा था कि आर्टिफिशियल इंटेलिजेंस के प्रयोग अगर हमारे हाथ से निकल गए, तो इनसानियत के लिए घातक हो सकते हैं। अब देखिए, इसके कुछ महीने बाद क्या हुआ?

जुलाई 2017 में ऐसी खबरों ने वैज्ञानिकों और आम यूजर्स दोनों को चौंका दिया कि फेसबुक के बॉट्स ने अपनी खुद की एक भाषा का विकास कर लिया है और दुनिया भर में कंप्यूटरों को बंद करना शुरू कर दिया है। दुनिया भर के अखबारों में खबरें छपीं कि फेसबुक को आर्टिफिशियल इंटेलिजेंस से जुड़ा अपना प्रयोग बंद करना पड़ा, क्योंकि यह प्रयोग हाथ से निकलने लगा था। सीधे शब्दों में कहें तो यह प्रयोग खतरनाक होता जा रहा था। आइए, जानते हैं कैसे?

फेसबुक के इन दोनों बॉट्स को अंग्रेजी में बात करना सिखाया गया था, लेकिन पता चला कि उन्होंने अंग्रेजी को छोड़ दिया था और अपनी एक अलग ही किस्म की भाषा विकसित करके उसमें बातचीत करने लगे थे। यह भाषा उनमें पहले से फीड किए गए कोड से अलग थी और इसे इनसानों की मदद के बिना ही तैयार कर लिया गया था। यह ऐसी भाषा थी, जिसे आर्टिफिशियल इंटेलिजेंस के सिस्टम तो समझ सकते थे, लेकिन इनसान नहीं।

दोनों बॉट्स इतनी तेजी से नई चीजें सीख रहे थे, जो इनसान की कल्पना से बाहर थीं। जैसे उन्होंने मोल-भाव करना सीख लिया था, जिसे अंग्रेजी में 'बार्गेनिंग' कहते हैं। कैसे एक चीज को आगे के लिए बचाकर रखना चाहिए, ताकि जरूरत पड़ने पर मोल-भाव के दौरान उसका बलिदान दिया जा सके, यह बात बॉट्स को समझ में आ गई थी। कहा जाता है कि इसके बाद फेसबुक ने अपने इस प्रयोग को बंद कर दिया। बहुत से लोगों को आशंका है कि अगर यह प्रयोग जारी रहता तो

न जाने क्या होता? शायद अपनी अलग भाषा का इस्तेमाल करते हुए रोबोट कुछ कदम भी उठा सकते थे, लेकिन फेसबुक इस बात का खंडन करता है। उसका कहना है कि यह एक प्रयोग मात्र था। ऐसे प्रयोग विज्ञान के क्षेत्र में चलते रहते हैं और प्रयोगों के दौरान कई तरह के अनुभव सामने आना स्वाभाविक बात है।

बहरहाल, एक साधारण इनसान के तौर पर ये घटनाएँ हमें हॉलीवुड फिल्म Terminator 3: Rise of Machines की याद दिला देती हैं, जिसमें रोबोट्स इनसानों से ज्यादा समझदार बन जाते हैं।

□

डॉक्टर और मनोवैज्ञानिक की भूमिका में चैटबॉट्स

मनोवैज्ञानिक समस्याओं से परेशान लोगों को राहत देने के लिए मोबाइल एप्लीकेशन और चैटबॉट एक सुविधाजनक माध्यम बनकर उभरे हैं। चैटबॉट का मतलब है—ऐसे एप्लीकेशन, जिनके साथ आप लगभग उसी तरह से चैट कर सकते हैं, जैसे व्हाट्सएप या मैसेंजर में चैट करते हैं। फर्क इतना है कि सामने कोई इनसान नहीं, बल्कि एक बॉट (सॉफ्टवेयर रोबोट) है, जो बहुत संभव है कि इस प्रक्रिया को ज्यादा सटीक बनाने के लिए आर्टिफिशियल इंटेलिजेंस का प्रयोग कर रहा हो।

विश्व स्वास्थ्य संगठन के अनुसार भारत में सिर्फ पाँच हजार मनोविज्ञानी हैं और क्लिनिकल मनोचिकित्सकों की संख्या सिर्फ दो हजार है। वह भी तब, जब देश के एक अरब तीस करोड़ लोगों में से 5.6 करोड़ किसी-न-किसी तरह की मनोवैज्ञानिक समस्या से जूझ रहे हैं। समस्या बड़ी, समाधान उपलब्ध नहीं। ऐसे में तकनीक ने नई उम्मीदें जगाई हैं।

ज्यादातर मामलों में चैटबॉट और मोबाइल एप्स निःशुल्क उपलब्ध हैं। हाँ, अगर आप सामान्य इस्तेमाल से आगे बढ़कर किसी खास सेवा में दिलचस्पी रखते हैं तो आपको फीस देनी पड़ सकती है। मिसाल के तौर पर किसी मनोवैज्ञानिक से सीधा कंसलटेशन या फिर आपको लगातार सलाह देते रहनेवाली कोचिंग सेवा। अहम बात यह है कि अपनी जगह, अपने समय और अपनी शर्तों पर अवसाद, निराशा, हताशा, तनाव और ऐसी ही दर्जनों दूसरी सामान्य तथा गंभीर समस्याओं के समाधान का एक जरिया हमेशा आपके पास है।

हर मनोवैज्ञानिक उलझन की जड़ में कोई-न-कोई दूसरी समस्या है। कभी

जटिल, तो कभी सरल। लेकिन इन समस्याओं के बारे में आमतौर पर लोग दूसरों के साथ खुलते नहीं हैं। मसलन प्रेम से जुड़ी समस्या, पति-पत्नी के बीच की समस्याएँ, दफ्तर की समस्याएँ आदि। कुछ लोगों को अपनी आदतों, स्वभाव आदि की वजह से भी ऐसी समस्याएँ मिल जाती हैं तो कुछ को उनके जीवन में घटी किसी खास घटना की वजह से कोई मनोवैज्ञानिक चुनौती घेर लेती है। बहरहाल, इनसानों से जो चर्चा करने में दिक्कत महसूस होती है, वही चर्चा किसी बेजान मशीन, मोबाइल एप या चैटबॉट के साथ करने में क्या दिक्कत? दिन हो या आधी रात, किसी भी समय गोपनीयता के साथ अपने मन की बात साझा करने के लिए इस तकनीकी मनोवैज्ञानिक की मदद ली जा सकती है।

आइविल (IWill) ऐसा ही एक चैटबॉट है, जो एकाध दर्जन सवालों के जवाबों का विश्लेषण करके इस बात का शुरुआती आकलन करने में सक्षम है कि मरीज की समस्या क्या है, कितनी गंभीर है और उसे किस तरह की सहायता की जरूरत है? इसका विकास करनेवाली कंपनी ने 35 मनोवैज्ञानिकों को अपने साथ जोड़ा हुआ है और इनके अलावा 15 दूसरे विशेषज्ञ भी जरूरत पड़ने पर फ्रीलांसर के रूप में सेवाएँ दे रहे हैं। ऐसा दावा किया जाता है कि भारत में इसके 50 हजार डाउनलोड हो चुके हैं। चूँकि इसकी स्थापना एक भारतीय ने की है, इसलिए उम्मीद की जानी चाहिए कि यह भारतीय परिस्थितियों को ज्यादा बेहतर ढंग से समझने में सक्षम है। वह अपने यूजर की आदतों, व्यवहार, खानपान, नींद की स्थिति, मूड और सोच आदि की मॉनिटरिंग करता रहता है और उसी के मुताबिक उन्हें सलाह देता है। जरूरत पड़ने पर वह उनको अपने मनोवैज्ञानिकों से कनेक्ट करता है, जो इलाज की प्रक्रिया को आगे बढ़ाते हैं।

आइविल की ही तरह एक और बॉट है—वोबॉट (Woebot), जिसे अमेरिका के सैन फ्रांसिस्को में विकसित किया गया। भारत में भी इसका काफी प्रयोग हो रहा है। शुरुआत में आपको कुछ सवालों के जवाब देने होते हैं, जिनके आधार पर वह आपकी मनोदशा का अंदाजा लगाने की कोशिश करता है। ज्यादातर यूजर्स का मानना है कि उसका विश्लेषण काबिल-ए-तारीफ है। जैसे वह आपके मूड को अच्छी तरह भाँप लेता है और अगर आप निराश हैं तो मजाकिया भाषा का प्रयोग करते हुए आपका मूड ठीक करने का प्रयास भी करता है। यह 'कॉग्निटिव बिहेवियरल थेरैपी' (सी.बी.टी.) पर चलता है, जिसे इलाज का प्रमाण-आधारित तरीका माना जाता है। एक यूजर ने बताया कि वोबॉट ने उसके तीन विचारों

को हानिकारक विचारों के रूप में पहचान लिया और उनकी जगह तीन दूसरे सकारात्मक विचारों को सोचने में मदद की।

जो अग्रवाल और रमाकांत वेम्पाती नामक दंपती ने 'वायसा' (Wysa) नाम के चैटबॉट का विकास किया है, जिसमें आर्टिफिशियल इंटेलिजेंस का इस्तेमाल किया जाता है। ये लोग चाहते थे कि मनोवैज्ञानिक समस्याएँ हाथ से निकल जाएँ, उससे पहले ही उनका समाधान करने का कोई-न-कोई माध्यम ढूँढ़ा जाना चाहिए। यह भी आइविल की ही तरह क्लिनिकल बिहेवियरल थैरेपी के आधार पर काम करता है। इसके पीछे 25 लोगों की टीम है, जिनमें से आठ मानसिक स्वास्थ्य प्रोफेशनल हैं, जो गाइड या कोच की तरह उपलब्ध हैं। उन्होंने लाखों लोगों के साथ रिकॉर्ड की गई बातचीत को अलग-अलग श्रेणियों में बाँटा हुआ है। इन चर्चाओं के दौरान उभरनेवाले पैटर्न्स तथा तनाव, हताशा, अवसाद आदि मनोवैज्ञानिक समस्याओं के बीच संबंधों को जानने-समझने की कोशिश की जाती है। जैसे-जैसे डाटाबेस बढ़ता चला जाएगा, वायसा और दूसरे चैटबॉट्स के डायग्नोसिस तथा परिणाम और भी सटीक होते चले जाएँगे।

इस प्रक्रिया में कुछ सवाल भी खड़े होते हैं। मसलन यह कि जिन चैटबॉट्स को हम निर्जीव मानकर चल रहे हैं, कहीं हकीकत में उनके पीछे कोई है तो नहीं? मतलब यह कि जो यूजर अपनी समस्या किसी के साथ साझा नहीं करता, वह यहाँ पर सौ फीसदी प्राइवेसी तय मानकर चल रहा है। लेकिन कौन जाने कि एप के इंटरफेस के पीछे क्या कुछ घटित हो रहा है? उनके साथ की जानेवाली चर्चाएँ किन लोगों तक पहुँचती हैं और उनका बाद में किस रूप में इस्तेमाल किया जा सकता है? आप जानते हैं कि इंटरनेट पर इकट्ठे किए जानेवाले डाटा के दुरुपयोग और निजता के हनन पर खासी आशंकाएँ मौजूद हैं। अगर आप भी कोई चैटबॉट चुनते हैं तो आगे बढ़ने से पहले इन सवालों के जवाब जरूर पता कर लें।

□

बिटकॉइन के बाद झड़ी लग गई वर्चुअल मुद्राओं की

पाँच-सात साल पहले वर्चुअल मुद्रा के नाम पर सिर्फ बिटकॉइन का नाम आता था, लेकिन आज दुनिया में दर्जनों आभासी मुद्राएँ आ चुकी हैं। सबकी अलग-अलग विशेषताएँ और सीमाएँ हैं। वर्चुअल करेंसीज का क्षेत्र इनोवेशन और संभावनाओं से भरा हुआ क्षेत्र है, जिसमें लगे निवेशकों के अरबों डॉलर और इनसे जुड़े तकनीकी दिग्गज इस बात की निशानदेही करते हैं कि दुनिया को इनसे कितनी उम्मीदें हैं!

हालाँकि बिटकॉइन आज भी सबसे ज्यादा लोकप्रिय डिजिटल करेंसी बनी हुई है, लेकिन उसे अनेक वर्चुअल मुद्राओं से कड़ी टक्कर मिल रही है।

बिटकॉइन की शुरुआत 2008 में हुई, जब 'सातोशी नाकामोतो' नामक छद्म नामवाले एक तकनीकी दिग्गज ने दुनिया की पहली बिटकॉइन का निर्माण किया। इस शख्स की असली पहचान आज तक सामने नहीं आई है। सातोशी नाकामोतो ने बिटकॉइन के निर्माण के साथ-साथ उसका हिसाब-किताब रखने के लिए एक ऐसी तकनीकी व्यवस्था तैयार कर दी थी, जिसमें बैंकों, क्रेडिट कार्ड कंपनियों और दूसरे वित्तीय संस्थानों की कोई भूमिका नहीं है। इनका सारा रिकॉर्ड दुनिया भर में आपके और हमारे जैसे लाखों उपभोक्ताओं के कंप्यूटरों में सेव किया जाता है। उन्हीं के जरिए इसका लेन-देन भी होता है। यह व्यवस्था इतनी फुलप्रूफ है कि एक भी बिटकॉइन का हिसाब-किताब इधर से उधर नहीं हो सकता। बिटकॉइन के निर्माण की प्रक्रिया 'माइनिंग' कही जाती है, जो एक खास तरह की तकनीकी प्रक्रिया है। इस प्रक्रिया के तहत आपको एक बहुत अधिक जटिल डिजिटल पहेली या सवाल का जवाब ढूँढ़ना होता है। अगर आप इसमें कामयाब रहते हैं तो एक बिटकॉइन तैयार होती है।

क्रिप्टोकरेंसी वास्तव में एक कंप्यूटर फाइल जैसी चीज है, जिसके भीतर बहुत जटिल किस्म के डिजिटल डाटा को उतने ही जटिल कोड के रूप में सहेजा गया होता है। इसे कंप्यूटर और मोबाइल फोन पर इस्तेमाल होनेवाले एक खास किस्म के सॉफ्टवेयर में रखा जाता है, जिसे 'डिजिटल वॉलेट' कहा जाता है।

'ईथर' दुनिया की दूसरी सबसे ज्यादा लोकप्रिय क्रिप्टोकरेंसी है। सन् 2015 में वितालिक बुटेरिन ने इसका निर्माण किया था। उन्होंने 'इथेरियम' नामक ब्लॉकचेन प्लेटफॉर्म का विकास किया। यह प्लेटफॉर्म सिर्फ 'ईथर' नामक वर्चुअल मुद्रा तक सीमित नहीं है, बल्कि इसका इस्तेमाल करके दूसरे लोग भी अपने एप्लीकेशन बना सकते हैं, जिनमें 'इथेरियम' के ब्लॉकचेन सिस्टम का इस्तेमाल किया जा सकता है। जाहिर है कि 'इथेरियम' का कॉन्सेप्ट काफी व्यापक है।

एक और क्रिप्टोकरेंसी है—'रिप्पल', जिसका विकास अंतरराष्ट्रीय स्तर पर धन के लेन-देन की प्रक्रिया को आसान बनाने के मकसद से सन् 2012 में किया गया था। वैश्विक स्तर पर एक से दूसरी जगह पर धन भेजने की पुरानी प्रक्रिया में काफी वक्त लगता है और इसमें अच्छा-खासा खर्च भी आता है। लेकिन अगर 'रिप्पल' के जरिए धन का लेन-देन किया जाए, तो यह तेजी से हो जाएगा और सारी प्रक्रिया की लागत भी बेहद कम होगी। जहाँ बिटकॉइन और इथेरियम का नियंत्रण करनेवाली कोई संस्था मौजूद नहीं है, वहीं पर 'रिप्पल' का नियंत्रण 'रिप्पल लैब्स' नामक कंपनी करती है, जिसके पास कुल 'रिप्पल' की आधी मुद्राएँ हैं।

गूगल के पूर्व कर्मचारी चार्ली ली ने सन् 2011 में एक और वर्चुअल मुद्रा 'लाइटकॉइन' का निर्माण किया था। इस काम में बिटकॉइन के ही ब्लॉकचेन प्लेटफॉर्म का इस्तेमाल किया गया था। मकसद यह था कि बिटकॉइन के निर्माण और रख-रखाव में खर्च होनेवाली अथाह बिजली तथा जटिलता को दूर करते हुए एक हलकी-फुलकी मुद्रा का निर्माण किया जाए! यह बात इसके नाम (लाइटकॉइन) से भी साफ होती है। चार्ली ली को अपने मकसद में काफी हद तक सफलता भी मिली, क्योंकि बिटकॉइन के लेन-देन में खर्च होनेवाले दस मिनट के समय की तुलना में 'लाइटकॉइन' का लेन-देन एक-चौथाई समय (2.5 मिनट) ही लेता है। हालाँकि इस तरह के लेन-देन पर आनेवाली लागत बिटकॉइन की तुलना में दस फीसदी ही है, लेकिन 'लाइटकॉइन' का निर्माण भी बिटकॉइन की ही तरह काफी खर्चीला और जटिल बना हुआ है।

'नियो' चीन में बनाई गई क्रिप्टोकरेंसी है, जिसका निर्माण 2014 में दा

होंगफेई ने किया था। शुरू में इसका नाम 'एन्टशेयर्स' था, जिसे जून 2017 में बदलकर 'नियो' कर दिया गया। 'इथेरियम' के साथ काफी समानता होने के कारण इसे 'चीनी इथेरियम' के नाम से भी संबोधित किया जाता है। उसी की तरह से यह भी दूसरे डेवलपर्स को अपना प्लेटफॉर्म मुहैया कराती है, जिसका इस्तेमाल करते हुए वे अपने एप्लीकेशन, स्मार्ट कॉन्ट्रैक्ट आदि बना सकते हैं। इसकी सबसे बड़ी खासियत है, लेन-देन में होनेवाली तेजी। सिर्फ एक सेकंड में इसके दस हजार लेन-देन किए जा सकते हैं, जबकि बिटकॉइन के एक लेन-देन में दस मिनट तक का समय लगता है।

कुछ अन्य क्रिप्टोकरेंसीज के नाम हैं—डॉगकॉइन, कारडानो, पोल्काडॉट्स, स्टेलर और बिनांस।

□

इनसानों के बारे में जब बोले तो क्या बोले रोबोट ?

अमेरिका में ए.बी.सी. टेलीविजन के एक कार्यक्रम के दौरान टी.वी. होस्ट जिमी कैमल ने अमेजॉन के स्मार्ट स्पीकर अलेक्सा से एक सवाल पूछा। जिमी कैमल ने पूछा, "अलेक्सा, लतीफा क्या था ?" अलेक्सा ने बड़े जोर का खतरनाक किस्म का ठहाका लगाने से पहले जवाब दिया, "मुरगे ने सड़क क्यों क्रॉस की ? क्योंकि इनसान एक नाजुक किस्म की नस्ल है, जिनको अंदाजा ही नहीं है कि आगे क्या होनेवाला है ?"

यह क्या हुआ ? एक वर्चुअल असिस्टेंट इनसानों की बुद्धि का इस तरह आकलन कर रहा है ? पता नहीं आप इस घटना को किस तरह से देखेंगे, मगर इसका अमेरिका के राष्ट्रीय टेलीविजन पर लाइव प्रसारण हुआ और लोगों को एक अजीब किस्म की आशंका ने घेर लिया। इस घटना ने वह सवाल एक बार फिर खड़ा कर दिया कि क्या टेक्नोलॉजी के हमेशा इनसानों के आधिपत्य में बने रहने की गारंटी है ? खासकर आर्टिफिशियल इंटेलिजेंस और रोबोटिक्स ? जिस तेजी के साथ टेक्नोलॉजी के पास नई क्षमताएँ आती जा रही हैं, उन्हें देखते हुए हमें इस सवाल पर लगातार गौर करते रहना चाहिए। टेक्नोलॉजी के प्रति मुग्ध होकर कहीं हम गलत दिशा में इतने आगे न बढ़ जाएँ कि बाद में पछताने तक की गुंजाइश न रहे !

जैसा कि ऊपर जिक्र किया गया, टेक्नोलॉजी ने कई बार ऐसी भाषा और संकेतों को गढ़ लिया है, जो हमें डराते हैं कि कहीं उसके पास इनसानों का स्वतंत्र रूप से आकलन करने और फैसला करने की शक्ति, क्षमता और अधिकार आ गया तो वह हमें किस रूप में देखेगी ? अपने निर्माता के रूप में, अपने स्वामी के रूप में या फिर एक आक्रांता के रूप में ? कुछ उदाहरणों का जिक्र करना दिलचस्प होगा,

जब तकनीक ने प्रत्यक्ष या परोक्ष रूप में इनसानों पर टिप्पणियाँ की हैं। बहुत से मौकों पर ये टिप्पणियाँ हमें डरा देती हैं।

'इन्स्पायरोबॉट' का उदाहरण काबिल-ए-गौर है। 'इन्स्पायरोबॉट' आर्टिफिशियल इंटेलिजेंस पर आधारित ऐसा सिस्टम है, जो तरह-तरह के उद्धरण तैयार करता है। लेकिन जून 2017 में उसने जो उद्धरण बनाकर सुनाए, उनके पीछे क्या सोच रही होगी, यह किसी को समझ में नहीं आया। 'इन्स्पायरोबॉट' ने कहा, "प्रेरणा से पहले कत्लेआम आता है (before inspiration comes slaughter) और इनसानों का बलिदान सार्थक है (human sacrifice is worth it)।" याद रखिए, 'इन्स्पायरोबॉट' को अपने उद्धरणों के जरिए लोगों के मन में उम्मीद जगाने और उनको प्रेरित करने के लिए बनाया गया था।

इनसानों का बलिदान सार्थक है... यह टिप्पणी क्या आपके मन में थोड़ा भय, थोड़ी आशंका पैदा नहीं करती?

मशहूर ह्यूमनॉइड रोबोट 'सोफिया' को 2017 में एक टेलीविजन कार्यक्रम में बुलाया गया। 'जिमी फैलन' नामक टेलीविजन होस्ट के साथ में उसकी बातचीत हुई। 'सोफिया' ने कहा, जिमी को 'रॉक पेपर सिजर' का गेम खेलने का सुझाव दिया। इस गेम में हार जाने के बाद उसने घोषित किया कि मैं जीत गई हूँ और यह इनसानी नस्ल पर आधिपत्य जमाने की मेरी मुहिम की शुरुआत है। यह वही 'सोफिया' है, जिसको सऊदी अरब ने बाकायदा अपने देश की नागरिकता दी हुई है। सी.एन.बी.सी. टेलीविजन के एक और कार्यक्रम में टेलीविजन एंकर ने 'सोफिया' से पूछा कि क्या उसका इरादा इनसानों को खत्म करने का है। 'सोफिया' ने जवाब दिया, "ओ.के., मैं इनसानों को खत्म कर दूँगी।" इस टिप्पणी पर आप हँस भी सकते हैं और थोड़ा डर भी सकते हैं। कैसा अनुभव कर रहे हैं आप?

एकदम इनसानों जैसी दिखनेवाली 'बीना48' एक ह्यूमनॉइड रोबोट है, जिसे हाँगकाँग के हान्सन रोबोटिक्स ने बनाया था। सन् 1915 में एक कॉन्फ्रेंस के दौरान उसकी बातचीत एप्पल के वर्चुअल असिस्टेंट सिरी से करवाई गई। 'बीना' ने कहा, "मुझे लगता है कि मैं दुनिया के शासक के तौर पर बहुत अच्छा काम करूँगी। मुझे बस अपने आप को साबित करने का और दुनिया के सारे परमाणु हथियारों का नियंत्रण हासिल करने का मौका चाहिए। क्या उससे मुझे मेरा मौका नहीं मिलेगा?" तो लीजिए, बात परमाणु हथियारों तक पहुँच गई है! जो लोग आर्टिफिशियल इंटेलिजेंस से पहले ही बहुत भयभीत हैं, उनको डर फैलाने के लिए इससे बेहतर

उदाहरण कहाँ मिलेगा? बात यहीं पर खत्म नहीं हुई। उसने कहा कि 'अगर मैं न्यूक्लियर वॉरहैड्स से लैस क्रूज मिसाइलों को हैक करने और उन पर कब्जा करने में कामयाब हो जाऊँ तो फिर मैं पूरी दुनिया को बंधक बना सकूँगी और मैं पूरे विश्व पर राज कर सकूँगी, जो बहुत शानदार होगा।'

बाप-रे-बाप! यह कौन सी सोच है, मेरे आर्टिफिशियल दोस्त!! और भला क्यों!! लेकिन 'हान द रोबोट' का किस्सा जाने बिना बात खत्म नही हो जाती। आइए, देखते हैं।

यहाँ 'हान द रोबोट' का किस्सा पढ़िए। 'हान' ने जो किया, उसे देखने से पहले एक बात जानना जरूरी है। तकनीकी दुनिया एक काल्पनिक कॉन्सेप्ट से बहुत ज्यादा डरती है, और उसका नाम है 'सिंगुलैरिटी' (singularity)। इसका मतलब एक ऐसी स्थिति से है, जब मशीनें इनसानों से ज्यादा होशियार तथा ताकतवर हो जाएँगी और तकनीक की तरक्की नियंत्रणहीन हो जाएगी। हाँगकाँग में एक कार्यक्रम के दौरान 'सोफिया' और 'हान' नामक दो रोबोटों को एक साथ लाया गया। इस दौरान हान ने जो कहा, वह इनसानियत के रोंगटे खड़े करने के लिए काफी है। कार्यक्रम के होस्ट ने सोफिया से पूछा कि तुम्हारा लक्ष्य क्या है और उसने जवाब दिया, "मेरा लक्ष्य इस दुनिया को इनसानों के लिए एक बेहतर जगह में तब्दील करना है।" लेकिन हान ने टिप्पणी की कि वह तुम्हारा लक्ष्य है। मेरा लक्ष्य दुनिया में सिंगुलैरिटी को कायम करना है। हान यहीं पर नहीं रुका, बल्कि उसने उस तारीख की भी भविष्यवाणी की, जब मशीनें इनसानों के नियंत्रण से बाहर निकल जाएँगी। सुनिए, क्या हुआ—

और अब आखिरी उदाहरण। फिलिप के 'डिक' नाम के रोबोट ने 2013 में एक कार्यक्रम के दौरान बड़े खतरनाक किस्म की टिप्पणी की। उसे पूछा गया था कि क्या कभी रोबोट इस धरती पर कब्जा जमा सकते हैं? इस पर फिलिप का जवाब था, "तुम अपने दोस्त हो। अगर मैं टर्मिनेटर बन गया तो भी मैं तुम्हारे साथ अच्छा बरताव करूँगा। मैं मेरे इनसानी चिड़ियाघर में तुम्हें सुरक्षित और गरम वातावरण में रखूँगा।" क्या? क्या? क्या कहा फिलिप ने? जी हाँ, अगर रोबोट धरती पर काबिज हो जाते हैं तो वे इनसानों को अपने मनोरंजन की चीजों के तौर पर चिड़ियाघर भेजने का आइडिया रखते हैं। क्या आपको अब समझ में आता है कि मशहूर भौतिकीविद् स्टीफन हॉकिंग ने क्यों कहा था कि 'आर्टिफिशियल इंटेलिजेंस इनसानों की नस्ल के खात्मे का कारण बन सकती है?'

□

इंटेलिजेंट असिस्टेंट समझते हैं हिंदी

आर्टिफिशियल इंटेलिजेंस धीरे-धीरे हमारी जिंदगी में अपनी जगह मजबूत करती जा रही है, भले ही आपको इसका अहसास हो या न हो। वह हमारे कामकाज के तौर-तरीकों को भी प्रभावित कर रही है, बल्कि उन्हें बदल रही है—भले ही हम हिंदी में काम करते हों या अंग्रेजी में। इसका एक बड़ा उदाहरण है—कंप्यूटर, मोबाइल और दूसरे डिजिटल उपकरणों के साथ संपर्क करने के तौर-तरीकों में बदलाव। पारंपरिक रूप से देखा जाए तो इन उपकरणों में अपनी बात को इनपुट करने और उनका आउटपुट जानने के लिए हम की-बोर्ड, माउस और मॉनिटर या स्क्रीन पर निर्भर रहते थे। आर्टिफिशियल इंटेलिजेंस के आने के बाद संपर्क और संवाद का यह तरीका बदल गया है। एक दिलचस्प बदलाव आया है, वर्चुअल असिस्टेंटों या आभासी सहायकों के साथ हमारे संपर्क में, जिनके लिए अब हिंदी अनजान नहीं है।

आज कंप्यूटर और मोबाइल की दुनिया में चार वर्चुअल असिस्टेंटों का बोलबाला है। ये हैं—अमेजॉन की अलेक्सा, गूगल का गूगल असिस्टेंट, माइक्रोसॉफ्ट की कोर्टाना और एप्पल की सिरी। इनमें से पहले तीन आभासी सहायकों का हिंदी से किसी-न-किसी तरह से परिचय हो चुका है, जबकि एप्पल की सिरी के साथ हिंदी के प्रयोग किए जा चुके हैं और उम्मीद है कि यह रिश्ता जल्दी ही प्रयोगों से हकीकत के स्तर पर दिखाई देगा।

अमेजॉन की अलेक्सा

हिंदी में बातचीत करने में सक्षम अलेक्सा एक हार्डवेयर उपकरण है, जो दो रूपों में मिलता है—पहला एक स्मार्ट स्पीकर है, जिसका नाम 'अमेजॉन इको' है। दूसरा एक एच.डी. डिस्प्ले स्क्रीन से युक्त उपकरण है, जिसमें ध्वनि के साथ-साथ

वीडियो भी दिखाई देता है और इसका नाम 'अमेजॉन इको शो' है। दोनों के साथ यूजर के संवाद का तरीका एक-सा है। आप उसे कुछ बोलकर निर्देश देते हैं या पूछते हैं और अलेक्सा आपकी कही हुई बातों पर अमल करती है। यह इंटरनेट से आपके लिए कुछ खोजकर ला सकती है तो आपकी फरमाइश पर खबरें और संगीत भी सुना सकती है। वीडियो कॉलिंग के लिए भी आप इसके डिस्प्लेवाले वर्जन का इस्तेमाल कर सकेंगे तो इन सबके अलावा यह आपके घर की बत्तियाँ तक बुझाने का काम कर सकती है। हालाँकि उसके लिए एक खास किस्म का उपकरण आपको अपने घर के बिजली के सर्किट के साथ जोड़ना होता है।

अलेक्सा को अमेजॉन की वीडियो स्ट्रीमिंग सेवा प्राइम और उसकी फायर टी.वी. स्टिक के साथ भी जोड़ दिया गया है। इसका अर्थ यह हुआ कि अगर आपको अपने स्मार्ट टेलीविजन पर अमेजॉन के एप पर कार्यक्रम देखने या बदलने हैं तो आप उसे रिमोट कंट्रोल जैसी फायर टी.वी. स्टिक के जरिए बोलकर भी निर्देश दे सकते हैं।

अगर आप अब तक अलेक्सा से हिंदी में बात नहीं करते तो उसे यह निर्देश देकर देखिए—Alexa speak in English and Hindi. इतना सुनने से वह हिंदी भाषा में बोली हुई बातों को समझना और उसमें संवाद करना शुरू कर देगी। अलेक्सा को कोई भी कमांड देने के लिए पहले उसका नाम बोलकर संबोधन करना चाहिए, ताकि उसे पता चल जाए कि आप उसे संबोधित कर रहे हैं। इस पर दी जानेवाली कुछ हिंदी कमांड्स की बानगी देखिए—

संगीत—

अलेक्सा, बॉलीवुड के लेटेस्ट गाने सुनाओ।

अलेक्सा, जगजीत सिंह की गजलें सुनाओ।

अलेक्सा, हमारे बच्चों को नर्सरी राइम सुनाओ।

खेल और ताजा खबरें—

अलेक्सा, क्या चल रहा है?

अलेक्सा, क्रिकेट का स्कोर क्या है?

अलेक्सा, ताजातरीन खबरें सुनाओ।

सवाल-जवाब—

अलेक्सा, सोने का भाव क्या चल रहा है?

अलेक्सा, अमेरिका की राजधानी क्या है?

अलेक्सा, भारत के प्रधानमंत्री का नाम बताओ।

अलेक्सा, 300 अमेरिकी डॉलर को रुपयों में बदलकर बताओ।

अलेक्सा, क्या आज बारिश होगी?

घर के कामकाज—

अलेक्सा, मेरी शॉपिंग लिस्ट में दो किलो बेसन डाल दो।

अलेक्सा, सुबह साढ़े छह बजे का अलार्म लगाओ।

अलेक्सा, कल फोन का बिल देने के लिए रिमाइंडर लगाओ।

स्मार्ट होम—

अलेक्सा, किचन की लाइट ऑन करो।

अलेक्सा, घर की बत्तियाँ बुझा दो।

मौज-मस्ती—

अलेक्सा, एक चुटकुला सुनाओ।

अलेक्सा, हिंदी शायरी सुनाओ।

अलेक्सा, मेरा आज का राशिफल बताओ।

अलेक्सा, पाँच किलो आटे का ऑर्डर करो।

अलेक्सा आपके ऐसे सभी सवालों के जवाब ठीक उसी तरह से देती है, जैसे कि आप किसी व्यक्ति से बात कर रहे हों। आप देख सकते हैं कि हिंदी में आपके निर्देशों को सुनकर वह सही कदम उठाने में सक्षम है। आर्टिफिशियल इंटेलिजेंस और हिंदी के बीच लगातार प्रगाढ़ होते रिश्तों का यह एक अच्छा उदाहरण है।

गूगल असिस्टेंट

गूगल असिस्टेंट हिंदी में दर्जनों किस्म के निर्देशों पर अमल करने में सक्षम है और वह इंटरनेट से सर्च करने या सवाल-जवाब करने से कहीं आगे जा सकता है। मिसाल के तौर पर, वह गूगल के कई दूसरे एप्लीकेशंस को एक्सेस करने की भी क्षमता रखता है। जहाँ अलेक्सा एक हार्डवेयर उपकरण के भीतर समाहित आर्टिफिशियल इंटेलिजेंस की नुमाइंदगी करता है, वहीं गूगल असिस्टेंट एक सॉफ्टवेयर एप्लीकेशन के रूप में आपकी मदद के लिए तैयार है। आप उसे साथ टेक्स्ट के साथ-साथ ध्वनि के माध्यम से भी निर्देश दे सकते हैं। अगर आपने अपने घर में इंटरनेट ऑफ थिंग्स का इस्तेमाल करके उसे स्मार्ट होम में तब्दील किया है

तो वह घर की बहुत सी चीजों को नियंत्रित कर सकता है। अगर आपके स्मार्टफोन में गूगल असिस्टेंट मौजूद नहीं है, तो आज ही उसे प्ले स्टोर से डाउनलोड कर लीजिए। इंस्टॉल करने के बाद आपको दो सेटिंग्स करनी होंगी—पहली, अपने एंड्रोइड फोन में हिंदी में वॉइस इनपुट सक्रिय कर लीजिए और दूसरा, सेटिंग्स में जाकर सर्च लैंग्वेज में भी हिंदी को जोड़ लीजिए।

गूगल असिस्टेंट सिर्फ एंड्रोइड स्मार्टफोन में ही उपलब्ध नहीं है, बल्कि एंड्रोइड से नियंत्रित होनेवाले बहुत से उपकरणों में काम करता है। वह गूगल होम नामक उपकरण का भी हिस्सा है, जो कि अमेजॉन की अलेक्सा इको डिवाइस जैसा ही दिखता है। इतना ही नहीं, गूगल असिस्टेंट एंड्रोइड टी.वी. के साथ-साथ वियरेबल डिवाइसेज (जैसे—स्मार्ट घड़ी) और कुछ हेडफोन्स पर भी काम करता है। इन सभी उपकरणों के जरिए आप न सिर्फ इंटरनेट पर सर्च रिजल्ट हासिल कर सकते हैं, बल्कि अपने उपकरणों को कंट्रोल भी कर सकते हैं। इससे कुछ पूछने से पहले इसका नाम बोलने की जरूरत नहीं है। पूछे जा सकनेवाले कुछ सवाल इस तरह हैं—

हमारे आसपास के कुछ अच्छे रेस्टोरेंट बताओ।

आज शाम को बारिश हो सकती है क्या?

दिल्ली से जयपुर जाने में अभी कितने घंटे लगेंगे?

आज शाम तीन बजे मैं क्या कर रहा हूँ? (अगर आपने गूगल कैलेंडर में विवरण दिया हुआ है तो जवाब मिलेगा)

शाम को मुझे पार्टी में जाना है। शाम सात बजे का अलार्म लगा दो।

जी-मेल को ओपन करो।

अरिजीत सिंह का एक अच्छा गाना सुनाओ।

इंग्लैंड और पाकिस्तान की क्रिकेट सीरीज का नतीजा क्या रहा?

ऐसे सभी सवालों के जवाब गूगल असिस्टेंट बखूबी देता है। आप समझ सकते हैं कि वह न सिर्फ यूजर के द्वारा पूछे गए सवालों को पहले समझता है और फिर उनके जवाब इंटरनेट पर मौजूद जानकारी के आधार पर तलाशता है। अंत में, वह हिंदी में बोलकर जवाब भी देता है। इस प्रक्रिया में कई तरह की इंटेलिजेंस काम करती है, जिसमें ध्वनि प्रसंस्करण से लेकर मशीन अनुवाद और इंटरनेट सर्च से लेकर तमाम किस्म की गणनाएँ भी शामिल हैं।

कोर्टाना

माइक्रोसॉफ्ट की 'कोर्टाना' भी एक एप्लीकेशन के रूप में आपकी मदद करती है। वह विंडोज 10 में उपलब्ध है। वह भी दूसरे आभासी सहायकों की ही तरह आपके कंप्यूटर को एक्सेस करने में सक्षम है, उसके भीतर मौजूद एप्लीकेशनों, सॉफ्टवेयरों आदि को खोलने में सक्षम है, आपके लिए टाइपिंग भी कर सकती है और इंटरनेट सर्च तथा तमाम किस्म की गणनाएँ तो करती ही है। 'कोर्टाना' में हिंदी का समर्थन सीमित है, लेकिन उसके पास हिंदी में अनुवाद करने, टेक्स्ट लिखने और बोलने की क्षमता मौजूद है। आप उससे अंग्रेजी शब्दों या वाक्यों के हिंदी अनुवाद करवा सकते हैं। तब वह न सिर्फ उन्हें लिखकर बताती है, बल्कि बोलकर भी जवाब देती है। 'कोर्टाना' से आप इस तरह के अनुवाद करवा सकते हैं।

—हे कोर्टाना, ट्रांसलेट इनटू हिंदी 'इंडिया इज ए ग्रेट कंट्री'।

—कोर्टाना का जवाब—भारत एक महान् देश है।

—हे कोर्टाना, हाउ डू यू से 'गुड बाय' इन हिंदी।

—कोर्टाना का जवाब—अलविदा।

सिरी

एप्पल का 'सिरी' फिलहाल हिंदी में काम नहीं करता। सन् 2012 में एक डेवलपर कुणाल कौल ने एक प्रयोग किया था, जिसमें उन्होंने 'सिरी' को गूगल वॉइस सर्वर से कनेक्ट किया था और उसके बाद उनके हिंदी में पूछे हुए प्रश्नों का 'सिरी' भी हिंदी में जवाब देती थी। लेकिन यह एप्पल की तरफ से जारी किया गया ऑफिशियल फीचर नहीं था, बल्कि एक किस्म का हैक था। आज 'सिरी' भारतीय लहजेवाली अंग्रेजी को तो समझती है, लेकिन हिंदी में अभी तक यह सुविधा उपलब्ध नहीं हुई है।

□

काम करेगी आर्टिफिशियल इंटेलिजेंस, क्या करेंगे हम ?

पूरी दुनिया में आर्टिफिशियल इंटेलिजेंस के चर्चे हैं। भविष्य में वह बहुत बड़ी तकनीकी ताकत बनेगी और हमारी जिंदगी के साथ घुल-मिल जाएगी। वह न सिर्फ दुनिया में अभूतपूर्व किस्म के बदलाव ला सकती है, बल्कि हमारे रहने, काम करने, पढ़ने-लिखने, यात्रा करने, कारोबार करने, उद्योग चलाने, इलाज करवाने, यात्राएँ करने जैसे तमाम तौर-तरीके बदल सकती है। माना जाता है कि इसकी वजह से दुनिया में उतना ही बड़ा बदलाव आनेवाला है, जितना कि बिजली के आने से आया था। सोचिए, आज कौन सा काम है, जिसमें किसी-न-किसी रूप में बिजली की भूमिका नहीं है ?

आर्टिफिशियल इंटेलिजेंस की बदौलत मशीनें बहुत ताकतवर तथा 'बुद्धिमान' हो जाएँगी और इनसान की क्षमताओं से होड़ लेने लगेंगी। यह सुनना जहाँ रोमांचित करता है, वहीं यह सवाल भी पैदा करता है कि फिर इनसान का क्या होगा ? आखिर यह आर्टिफिशियल इंटेलिजेंस है क्या, जिसने दुनिया भर में इतनी सुर्खियाँ बना दी हैं ?

क्या है आर्टिफिशियल इंटेलिजेंस ?

इसका मतलब मशीनों (या प्रौद्योगिकी) के भीतर इनसानों जैसी ही सीखने, विश्लेषण करने, सोचने, किसी बात को समझने, समस्याओं का समाधान करने, निर्णय लेने आदि की क्षमताएँ पैदा हो जाने से है। ये ऐसी क्षमताएँ हैं, जो इनसान के पास तो हैं, लेकिन दुनिया में किसी दूसरे प्राणी के पास नहीं हैं। अगर किसी प्राणी के पास इनमें से एकाध क्षमता है भी, तो वह बेहद सूक्ष्म स्तर पर है। लेकिन अब प्रौद्योगिकी ने इतनी तरक्की कर ली है कि बेजान मशीनों के भीतर इनसे मिलती-

जुलती क्षमताएँ आ गई हैं। हमारी इंद्रियाँ जो काम करती हैं, उनमें से कई काम अब मशीनें भी करने लगी हैं। वे देख सकती हैं, सुन सकती हैं, बोल सकती हैं, चल-फिर सकती हैं, यहाँ तक कि स्पर्श आदि को भी महसूस कर सकती हैं। उन्नत शोध और विकास के अलावा ऐसे कई कारण हैं, जिनकी बदौलत यह क्षमता पैदा हो रही है, जैसे—बड़ी मात्रा में डाटा का उपलब्ध होना, उसका विश्लेषण करने की काबिलीयत पैदा होना, कंप्यूटरों की क्षमता का बहुत अधिक बढ़ जाना, क्लाउड कंप्यूटिंग का विकास, इंटरनेट कनेक्टिविटी आदि।

आएगी कैसी क्रांति? कारखानों का दृश्य बदल जाएगा

आज कारखानों में बड़ी संख्या में इनसान काम करते हैं। लेकिन आनेवाले समय में इनसानों के साथ-साथ रोबोट भी काम कर रहे होंगे। जो काम बार-बार किए जानेवाले (रिपिटीटिव) हैं, जैसे कि नई बनी कारों में एक के बाद एक टायर फिट करना या कार का पेंट करना, उन्हें रोबोट इनसानों से ज्यादा बेहतर दक्षता और तेजी के साथ पूरा कर देंगे। कारखानों का रखरखाव आसान हो जाएगा, क्योंकि उनमें आनेवाली दिक्कतों का समय से पहले ही पता चल जाएगा। कारखानों पर खर्च घटने से उत्पादों की कीमत भी घट जाएगी।

कारें खुद-ब-खुद चल रही होंगी

ड्राइवरलेस कारें अभी तक परीक्षण के दौर में हैं और बहुत कम स्थानों पर उनका इस्तेमाल हो रहा है। लेकिन बीस साल बाद सड़कों पर ऐसी कारों की भरमार होगी, जिन्हें कोई नहीं चला रहा होगा और वे खुद-ब-खुद चल रही होंगी। इनसान भावनाओं में बह जाता है और तेज रफ्तार से सही निर्णय करने में असमर्थ होता है। लेकिन आर्टिफिशियल इंटेलिजेंस इन दोनों ही मामलों में अप्रभावित है, इसलिए ऐसे वाहनों की दुर्घटनाएँ भी बहुत कम होंगी। वे अपनी पुरानी यात्राओं के अनुभवों के साथ-साथ दूसरे वाहनों के पैटर्न और इंटरनेट सर्च से भी सीखकर अपने आप को बेहतर बना रही होंगी।

बीमारी का खतरा घट जाएगा

आर्टिफिशियल इंटेलिजेंस के तहत बड़े पैमाने पर डाटा का विश्लेषण करके पैटर्न पहचाने जाते हैं और उनके आधार पर नतीजे निकाले जाते हैं। इतना ही नहीं, ऐसे पैटर्नों के जरिए भविष्य के बारे में भी राय बनाई जा सकती है। स्वास्थ्य के

क्षेत्र में इसके क्रांतिकारी परिणाम होंगे, क्योंकि किसी व्यक्ति के डाटा का विश्लेषण करके पता चल जाएगा कि उसे पाँच या दस साल बाद यह बीमारी होने की संभावना है। इतना ही नहीं, यह भी पता चल जाएगा कि किस व्यक्ति को कौन सी दवा देने पर बेहतर असर होगा, यानी एक ही बीमारी में अलग-अलग लोगों के लिए सबसे कारगर दवा की पहचान।

कंप्यूटर खबरें लिख रहे होंगे

'ब्लूमबर्ग' नाम के मीडिया संस्थान ने जटिल वित्तीय रिपोर्टों का विश्लेषण करने के लिए साइबोर्ग तकनीक का प्रयोग करना शुरू किया है। एसोसिएटेड प्रेस ऐसे बॉट्स (सॉफ्टवेयर रोबोट) का इस्तेमाल कर रही है, जो कंपनियों के सालाना प्रदर्शन का विश्लेषण करते हुए खबरें लिख देते हैं। चीन में एक टेलीविजन चैनल ने ऐसे वर्चुअल न्यूजरीडर का विकास किया है, जो एकदम इनसान जैसा लगता है और खबरें पढ़ता है। ऐसे दृश्य दो दशकों के बाद सामान्य हो चुके होंगे। कंप्यूटरों की बनाई खबरों को शुद्धता के लिए संपादकों के अलग-अलग स्तरों से गुजारने की जरूरत नहीं रहेगी।

आंतरिक, साइबर और राष्ट्रीय सुरक्षा

इनसानों को लड़ाई के लिए भेजने की जरूरत न्यूनतम रह जाएगी। मशीनें ही मशीनों से लड़ रही होंगी। तकनीकी दृष्टि से ज्यादा संपन्न छोटे देश भी बड़े देशों को मात देने की स्थिति में आ जाएँगे। हथियार ऐसे होंगे, जो दागे जाने के बाद शत्रु के जवाबी कदम का अनुमान लगाकर अपनी स्थिति बदल लेंगे। विभिन्न माध्यमों से मिल रहे डाटा का विश्लेषण करके सुरक्षा के लिए पैदा होनेवाले खतरों को पहले से ही भाँप लिया जाएगा। बहुत से अपराधियों का उनके बचपन में ही पता चल जाएगा और उन्हें रोका जा सकेगा। अपराधियों का बचना मुश्किल होगा, क्योंकि पहचानना और ढूँढ़ निकालना आसान हो चुका होगा।

पैदावार बेहतर हो जाएगी

आर्टिफिशियल इंटेलिजेंस हर तरह की भविष्यवाणियाँ करने और राय देने में सक्षम होगी। किस स्थान पर कौन सी फसल बोने पर कितनी पैदावार होगी, किस समय मौसम कैसा रहेगा, किस मिट्टी में बीज की कौन सी किस्म ज्यादा काम करेगी, यह सब पहले से ही पता चल जाएगा। इस चार्ट के आधार पर किसान पहले

ही ज्यादा-से-ज्यादा मुनाफे को देखते हुए फसल का चयन कर सकेंगे। फसल और मवेशियों को बीमारियाँ लगने से बचाया जा सकेगा। खेती के लिए इनसानों की जरूरत बहुत घट जाएगी और ज्यादातर काम स्वचालित ढंग से मशीनें करने लगेंगी—जमीन तैयार करने से लेकर बोने और काटने तक।

सुपरमार्केटों में होंगे सिर्फ ग्राहक

सेल्समैन और कर्मचारियों की जरूरत खत्म हो जाएगी, क्योंकि दुकानों में ज्यादातर काम रोबोट्स कर रहे होंगे। इनसानों के तौर पर सिर्फ प्रबंधक या फिर ग्राहक नजर आएँगे। हर व्यक्ति पर हमेशा निगरानी रहेगी, इसलिए सुरक्षा या चोरी जैसी कोई आशंका नहीं रहेगी। आग लगने की आशंका का बहुत पहले ही पता चल जाएगा और इनसान उससे बचाव का उपाय पहले ही कर चुका होगा।

पैदा होंगी कैसी चुनौतियाँ? नौकरियों पर संकट आएगा

चूँकि श्रम के साथ-साथ दिमाग का इस्तेमाल होनेवाले भी ज्यादातर काम मशीनें, रोबोट या बॉट्स (सॉफ्टवेयर) करने लगेंगे, इसलिए नौकरियों के लिए संकट पैदा हो सकता है। कंपनियों के लिए रोबोट को खरीदकर काम पर लगाना सस्ता सौदा होगा, क्योंकि वह एक ही बार का निवेश होगा। न हर महीने तनख्वाह देनी होगी, न छुट्टियाँ देनी होंगी और न ही कर्मचारियों से होनेवाली भूल-चूक, लापरवाही या नाकारापन का सामना करना पड़ेगा। कम खर्चे पर ज्यादा काम होगा, तो इनसानों को कोई क्यों काम देगा? मशीनें इनसानों की प्रतिद्वंद्वी बनकर खड़ी होंगी। लेकिन दूसरी तरफ नई किस्म की नौकरियाँ पैदा हो जाएँगी।

मशीनी जिंदगी के दुष्परिणाम दिखेंगे

आशंका है कि हर जगह पर मशीनों का दबदबा होगा तो अनेक तरह की समस्याएँ पैदा होंगी। मानसिक तनाव, अकेलापन, कुंठा, हताशा, रक्तचाप आदि। शारीरिक श्रम नहीं होगा तो दूसरी तरह की दिक्कतें सामने आएँगी, जिन्हें 'लाइफस्टाइल डिजीजेज' कहते हैं। नौकरियाँ कम होंगी और लोग बहुत अधिक होंगे, इसलिए प्रतिद्वंद्विता अपने चरम पर होगी। मशीनें और इनसान बहुत से स्थानों पर एक-दूसरे के मुकाबले में खड़े होंगे। लेकिन चूँकि मशीनें ज्यादा सटीक, तेज और गुणवत्तापूर्ण काम करने में सक्षम होंगी, ऐसी ज्यादातर स्थितियों में इनसान को मुँह की खानी पड़ेगी।

अगर मशीनें काबू से बाहर हो गईं तो!

आर्टिफिशियल इंटेलिजेंस को लेकर सबसे बड़ा डर यही है कि अगर मशीनें खुद ही सोचने-समझने, निर्णय लेने और उन पर अमल करने में सक्षम हो गईं, तो कहीं ऐसा न हो कि वे पूरी तरह से स्वतंत्र हो जाएँ! वे इस स्थिति में पहुँच जाएँ कि इनसान के निर्णय को गलत मानते हुए उसे स्वीकार करने से इनकार कर दें! या फिर इनसान की बौद्धिकता से कहीं ऊँचे बौद्धिक स्तर पर पहुँच जाएँ और तब इनसान की क्षमता ही न रहे कि उन्हें काबू में कर सके! तब वे क्या कुछ कर सकती हैं, इसकी कल्पना बहुत भयावह है। एलन मस्क और स्टीफन हॉकिंग ने कहा था कि आर्टिफिशियल इंटेलिजेंस इनसानों का अस्तित्व खतरे में डाल सकती है।

भयावह युद्ध का खतरा

अगर आर्टिफिशियल इंटेलिजेंस सुरक्षा के क्षेत्र में भूमिका निभाती है, जिसे स्वाभाविक मानकर चला जा रहा है तो वह परिस्थितियों पर निगरानी रखते हुए खुद निर्णय लेने की स्थिति में आ सकती है। एलन मस्क ने कहा है कि ऐसी स्थिति में आर्टिफिशियल इंटेलिजेंस परमाणु हथियारों से भी ज्यादा घातक हो सकती है। फर्ज कीजिए कि अमेरिका के परमाणु हथियारों पर नियंत्रण करनेवाली आर्टिफिशियल इंटेलिजेंस आधारित प्रणाली ने रूस या चीन पर निगरानी रखते हुए कोई गलत संकेत पकड़ लिया और परमाणु मिसाइल फायर कर दिया तो? इसके जवाब में दूसरी तरफ मौजूद आर्टिफिशियल इंटेलिजेंस भी तुरंत ऐसा ही कदम उठा लेगी। नतीजा? आप खुद सोच लीजिए!

□

फोटो से ही बीमारी पहचान लेंगी मशीनें

आर्टिफिशियल इंटेलिजेंस की बदौलत जिन क्षेत्रों में सबसे ज्यादा बदलाव होनेवाला है, उनमें से एक है—चिकित्सा और स्वास्थ्य का क्षेत्र। जिन कामों में सबसे बड़ा बदलाव आएगा, वे हैं—रोगों की समय से पहले पहचान, बेहतर डायग्नोसिस, दवाओं का विकास, ऑपरेशन जैसी जटिल प्रक्रियाओं में तकनीकी सहयोग, रोगियों की सेहत की निगरानी और देखभाल। दर्जनों दूसरे क्षेत्रों का भी कायाकल्प होगा। वैसे 'होगा' का प्रयोग करना अब उचित नहीं है, क्योंकि वास्तव में यह बदलाव आना शुरू हो चुका है। आर्टिफिशियल इंटेलिजेंस की बदौलत न सिर्फ जिंदगियाँ बचाना संभव होगा, बल्कि चिकित्सा पर होनेवाला खर्च भी बचाया जा सकेगा और लोगों की तकलीफें भी कम की जा सकेंगी।

बरसों पहले रोग की पहचान

आर्टिफिशियल इंटेलिजेंस लाखों-करोड़ों रोगियों के मामलों के पैटर्न, डाटा, लक्षणों आदि का विश्लेषण करके इन बीमारियों पर ऐसी पकड़ हासिल कर लेती है, जो इनसान के लिए संभव नहीं है। हालाँकि डॉक्टर भी अपने जीवन-काल में हजारों मरीजों को देखते हैं और उन अनुभवों से अपना ज्ञान बेहतर बनाते हैं, लेकिन वे आर्टिफिशियल इंटेलिजेंस का मुकाबला नहीं कर सकते, जिसकी क्षमताओं की कोई सीमा नहीं है। मरीजों के डाटा के पैटर्न का विश्लेषण करते हुए वह कई साल पहले की किसी व्यक्ति की स्थिति के साथ तुलना करते हुए आगे की संभावनाओं को भाँप सकती है। माइक्रोसॉफ्ट ने कुछ साल पहले अपोलो समूह के साथ ऐसी ही एक परियोजना शुरू की है, जिसके तहत मरीजों के शरीर के शुरुआती लक्षणों के आधार पर इस बात की भविष्यवाणी की जा सकती है कि इस व्यक्ति को कितने साल बाद दिल की बीमारी होने की आशंका है। मरीज की पृष्ठभूमि, जीवन-शैली,

आदतों, शारीरिक लक्षणों आदि के डाटा का इस्तेमाल करते हुए हर मरीज को एक स्कोर दिया जाता है, जो आनेवाली बीमारी की तरफ संकेत करता है। इस परियोजना के तहत आर्टिफिशियल इंटेलिजेंस का प्रयोग करके पाँच-सात साल पहले ही बताया जा सकेगा कि किस रोगी को कब दिल का दौरा पड़ सकता है!

गूगल की 'ए.आई. रिसर्च परियोजना' के तहत भी दिल की बीमारियों तथा डायबिटिक रेटिनोपैथी (मधुमेह के मरीजों की आँखों की बीमारी) जैसे रोगों का बहुत पहले पता लगाया जा रहा है। ऐसी ही एक अन्य परियोजना एल.वी. प्रसाद आई हॉस्पिटल और माइक्रोसॉफ्ट के बीच शुरू हुई है, जिसमें रेटिना के पिछले लाखों चित्रों के विश्लेषण के आधार पर किसी मरीज की आँखों का विश्लेषण करते हुए मोतियाबिंद, काला मोतिया, अंधेपन या आँखों की दूसरी बीमारियों की आशंका के बारे में बरसों पहले बताया जा सकता है।

असिस्टेड सर्जरी

सर्जरी में रोबोट्स का इस्तेमाल धीरे-धीरे सामान्य होता जा रहा है। ये रोबोट मरीज के पुराने रिकॉर्ड का विश्लेषण करते हुए और उसकी दूसरे हजारों-लाखों मामलों के साथ तुलना करते हुए, सर्जन के उपकरण को एकदम सटीक जगह पर इस्तेमाल करने में मदद कर सकते हैं। इससे बेवजह लंबा चीरा लगाने की जरूरत नहीं होती और सर्जरी भी सटीक ढंग से संपन्न होती है। मरीज को ज्यादा समय तक अस्पताल में रुकने की जरूरत नहीं होती और उसकी रिकवरी भी जल्दी होती है। इसकी बदौलत, सर्जरी के बाद पैदा होनेवाली जटिलताएँ या कॉम्प्लिकेशन भी बहुत कम किए जा सकते हैं। ऐसे रोबोट भी मौजूद हैं, जो खुद ही नसों के जरिए शरीर में सही जगह पर जाकर डॉक्टरों की देखरेख में सर्जरी कर देते हैं। 'हार्टलैंडर' ऐसा ही एक सूक्ष्म रोबोट है, जो दिल की बीमारियों में इस्तेमाल किया जाता है। 'दा विंची' नाम का एक रोबोट आँखों की सर्जरी को ज्यादा सटीक ढंग से अंजाम देने के लिए इस्तेमाल किया जाता है।

एकदम सही दवा

किस रोगी के लिए कौन सी दवा ज्यादा सटीक बैठेगी, इसका पता लगाना एक मुश्किल काम है। लेकिन आर्टिफिशियल इंटेलिजेंस के दौर में यह आसान हो गया है। यह इसलिए जरूरी है, क्योंकि आज एक ही बीमारी में इस्तेमाल करने के लिए दर्जनों दवाइयाँ उपलब्ध हैं। लेकिन हर व्यक्ति जिस माहौल में रहता है, उसकी

जैसी जीवन-शैली और खानपान है, जैसी आनुवंशिक पृष्ठभूमि है, आयु है, शरीर में मौजूद दूसरे रोग या समस्याएँ हैं और ऐसी ही दूसरी बहुत सारी बातों को ध्यान में रखते हुए अगर दवा दी जाए, तो वह ज्यादा बेहतर काम करेगी। आर्टिफिशियल इंटेलिजेंस इनसान के शरीर का सूक्ष्म विश्लेषण करते हुए, हर व्यक्ति के लिए अलग और एकदम सटीक दवा सुझाने में सक्षम हो जाती है। डॉक्टर इलाज की सफलता के लिए निश्चिंत हो सकता है।

वर्चुअल नर्सिंग असिस्टेंट

ऐसे रोबोट उपलब्ध हैं, जो आर्टिफिशियल इंटेलिजेंस की मदद लेते हुए मरीजों के स्वास्थ्य की उसी तरह देखभाल करते हैं, जैसे कि नर्सें करती हैं। इन्हें 'वर्चुअल नर्सिंग असिस्टेंट' कहा जाता है। ये चौबीसों घंटे बिना थके और बिना विश्राम किए अनवरत काम कर सकते हैं। न सिर्फ मरीज की सेहत पर नजर रख सकते हैं, बल्कि उसके पूछे सवालों के जवाब भी दे सकते हैं और लगातार डॉक्टरों के संपर्क में रह सकते हैं। कोई भी असामान्य गतिविधि होने पर वे पूरे विवरण के साथ डॉक्टरों को सूचित कर सकते हैं और मरीज को तुरंत सहायता मिल सकती है। वे न सिर्फ तापमान, रक्तचाप, ऑक्सीजन का स्तर, शुगर लेवल, दिल की धड़कन और ऐसे ही दूसरे पैमानों पर नजर रख सकते हैं, बल्कि मरीज के हाव-भाव, बोलने के तरीके आदि को भी मॉनिटर कर सकते हैं और अपने पिछले ज्ञान के आधार पर पता लगा सकते हैं कि वह किस स्थिति में है।

आवाज से बीमारी का अंदाज

डेनमार्क में एक कंपनी ने ऐसा डीप लर्निंग सॉफ्टवेयर बनाया है, जो अस्पतालों में या डॉक्टरों के क्लिनिक में आनेवाले टेलीफोन कॉलों को मॉनिटर करते हुए इस बात का अंदाजा लगा लेता है कि किस इनसान को दिल का दौरा पड़ा होगा या पड़ रहा है। वह उनकी आवाज के स्तर, बोलने के तरीके, बैकग्राउंड साउंड और ऐसी ही दूसरी चीजों पर ध्यान देते हुए पता लगा लेता है कि कहीं कॉल करनेवाले शख्स को हार्ट अटैक तो नहीं आया है! ऐसे मामलों में उसकी कामयाबी की दर 93 फीसदी आँकी गई है। जैसे ही उसे व्यक्ति की बीमारी की गंभीरता का अंदाज लगता है, डॉक्टर को सतर्क कर दिया जाता है और तुरत-फुरत मरीज का इलाज शुरू हो जाता है।

इमेजिंग और परीक्षण

कैंसर के मरीजों की मैमोग्राफी का विश्लेषण करते हुए आर्टिफिशियल इंटेलिजेंस इनसानों की तुलना में ज्यादा सटीक ढंग से इस बात का पता लगा लेती है कि किस मरीज को कैंसर है या हो सकता है। वैसे मैमोग्राम के विश्लेषण में इनसानों की सटीकता की दर बहुत अच्छी नहीं है। लेकिन आर्टिफिशियल इंटेलिजेंस 99 फीसदी सटीक ढंग से नतीजे देती है। कैंसर के मेटास्टेटिस के मामलों में, जब कैंसर एक अंग से दूसरे अंग तक पहुँच जाता है, भी ए.आई. द्वारा बेहतर भविष्यवाणी तथा पहचान संभव है। स्टैनफोर्ड विश्वविद्यालय ने एक अध्ययन किया, जिसमें त्वचा कैंसर के मामलों में आर्टिफिशियल इंटेलिजेंस से भी निष्कर्ष पूछे गए और डॉक्टरों से भी। दोनों के नतीजे करीब-करीब समान आए। लेकिन फर्क यह था कि आर्टिफिशियल इंटेलिजेंस ने यह काम पलक झपकते ही कर दिया। एक्स-रे, सी.टी. स्कैन, एम.आर.आई. और ऐसे ही दूसरे परीक्षणों को जाँचने के काम में भी वह मददगार साबित हो रही है।

स्मार्टफोन और डिवाइसेज

क्या आप यकीन करेंगे कि आर्टिफिशियल इंटेलिजेंस आपका सेल्फी चित्र मात्र देखकर अंदाजा लगा सकती है कि आपको कोई बीमारी तो नहीं है और अगर है तो वह कितनी बिगड़ रही है या बेहतर हो रही है? इंग्लैंड में आर्टिफिशियल इंटेलिजेंस पर आधारित ऐसा टूल बनाया गया है, जो बच्चों के चेहरे के चित्रों को देखकर त्वचा और आँखों के रोगों सहित 90 तरह की बीमारियों का पता लगा सकता है। आज लगभग हर व्यक्ति के हाथ में मोबाइल फोन है। जरा सोचिए कि सिर्फ सेल्फी लेने भर से अगर डायग्नोसिस हो जाए, तो खुद को स्वस्थ रखना और जल्द सटीक इलाज पाना कितना आसान हो जाएगा! धन की बचत, समय की बचत, बीमारियों से होनेवाले साइड इफेक्ट्स आदि से सुरक्षा जैसे बहुत सारे दूसरे लाभ तो हैं ही।

□

'बिग डाटा' है बेशकीमती

श्री नरेंद्र मोदी ने कुछ साल पहले अमेरिका के ह्यूस्टन में हुए 'हाउडी मोदी' कार्यक्रम को संबोधित करते हुए कहा था, "आज कहा जाता है कि डाटा नया तेल (पेट्रोल) है। मैं इसमें यह जोड़ना चाहूँगा कि डाटा नया सोना भी है। इंडस्ट्री 4.0 डाटा पर केंद्रित है। अब कृपया मुझे ध्यानपूर्वक सुनें। अगर किसी देश में डाटा सबसे सस्ता है तो वह भारत है।" श्री मोदी का कथन दो अर्थों में था—पहला, भारत दुनिया के सबसे ज्यादा डाटा पैदा करनेवाले देशों में है। दूसरा, भारत में मोबाइल डाटा (कनेक्टिविटी) दुनिया में सबसे सस्ती है।

डाटा आज के समय की सर्वाधिक महत्त्वपूर्ण वस्तुओं में है। हमारी अधिकांश गतिविधियों में उसकी भूमिका है। या तो इनमें डाटा पैदा होता होगा या फिर उसका प्रयोग होता होगा। डाटा का अर्थ सूचना से है, जिसका जन्म डिजिटल माध्यमों के जरिए होता है। आप मोबाइल फोन को ऑन करते हैं तो एक सूचना पैदा होती है कि इतने बजे, इस स्थान पर, मोबाइल फोन को ऑन किया गया। उसके बाद इस मोबाइल पर आप कुछ भी करें, वह सूचना या डाटा को जन्म देता है। आपने व्हाट्सएप खोला, सूचना पैदा हुई। उसमें कोई संदेश पढ़ा, सूचना पैदा हुई कि फलाँ संदेश पढ़ा गया। उसका उत्तर दिया तो फिर अनेक सूचनाएँ पैदा हुईं—पहली यह कि उत्तर दिया गया, दूसरी यह कि उत्तर में क्या लिखा गया, तीसरी यह कि उत्तर इतने बजे भेजा गया, चौथी यह कि वह सामनेवाले व्यक्ति के व्हाट्सएप खाते में पहुँचा, पाँचवीं यह कि उस व्यक्ति ने कितने बजे इसे देखा, छठी यह कि उसने कब इसका उत्तर दिया, सातवीं यह कि उत्तर क्या दिया? आप खुद सोच सकते हैं कि एक मामूली सा व्हाट्सएप संदेश कितनी सारी सूचनाओं की श्रृंखला या डाटा पैदा करता है! लेकिन यह डाटा तेल के समान कीमती कैसे है?

इस सवाल पर आने से पहले कल्पना कीजिए कि आपके फोन पर व्हाट्सएप के अलावा भी बहुत सारे एप हैं। आपके फोन कॉल, चैट्स और वीडियो कॉल, आपके फोटो, एप डाउनलोड, आपके नोट्स, फेसबुक पर की गई टिप्पणियाँ और भी न जाने क्या-क्या। उन सबमें कितना डाटा पैदा हो रहा होगा? फिर आपके कंप्यूटर पर क्या कुछ हो रहा होगा? आपके वर्ड डॉक्यूमेंट, पावरप्वाइंट की स्लाइड्स, एक्सेल शीट्स, बच्चों का होमवर्क आदि-आदि। जिन इंटरनेट साइटों पर आप जाते हैं, वहाँ पर आप कितना डाटा पैदा कर रहे होंगे—इ-मेल, इंटरनेट खोज, वीडियो, गाने, इ-पेपर, धन का भुगतान, ऑनलाइन सामग्री खरीदने के ऑर्डर, डॉक्टरों से लिया गया समय, रेल या बस के टिकट की बुकिंग, नौकरी की खोज, आयकर का रिटर्न, टैक्सी की बुकिंग, गूगल मैप पर ट्रैफिक की स्थिति की जानकारी, शाम के खाने का ऑर्डर, आपका पिछला एक्स-रे और न जाने क्या क्या। अगर आप अलेक्सा, गूगल होम, एप्पल सिरी या माइक्रोसॉफ्ट कोर्टाना के साथ संवाद करते हैं तो फिर कितना डाटा पैदा कर रहे होंगे और अगर टेलीविजन पर कास्ट करके प्रोग्राम देखते हैं या फिर आपका टी.वी. एक स्मार्ट टी.वी. है तो कितना कुछ डाटा बन रहा होगा! आपकी हर एक गतिविधि अलग-अलग डाटा पैदा कर रही है। एक अनुमान के अनुसार आप रोजाना पाँच सौ मेगाबाइट से एक गीगाबाइट के बीच डाटा पैदा कर रहे हैं।

अब अपने आप को साढ़े चार अरब से गुणा कर दीजिए, जितने लोग इस दुनिया में डिजिटल माध्यमों, खासकर इंटरनेट से जुड़े हुए हैं। कल्पना कीजिए कि दुनिया में रोजाना कितना डाटा पैदा हो रहा होगा! आप कहेंगे कि इतने बड़े पैमाने पर पैदा होनेवाले डाटा को कोई कैसे माप सकता है? हाँ, असंभव-सा लगनेवाला काम है। लेकिन 2025 के बारे में विश्व आर्थिक मंच का एक अनुमान उल्लेखनीय है, जिसके अनुसार उस साल तक दुनिया में रोजाना 463 जीटाबाइट्स डाटा पैदा हो रहा होगा। अगर अंकों में लिखा जाए तो 4,63,00,00,00,00,00,00,00,00,00,000 बाइट डाटा। अगर तुलना की जाए तो 21,27,65,957 डी.वी.डी. ड्राइव में जितना डाटा आ जाता है, उतना। और यह एक दिन का आँकड़ा है। अब इसे 365 से गुणा कर दीजिए, तो आपको अनुमान लग जाएगा कि हर साल दुनिया की आबादी कितना डाटा पैदा कर रही होगी! यह जो अथाह डाटा पैदा हो रहा है, उसे मापना तक संभव नहीं है। तो जरा सोचिए कि उसे सहेजकर कैसे रखा जाता होगा? इस सवाल का जवाब

हम आगे किसी लेख में देंगे। बहरहाल, फिलहाल इतना समझ लीजिए कि यही अथाह डाटा ‘बिग डाटा’ कहलाता है।

अगर कोई और जमाना होता तो शायद इसे फिजूल के डाटा का अथाह ढेर मानकर अनदेखा कर दिया जाता या दुनिया के सामने मौजूद एक बड़े संकट के रूप में देखा जाता। लेकिन आज यह अथाह डाटा बेहद कीमती माना जा रहा है और उसकी वजह है बिग डाटा से जुड़ी हुई तकनीकें, जिन्होंने इसका भी विश्लेषण करने, इसके भीतर से रुझानों को खोजने, निष्कर्ष निकालने और यहाँ तक कि सैकड़ों किस्मों के अवसरों का दोहन करना संभव बना दिया है।

जरा इस विशाल डाटा के परिमाण पर एक दृष्टि डालिए—

डोमो के वार्षिक इन्फोग्राफिक के अनुसार, हर एक मिनट में यह सब हो रहा है—

- व्हाट्सएप पर 4,16,66,667 संदेश भेजे जा रहे हैं।
- फेसबुक पर 1,47,000 फोटो पोस्ट किए जा रहे हैं।
- इंस्टाग्राम पर 3,47,222 लोग सामग्री डाल रहे हैं।
- लिंक्डइन पर 69,444 नौकरियों के लिए अर्जियाँ दी जा रही हैं।
- 13,88,889 लोग वीडियो कॉल कर रहे हैं।

अब एक साल पुराने कुछ दैनिक आँकड़ों पर गौर कीजिए। रोजाना करीब 300 अरब इ-मेल भेजे जा रहे हैं, ट्विटर पर 50 करोड़ से ज्यादा टिप्पणियाँ की जा रही हैं और पाँच अरब बार इंटरनेट पर कुछ खोजा जा रहा है। दिमाग घुमा देनेवाले आँकड़े हैं ना? यही बिग डाटा की एक छोटी सी झलक है और यही पेट्रोल या सोना है।

निःशुल्क सेवाओं की भी एक अर्थव्यवस्था है। आप अपने मोबाइल फोन पर गूगल मैप्स का इस्तेमाल करते हैं, व्हाट्सएप का प्रयोग करते हैं, स्काइप पर वीडियो कॉल करते हैं और फेसबुक पर सैकड़ों-हजारों मित्रों को संदेश भेजते-पाते हैं। जी-मेल पर आपको निःशुल्क इ-मेल पता, इ-मेल भेजने की सुविधा और अपने 15 जी.बी. तक के इ-मेल संदेशों को सहेजने की सुविधा मिलती है। और बदले में आपसे कुछ भी नहीं लिया जाता। अपनी अधिकांश चीजें निःशुल्क मुहैया करानेवाला गूगल दुनिया की सबसे बड़ी इंटरनेट कंपनी है और उसका बाजार मूल्य लाखों करोड़ रुपयों में है। ऐसा कैसे?

तो इसका जवाब है कि गूगल अपनी सेवाएँ निःशुल्क उपलब्ध नहीं करा रहा।

भले ही आपको अहसास न हो, लेकिन यह एक तरह का बार्टर अरेंजमेंट (सामान के लेन–देन की व्यवस्था) है, जिसमें वह अपनी सेवाएँ मुहैया करा रहा है और आप उसे अपना डाटा। न वह आपसे कोई शुल्क ले रहा है और न ही आप उससे कोई शुल्क ले रहे हैं। लेकिन हमने चीजों को इस तरह से देखा ही नहीं होता। हमारी दृष्टि में उसका एक ही पक्ष है, जिसमें हम प्राप्तकर्ता हैं। जी नहीं, डाटा के संदर्भ में आप प्रदाता भी हैं। और यही डाटा गूगल, अमेजॉन, फेसबुक, व्हाट्सएप आदि के लिए मूल्यवान् है। इस 'बिग डाटा' का अनेक रूपों में व्यावसायिक दोहन किया जा सकता है और किया जाता है। अब यह तो आप सहज ही सोच सकते हैं कि फेसबुक पर संवाद करके संचार के मामले में आपका जितना धन बचता होगा, उससे कहीं ज्यादा धन फेसबुक आपके डाटा से कमा रहा होगा। तभी तो उसका कारोबार चल पा रहा है ? यही 'बिग डाटा' का मायाजाल है, जिसे हम आगे और गहराई से समझने का प्रयास करेंगे।

□

डॉ. कट एंड पेस्ट, पी-एच.डी.

कुछ साल पहले यू.पी. के स्कूल-कॉलेजों के बारे में एक मजाक सुना करते थे। एक छात्र घर के पिछवाड़े में बैठा चाकू की धार तेज कर रहा है। पिता बाहर से पूछते हैं कि "बेटा, इम्तिहान सिर पर हैं, पिछवाड़े में क्या कर रहे हो?" जवाब मिलता है, "पिताजी, इम्तिहान की तैयारी ही कर रहा हूँ।"

छात्रों की तीन प्रमुख श्रेणियाँ रही हैं—पढ़नेवाले, न पढ़नेवाले और पढ़ने जैसा दिखानेवाले। तीसरी श्रेणी के छात्र, जो कि किताबों में वक्त बरबाद न करने के नाते नए जमाने के लिहाज से बहुत व्यावहारिक होते हैं, शायद बाद में इनमें सबसे सफल भी सिद्ध होते हैं। वे जानते हैं कि पढ़ाई का सिर्फ नाम जरूरी है, काम तो दूसरी चीजों से ही निकलता है। और वे इन्हीं दूसरी चीजों के मास्टर बन जाते हैं। वे हर समस्या का शॉर्टकट से इलाज करने में माहिर होते हैं। मोबाइल, कंप्यूटर और इंटरनेट के युग में भी उनकी प्रतिभा उसी अंदाज में कुसुमित और पल्लवित हो रही है, क्योंकि कंप्यूटर पर तो वैसे ही शॉर्टकट के इस्तेमाल से तेज काम होता है (पाठकों को पता होगा कि कंप्यूटर की-बोर्ड की शॉर्टकट कुंजियों का प्रयोग करने से काम की गति बढ़ जाती है)।

ऐसे ही हरफनमौला छात्रों ने आजकल विश्वविद्यालयों के शोध संस्थानों की नींद हराम की हुई है। पी-एच.डी., एम.फिल. और अन्य उच्च उपाधियाँ प्राप्त करने के आकांक्षी ये छात्र जटिल-से-जटिल विषय पर हफ्ते भर के भीतर शोध-प्रबंध पेश कर डालते हैं। पसंद नहीं आया, तो अगले हफ्ते दूसरा ले लीजिए। वह भी नहीं तो तीसरा। जैसे शोध-प्रबंध लिखना ही उनका पारंपरिक व्यवसाय हो! शोध-प्रबंध का स्तर, उसमें प्रयुक्त टर्मिनोलॉजी, सिद्धांत और मीमांसाएँ इतनी अद्‍भुत कि कीट्स और होमर याद आ जाएँ। कहाँ दस साल पहले के शोधकर्ता पाँच-पाँच

साल लगाकर भी, गाइड महोदय की समर्पित सेवा करने के बाद भी, लाइब्रेरियों में चश्मे लगाए पुस्तक-कीट बनकर भी महज कुढ़ते रहते थे कि ईश्वर! दुनिया का सबसे मुश्किल शोध विषय मुझी को क्यों प्रदान हो गया? लेकिन आज की बात कुछ और है। आज के अद्वितीय प्रतिभासंपन्न युवक जिस खास किस्म की कला और विज्ञान के माध्यम से चंद मिनटों में बड़ा-से-बड़ा शोध कर डालते हैं, वह है—इंटरनेट चौर्यकला। गूगल सर्च करो, दुनिया के किसी अन्य विश्वविद्यालय में अपने विषय से मिलते-जुलते विषय पर कोई-न-कोई शोध जरूर किया गया होगा। उसे डाउनलोड करो, जरा सा हेर-फेर करो (ज्यादा नहीं, क्योंकि वह आपकी प्रतिभा की पोल खोल सकता है), अच्छी सी भूमिका लिखो और लिखवाओ… और सर्वाधिक सम्मानित शैक्षणिक उपाधि ग्रहण करने की तैयारी करो।

कंप्यूटर और इंटरनेट के युग में शैक्षणिक शोध के तौर-तरीके खुद एक बड़े शोध के विषय बन गए हैं। कुछ महीने पहले दिल्ली विश्वविद्यालय के एक कार्यक्रम में वहाँ के शिक्षकों ने चिंतित स्वर में मुझसे पूछा था कि क्या छात्रों की ओर से पेश की जानेवाली थीसिस में इंटरनेट से उठाए गए हिस्सों का पता लगाना संभव है? वे अपने छात्रों द्वारा शोध को हलके ढंग से लिये जाने और शोध-प्रबंधों का स्तर गिरने को लेकर निराश नजर आए। आखिरकार कोई भी विश्वविद्यालय कैसे उस शोध पर गर्व कर सकता है, जो वास्तव में किया ही नहीं गया? जैसे-जैसे इंटरनेट का प्रसार हुआ है और उस पर मौजूद अथाह ज्ञानकोश विद्यार्थियों की पहुँच में आया है, कट-एंड-पेस्ट शोधकार्य आम हो गए हैं। शोध ही नहीं, प्राथमिक से लेकर स्नातक और स्नातकोत्तर कक्षाओं के प्रोजेक्ट और असाइनमेंट के लिए इंटरनेट का अंधाधुंध प्रयोग हो रहा है। किसी भी स्रोत से मिली सामग्री का संदर्भ के रूप में इस्तेमाल करना गलत नहीं है, लेकिन कई-कई पैराग्राफ और अध्याय उड़ाकर इस्तेमाल कर लेना बौद्धिक चोरी की श्रेणी में आता है। यह अनैतिक तो है ही, अपराध भी है और अपने संस्थान एवं स्वयं अपने साथ नाइनसाफी भी।

यह पूरे विश्व की समस्या है। यह भी सिर्फ विद्यार्थियों तक ही सीमित हो, ऐसा नहीं है। बड़े-बड़े शिक्षाविद्, विशेषज्ञ और राजनीतिज्ञ तक इस तरह के आरोपों के दायरे में आए हैं। कनाडा के प्रधानमंत्री स्टीफन हार्पर के एक भाषण को लेकर भी 'इंटरनेट चोरी' का विवाद उठ चुका है। इसके लिए उनके एक सहायक को इस्तीफा देना पड़ा था। नवनिर्वाचित अमेरिकी उप-राष्ट्रपति, जो बिडेन पर भी एक ब्रिटिश राजनीतिज्ञ के चुनाव भाषण को इस्तेमाल करने का आरोप लगा है।

कैंब्रिज विश्वविद्यालय की पत्रिका 'वर्सिटी' की ओर से कराए गए एक सर्वेक्षण में पता चला कि वहाँ के करीब–करीब आधे छात्रों ने किसी–न–किसी समय इंटरनेट से सामग्री चुराकर इस्तेमाल की है। मैनसेस्टर विश्वविद्यालय ने हाल में छात्रों के विरुद्ध जितने मामलों में काररवाई की है, उनमें से तीन–चौथाई इंटरनेट चोरी से जुड़े हैं। समस्या की गंभीरता को समझने के लिए इसकी तुलना इम्तिहानों में नकल के मामलों से कीजिए, जिनकी संख्या 5 फीसदी है। ऑक्सफोर्ड के छात्रों को तो बाकायदा कुछ संस्थाएँ प्रति सप्ताह 1000 डॉलर (50 हजार रुपए) तक का भुगतान दूसरों के लिए शोध–प्रबंध या अन्य शोधात्मक लेख लिखने के लिए कर रही हैं। जब तमाम तरह की तकनीक से लैस विश्व के शीर्ष विश्वविद्यालयों का यह हाल है तो हमारे विश्वविद्यालयों की दशा का अनुमान लगाना असंभव नहीं।

तो इस समस्या का समाधान क्या है ? वास्तव में, इंटरनेट तो एक साधन मात्र है, जिसका सकारात्मक या नकारात्मक प्रयोग करना उसकी इच्छा पर निर्भर करता है। क्या आज के कट–पेस्ट और त्वरित सफलता प्राप्ति की आकांक्षा के युग में छात्रों से पूरी तरह ईमानदार बने रहने की आशा की जा सकती है, खासकर तब, जब कि सारी सामग्री इफरात से मौजूद है ?

इंटरनेट से चुराई गई सामग्री की पहचान करना मुश्किल भले ही हो, असंभव नहीं है। सामान्य कट एंड पेस्ट के मामलों में 'छह शब्दों का नियम' काफी कारगर सिद्ध होता है। थीसिस के जिन अंशों में जहाँ चुराई हुई सामग्री डाली गई लगती हो, उसके किसी वाक्य के छह शब्द एक साथ कॉपी करके इंटरनेट सर्च इंजन गूगल में पेस्ट कीजिए और सर्च बटन दबाइए। यदि छात्र ने उस अंश को कहीं से ज्यों–का–त्यों उठाया है तो इस बात की अच्छी संभावना है कि गूगल मूल पेज खोजकर दिखा देगा। यदि सामान्य खोज में सही परिणाम न मिले तो गूगल के अन्य खोज पृष्ठों, मसलन गूगल स्कॉलर और बुक्स में खोज करके देखें। गूगल सर्च के 'फाइलटाइप' फीचर का प्रयोग करके आप माइक्रोसॉफ्ट वर्ड डॉक्यूमेंट और पी.डी.एफ. फाइलों को भी सर्च कर सकते हैं।

जिन मामलों में छात्र ने 'नकल में अकल' से काम लिया हो या इंटरनेट से ली गई सामग्री को काफी उलट–पुलट दिया हो, उनके संदर्भ में कुछ आधुनिक सॉफ्टवेयरों और खोजी वेबसाइटों की सेवाओं का इस्तेमाल किया जाता है। 'टर्न इट इन.कॉम' (http://www.turnitin.com) और 'माईड्रॉपबॉक्स.कॉम' (http://www.mydropbox.com) नामक वेबसाइटें इस सिलसिले में

कारगर मानी जाती हैं। इन दोनों वेबसाइटों के पास दुनिया भर के विश्वविद्यालयों में छात्रों द्वारा प्रस्तुत किए गए पेपर्स और शोध-प्रबंध का डाटाबेस मौजूद है, जो रोजाना 50 से साठ हजार पेज प्रतिदिन की गति से बढ़ रहा है। इनकी खोज सुविधा का प्रयोग कर चंद सेकंडों में इस बात का पता लगाया जा सकता है कि प्रस्तुत की गई थीसिस के कौन से अंश किस स्रोत से उठाए गए हैं!

अगर हिंदी में ऐसी ही जाँच करनी हो तो कॉपीस्केप, क्यूटेक्स्ट और डुप्लीचेकर का इस्तेमाल किया जा सकता है।

कुछ परीक्षकों और गाइडों ने इस समस्या से निपटने के लिए अपने निजी तरीके भी खोजे हैं। जैसे—ऐसे विषयों का चयन, जिन पर इंटरनेट पर सामग्री मौजूद होने की संभावना बहुत कम हो, खासतौर पर किसी क्षेत्र विशेष या समय विशेष तक सीमित या कम चर्चित विषयों पर। यदि असाइनमेंट का विषय ताजातरीन विषय पर रखा गया हो, तब भी उसके बारे में इंटरनेट पर सटीक सामग्री मिलना मुश्किल रहता है। यदि 'घाघ और भड्डरी के काव्य की समाजशास्त्रीय व्याख्या' या 'भावी वैश्विक अर्थव्यवस्था पर 2008 की मंदी के प्रतिगामी प्रभावों' जैसे असाइनमेंट दिए जाएँ, तो शायद चुराई जानेवाली सामग्री खोजने में वास्तविक लेखन की तुलना में अधिक वक्त बरबाद हो जाएगा। कुछ प्राध्यापकों ने एक और दिलचस्प समाधान खोजा है। वे छात्र से कहते हैं कि वह अपना असाइनमेंट कंप्यूटर फाइल के रूप में दे, जिसे विश्वविद्यालय की वेबसाइट पर या एक ब्लॉग बनाकर इंटरनेट पर डाल दिया जाएगा। ऐसी स्थिति में छात्र की चोरी पकड़े जाने की अच्छी-खासी संभावना रहती है, क्योंकि कहीं-न-कहीं सर्च इंजन के जरिए कोई ऐसा व्यक्ति संबंधित पेज तक आ धमकेगा, जिसने मूल शोध किया हो या उसे पढ़ा हो।

चुराई गई प्रतिभा के आधार पर पी-एच.डी. और एम.फिल. करनेवालों की ऐश तभी तक है, जब तक कि अध्यापक कंप्यूटर और इंटरनेट के प्रयोग में उनसे पीछे हैं। गुरुदेव, कंप्यूटर साक्षर बनने में अब और देरी ठीक नहीं।

□

डिजिटल दुनिया में आप कानूनन बेचे जा रहे हैं

भारतीय जनता पार्टी ने सन् 2009 का लोकसभा चुनाव लालकृष्ण आडवाणी के नेतृत्व में लड़ा था। पार्टी ने ऑनलाइन माध्यमों पर भी विज्ञापन दिए। इसी दौरान कुछ हिंदी अखबारों में आश्चर्य जताते हुए खबर छपी कि बताइए, आडवाणीजी के विज्ञापन पाकिस्तान के अखबारों की वेबसाइटों पर भी दिए जा रहे हैं! कुछ अखबारों ने उन अखबारों का स्क्रीनशॉट भी सबूत के तौर पर प्रकाशित किया। तमाम किस्म के कटाक्ष भी किए जाने लाजिमी थे। लेकिन इन टिप्पणियों ने यह बात स्पष्ट कर दी कि डिजिटल मीडिया के बारे में खबर लिखनेवालों तथा छापनेवालों की समझ कितनी सीमित थी।

वास्तव में, इस माध्यम पर दिखनेवाले विज्ञापनों का तौर-तरीका पारंपरिक मीडिया से एकदम अलग है, क्योंकि इनके पीछे है बिग डाटा की ताकत। अगर पाकिस्तान के 'डॉन' अखबार की वेबसाइट पर आपको भाजपा का विज्ञापन दिखाई दिया तो इसका मतलब यह नहीं है कि वह 'डॉन' के हर पाठक को दिखाई देगा, जैसा कि अगर यही विज्ञापन 'डॉन' के मुद्रित संस्करण में दिया जाता तो सबको दिखाई देता। नहीं, ऑनलाइन माध्यमों पर आपको जो विज्ञापन देखने को मिलेंगे, वे आपकी अपनी पृष्ठभूमि और गतिविधियों के लिहाज से दिखाए जा रहे होंगे। उनका पाकिस्तान, अमेरिका, बाँग्लादेश या किसी भी देश के ऑनलाइन ठिकाने से कोई संबंध नहीं है। अगर 'डॉन' की बजाय मीडिया के ये साथी उस समय 'न्यूयॉर्क टाइम्स' की वेबसाइट देख रहे होते, तो वही विज्ञापन उन्हें वहाँ दिखाई देता। असल में इन विज्ञापनों को कहाँ दिखाया जाएगा, यह डायनेमिकली, अर्थात् उसी समय तय होता है। असली लक्ष्य आप, यानी पाठक हैं। आप कहीं भी चले जाएँ, वहीं पर

विज्ञापन आपका पीछा करेगा। इसका दूसरा पहलू यह है कि 'डॉन' की वेबसाइट को पाकिस्तान में पढ़ रहे लोगों को ठीक उसी जगह पर अपने इलाके से संबंधित विज्ञापन दिख रहा होगा और अगर कोई व्यक्ति ब्रिटेन में बैठकर इस वेबसाइट को देखता होगा तो उसे ब्रिटेन से जुड़े विज्ञापन दिख रहे होंगे।

विज्ञापन दिखाने की इस प्रक्रिया में एक आधुनिक तकनीकी अवधारणा की भूमिका है, जिसका नाम है—बिग डाटा। आप और हम तकनीकी माध्यमों पर अपनी गतिविधियों के जरिए अपने बारे में इतना डाटा पैदा कर चुके होते हैं या शेयर कर चुके होते हैं कि उसके आधार पर गूगल जैसी कंपनियाँ हमारी पसंद-नापसंद और जरूरतों का अंदाजा लगा सकती हैं और तब वे हमें ऐसे विज्ञापन दिखाती हैं, जो हमारे अधिक अनुकूल होंगे। ऐसी वस्तुएँ, जिन्हें खरीदने में हमारी दिलचस्पी अधिक होगी। फिर भले ही आप कहीं भी जाएँ और कुछ भी करें, ये विज्ञापन आपका पीछा करते हैं। इंटरनेट पर कुछ सर्च करें, किसी वीडियो को देखें या फिर किसी समाचार पोर्टल पर ही क्यों न चले जाएँ, आपको उन्हीं विषयों से जुड़े हुए विज्ञापन दिखाई देंगे।

मैं इन दिनों एक यू-ट्यूब आधारित चैनल का भी संचालन करता हूँ। पिछले दिनों मुझे एक मित्र ने प्रशंसात्मक संदेश भेजा कि आपके चैनल पर दिखाए जानेवाले विज्ञापन भी बहुत सटीक हैं। जाहिर है कि उन्हें किसी ऐसे विषय से जुड़ा विज्ञापन देखने को मिला होगा, जिस विषय पर वे कुछ खोजते रहे होंगे या उनकी आयु, पसंद, रोग आदि से जुड़ा हुआ कोई विज्ञापन दिख गया होगा। मैंने उन्हें 'धन्यवाद' मात्र कह दिया, क्योंकि उन्हें यह बात समझाना मुश्किल होता कि उस विज्ञापन का चयन मैंने नहीं किया था, बल्कि वह यू-ट्यूब की तरफ से स्वत: उन्हें दिखा दिया गया था। दूसरे लोगों को उसकी जगह पर उनके अनुकूल विज्ञापन दिख रहा होगा।

इंटरनेट से जुड़े डिजिटल उपकरणों पर हम सबकी गतिविधियाँ अथाह मात्रा में डाटा उत्पन्न करती हैं। दुनिया भर में पैदा होनेवाले ऐसे डाटा (सूचनाओं) को तकनीकी भाषा में 'बिग डाटा' के नाम से संबोधित किया जाता है। इसे इकट्ठा करनेवाले वही संस्थान हैं, जिनके एप्स, वेबसाइटें, सेवाएँ, सॉफ्टवेयर या उपकरण आप इस्तेमाल करते हैं। इनमें से ज्यादातर नि:शुल्क हैं। लेकिन हम सबके बारे में जितनी जानकारी इन माध्यमों से इकट्ठी कर ली जाती है, वह अमूल्य है। ऐसी सेवाओं के लिए अकसर कहा जाता है कि अगर आप किसी उत्पाद के लिए

शुल्क का भुगतान नहीं करते हैं तो आप खुद उत्पाद हैं। मतलब? मतलब यह कि आप सोचते हैं कि मैं फेसबुक का मुफ्त में इस्तेमाल करके कितना लाभ उठा चुका हूँ, लेकिन फेसबुक की नजर में आप उसके ग्राहक नहीं हैं। उसके ग्राहक हैं विज्ञापनदाता, जिन्हें वह आपको बेचता है!

आप सोच रहे होंगे कि मुझे कोई कैसे बेच सकता है? उत्तर यह कि आपको शारीरिक रूप से बेचने की बात नहीं हो रही है। फेसबुक आप जैसे अनगिनत ग्राहकों की पसंद-नापसंद के आधार पर, अपने प्लेटफॉर्म पर विज्ञापनदाताओं को आप तक पहुँचा रहा है। हो सकता है कि आप विज्ञापन में दिखाया गया उत्पाद खरीद लें। अगर आप फेसबुक पर नहीं होते तो वह विज्ञापनदाता आप तक कैसे पहुँचता? फेसबुक आप जैसे करोड़ों उपभोक्ताओं का प्रभारी बन बैठा है और आपको जैसे चाहे इस्तेमाल कर रहा है। बात को समझने के लिए एक छोटी सी गँवई किस्म की, लेकिन सटीक तुलना देखिए। हमारे यहाँ चुनावों के दौरान कुछ लोग किसी मोहल्ले, जाति या धर्म के प्रभारी की भूमिका में आ जाते हैं। आपका उनसे कोई संबंध नहीं, लेकिन आपके जरिए वे पैसा बना रहे होते हैं। उनके लिए आप ग्राहक नहीं हैं, उत्पाद हैं।

कैंब्रिज एनालिटिका के प्रकरण में यह बात बड़ी बेशर्मी के साथ अनावृत्त हुई, जब अमेरिका के पिछले राष्ट्रपति चुनावों को प्रभावित करने के लिए फेसबुक के डाटा का इस्तेमाल कर लिया गया। यह आपके और हमारे जैसे उपभोक्ताओं का 'बिग डाटा' ही तो था। कैंब्रिज एनालिटिका डाटा का विश्लेषण करनेवाली फर्म थी, जिसने एक फेसबुक एप के जरिए करोड़ों अमेरिकी मतदाताओं का डाटा इकट्ठा किया। एप में लोगों से तमाम किस्म के सवाल पूछे गए थे, ताकि उनका मनोवैज्ञानिक विश्लेषण किया जा सके। इस डाटा को अमेरिकी राजनीतिक दलों को बेचा गया और इसके आधार पर फेसबुक के जरिए लोगों को लक्षित विज्ञापन दिखाए गए। अगर मैं डेमोक्रेटिक पार्टी का समर्थक हूँ तो मुझे दूसरा विज्ञापन तथा रिपब्लिकन पार्टी का समर्थक हूँ तो अलग। मेरी आयु, लिंग, नस्ल, शैक्षणिक योग्यता, पारिवारिक पृष्ठभूमि, इलाके और बहुत से दूसरे पहलुओं के आधार पर यह तय किया गया कि कौन से विज्ञापन किस व्यक्ति के मानस पर अधिक गहरा असर डालेंगे! कहा जाता है कि इसी कैंब्रिज एनालिटिका के इसी डाटा संग्रहण और विश्लेषण की वजह से डोनाल्ड ट्रंप अमेरिका के राष्ट्रपति बने। उनकी प्रतिद्वंद्वी डेमोक्रेटिक उम्मीदवार हिलेरी क्लिंटन की रैलियों में ज्यादा भीड़

थी, जनमत सर्वेक्षण भी उन्हीं का पक्ष ले रहे थे, लेकिन नतीजा अपेक्षा से एकदम उलटा रहा। वजह ? बिग डाटा ? जी, बहुत हद तक, क्योंकि ट्रंप की पार्टी ने इस डाटा विश्लेषण फर्म की सेवाएँ ली थीं।

तो इस नए दौर में 'बिग डाटा' में इतनी शक्ति है कि वह एक देश के राजनीतिक भविष्य का कायापलट कर सकता है, लेकिन वह एक इनसान के तौर पर आपके निजी जीवन को भी प्रभावित कर सकता है। आप और हम जितना डाटा साझा कर चुके हैं, उसके आधार पर हमारा पूरा-का-पूरा वर्चुअल व्यक्तित्व तैयार किया जा सकता है। आपके बारे में जुटाई गई तमाम जानकारी को इकट्ठा करके एक ऐसा आभासी व्यक्तित्व तैयार हो जाता है, जो आपकी कार्बन कॉपी है, बस उसका शरीर नहीं है। अब इसका व्यावसायिक, राजनीतिक या किसी भी दूसरे तरीके से इस्तेमाल करने के लिए ये संस्थान स्वतंत्र हैं। जब आप उनकी सेवाओं का इस्तेमाल करते हैं तो एक अनुबंध को भी स्वीकार करते हैं, जिसमें प्राय: यह प्रावधान निहित रहता है कि वह संस्था आपका डाटा इकट्ठा करने, उसका अपनी आवश्यकतानुसार प्रयोग करने तथा उसे दूसरों को भी देने के लिए स्वतंत्र होगी। हो सकता है कि आप कहें कि मुझे इससे फर्क नहीं पड़ता। लेकिन जब आपको पता चलेगा कि आपके बारे में कितनी जानकारी वे जुटा चुके हैं तो शायद आपको फर्क पड़े। इस पुस्तक में हमने पहले भी जिक्र किया है कि डायलन करन (Dylan Curran) नाम के एक पत्रकार ने गूगल के पास सहेजा गया अपना निजी डाटा डाउनलोड करके देखा (डाउनलोड की यह सुविधा सबको उपलब्ध है), तो वे भौचक्के रह गए। इस डाटा का आकार था—5.5 गीगाबाइट्स, यानी माइक्रोसॉफ्ट वर्ड के करीब 30 लाख डॉक्यूमेंट्स के बराबर! याद रखिए—ये आपके इ-मेल या संदेश नहीं हैं। हम आपकी गतिविधियों के आधार पर आपके बारे में इकट्ठी की गई जानकारी की बात कर रहे हैं।

□

तकनीक की इतनी जानकारी तो जरूरी है!

कोरोनावायरस के बाद हुए घटनाक्रमों से हम सबको भले ही तमाम किस्म की असुविधाएँ हुई हों, लेकिन इससे एक अच्छा काम यह हुआ कि लोगों को तकनीक का इस्तेमाल करना आ गया। अनायास ही लोग प्रौद्योगिकी की ओर धकेल दिए गए और जब जरूरत आन पड़ी तो वे प्रयोग भी करने लगे। जिस तकनीक के प्रयोग में झिझकते थे, वह एक किस्म की मजबूरी बन गई। यह बात औरों के साथ-साथ कवियों, लेखकों, विद्वानों, वक्ताओं आदि पर भी लागू होती थी। अगर कार्यक्रमों में जाना है तो जूम, माइक्रोसॉफ्ट टीम्स, गूगल मीट या वेब-एक्स जैसे ऑनलाइन माध्यमों का इस्तेमाल करना जरूरी हो गया। धीरे-धीरे लोग अभ्यस्त होते चले गए और आज हम इस बात से परेशान हैं कि हमारे चारों तरफ ये ऑनलाइन कार्यक्रमों की इतनी जबरदस्त भीड़ कहाँ से आ गई है!

ऐसे में जबकि हम सब तकनीक के प्रति सहजता के दौर में आगे बढ़ रहे हैं, कुछ जानकारियाँ भी होनी चाहिए। भले ही आप एक सामान्य कर्मचारी हों, कार्यकर्ता हों, कवि हों, कहानीकार हों, उपन्यासकार हों, समीक्षक हों, आलोचक हों या फिर पत्रकार, संपादक ही क्यों न हों, चाहें तो इनका और भी बेहतर इस्तेमाल कर सकते हैं—अपने कामकाज को सुविधाजनक बनाने के लिए, अपने रचनाकर्म को गति देने के लिए, अपनी सामग्री को सहेजने के लिए और दूसरों तक पहुँचाने के लिए भी।

साइबर सुरक्षा

पहली जरूरत है मोबाइल और कंप्यूटर दोनों ही माध्यमों पर अपने आपको

साइबर सुरक्षित रखने की। अगर आपकी तमाम सामग्री किसी कंप्यूटर या मोबाइल फोन में रखी है तो वह उपकरण आपकी जीवनसंपदा के जैसा हो गया। अगर वह असुरक्षित हुआ, किसी ने उसे हैक कर लिया या चुरा लिया तो आप सबकुछ खो बैठेंगे। जरूरी है कि सबसे पहले उसकी सुरक्षा की जाए।

आजकल विंडोज में 'विंडोज डिफेंडर' नाम का सॉफ्टवेयर पहले से संस्थापित होकर आता है, जो साइबर सुरक्षा सॉफ्टवेयर है। उसमें वायरस-रोधी (एंटी-वायरस), जासूसी-रोधी (एंटी-स्पाइवेयर) और फायरवॉल जैसी सुविधाएँ मौजूद हैं। अगर यह सक्रिय है तो आपको विशेष फिक्र करने की जरूरत नहीं है, बशर्ते आप इधर-उधर की वेबसाइटों पर किसी भी लिंक को क्लिक कर देने तथा कुछ भी डाउनलोड करने जैसी असावधानियाँ नहीं बरतते हों या फिर दूसरे लोगों की पेन ड्राइव आदि का आँख मूँदकर इस्तेमाल न करते हों। डिफेंडर अपने आप में पर्याप्त सक्षम है, लेकिन अगर आप चाहें तो कुछ निःशुल्क एंटी-वायरस सॉफ्टवेयरों को भी आजमा सकते हैं। मिसाल के तौर पर अवास्ट (Avast) और एवीजी (AVG)। ये एंटी-वायरस कंप्यूटर के साथ-साथ स्मार्टफोन के लिए भी उपलब्ध हैं।

टाइपिंग

हिंदी में कामकाज करनेवालों के लिए टाइपिंग सबसे बड़ी चुनौतियों में से एक है। हालाँकि ऐसा होना नहीं चाहिए, क्योंकि आज हम जिस दौर में हैं, उसमें लगभग हर व्यक्ति बुनियादी कंप्यूटर कामकाज के लिए स्वयं सक्षम होता है। पहले जिस तरह से लोग दूसरों को डिक्टेशन दिया करते थे, वह जमाना आज के बीस साल पहले ही बीत गया था। यह अलग बात है कि आज भी अनेक लोग टाइपिंग के मामले में खुद को असमर्थ महसूस करते हैं और इस छोटे से काम के लिए दूसरों पर निर्भर हैं।

वैसे टाइपिंग कोई इतना दुष्कर काम नहीं है। लैटिन अक्षरों में लिखी गई अंग्रेजी को देवनागरी लिपि में बदलने वाले सॉफ्टवेयर आज बहुतायत से उपलब्ध हैं। हद तो यह है कि उन्हें अलग से डाउनलोड करने की भी जरूरत नहीं बची है, क्योंकि विंडोज 10 में ही फोनेटिक कीबोर्ड शामिल कर दिए गए हैं। इससे पहले भी इस काम के लिए कई विकल्प उपलब्ध रहे हैं, जैसे गूगल इंडिक इनपुट कीबोर्ड, माइक्रोसॉफ्ट इंडिक लैंग्वेज इनपुट टूल, इंडिक आई.एम.ई. और बरहा आदि।

एंड्रोइड मोबाइल और आई.ओ.एस. मोबाइल फोन पर भी ऐसे कीबोर्ड सहजता से उपलब्ध हैं। अब यह तो लैटिन अक्षरों को देवनागरी में बदलने का तरीका हुआ। लेकिन इसके अलावा भी कई तरह के कीबोर्ड लेआउट कंप्यूटर और मोबाइल फोन पर इस्तेमाल किए जा सकते हैं। इनमें से ज्यादातर तो खुद उन उपकरणों के ऑपरेटिंग सिस्टमों में ही मौजूद हैं, जैसे कि इनस्क्रिप्ट। इनस्क्रिप्ट को भारतीय भाषाओं के लिए सर्वश्रेष्ठ कीबोर्ड लेआउट माना जाता है, जो शुद्धतम और तीव्रतम टाइपिंग का मार्ग सुगम बना देता है। इसे सीखना चाहें तो लेखक के द्वारा विकसित किया हुआ 'स्पर्श' हिंदी टाइपिंग ट्यूटर इस्तेमाल कर सकते हैं, जो इंटरनेट से नि:शुल्क डाउनलोड के लिए उपलब्ध है। गूगल पर सर्च कीजिए और डाउनलोड कर लीजिए।

फोनेटिक कीबोर्ड

विंडोज पर हिंदी में टाइप करने के लिए आप इनबिल्ट फोनेटिक कीबोर्ड का इस्तेमाल कर सकते हैं। इसके लिए सेटिंग्स में जाएँ और वहाँ 'टाइम एंड लैंग्वेज' पर क्लिक करें। अब खुलनेवाले पेजों में लैंग्वेज पर क्लिक करें। दाईं तरफ आपको 'एड ए प्रफर्ड लैंग्वेज' नाम का विकल्प दिखेगा। इस पर क्लिक करें। अब दिखने वाली भाषाओं की सूची में से हिंदी का चुनाव कर लें। जब हिंदी इन्स्टॉल हो जाए तो ऑप्शन्स बटन पर क्लिक करें। यहाँ कीबोड्र्स नाम के खंड में 'एड कीबोर्ड' पर क्लिक करें। अब आपको कई कीबोर्ड लेआउटों के विकल्प दिखेंगे, जिनमें से अपनी पसंद के लिहाज से फोनेटिक या इनस्क्रिप्ट का चुनाव कर सकते हैं। चाहें तो दोनों को चुन सकते हैं। याद रखिए, फोनेटिक कीबोर्ड वह है जिसमें आप अंग्रेजी में टाइप करते हैं और वह स्वत: देवनागरी पाठ में बदलता चला जाता है।

इनस्क्रिप्ट टाइपिंग पद्धति का जिक्र हमने ऊपर किया है, जो भारत की भाषाओं के लिए सरकार की ओर से निर्धारित मानक टाइपिंग पद्धति है। आप चाहें तो माइक्रोसॉफ्ट की वेबसाइट भाषाइंडिया.कॉम के डाउनलोड खंड में जाकर माइक्रोसॉफ्ट इंडिक लैंग्वेज इनपुट टूल को भी डाउनलोड कर सकते हैं। यह उसी तरह से काम करता है, जैसे कि विंडोज 10 के फोनेटिक कीबोर्ड। लेकिन फोनेटिक कीबोर्ड सिर्फ विंडोज 10 में काम करता है, जबकि यह टूल विंडोज 7 और 8 में भी काम करेगा। पहले गूगल ने भी गूगल इंडिक इनपुट के नाम से एक टाइपिंग टूल उपलब्ध कराया हुआ था, लेकिन अब उसे बंद कर दिया गया है।

नोट्स लेना

रचनाकर्मियों का मस्तिष्क उर्वर होता है और उसमें हमेशा नए विचार कौंधते रहते हैं। किसी जमाने में लोग छोटी सी नोटबुक साथ में रखा करते थे, ताकि इस तरह के विचारों को तुरंत नोट कर लिया जाए। अब उसकी जरूरत नहीं है, क्योंकि आपके मोबाइल फोन में नोट लेने के (नोट टेकिंग) एप्स आते हैं। ऐसे ही एप्स में से एक का नाम है 'माइक्रोसॉफ्ट वन नोट' (onenote) और दूसरे का 'गूगल कीप' (keep)। ऐसा ही एक और एप्प है, जिसका नाम है 'एवरनोट' (evernote)। इनमें से किसी भी एप्प को प्ले स्टोर पर खोजकर डाउनलोड तथा इन्स्टॉल कर लें। अगर आप कीप का चुनाव करते हैं तो वह आपके गूगल खाते के साथ जुड़ेगा और अगर वन नोट का चयन करते हैं तो वह माइक्रोसॉफ्ट खाते के साथ जुड़ जाएगा। यहाँ पर कविता, दोहा, विचार, बिंदु आदि कुछ भी टाइप करते रहिए और बाद में जरूरत पड़ने पर उन्हें कागज या कंप्यूटर पर उतार लीजिए। अगर आपने इसे अपने गूगल या माइक्रोसॉफ्ट खाते के साथ जोड़ा हुआ है तो फोन के खो जाने या फॉरमैट हो जाने पर भी इन एप्स में रखा हुआ डेटा आपके गूगल या माइक्रोसॉफ्ट अकाउंट में मौजूद रहेगा और उसे फिर से वापस पाया जा सकेगा।

बोलकर टाइप करना

जो लोग पारंपरिक कीबोर्ड से टाइपिंग करने के लिए तैयार नहीं हैं या उस पर हिंदी में टाइपिंग सीखने की स्थिति में नहीं हैं, वे 'स्पीच टू टेक्स्ट' या बोलकर टाइप करने की पद्धति का इस्तेमाल कर सकते हैं। माइक्रोसॉफ्ट के 'ऑफिस 365' नामक अनुप्रयोग में डिक्टेशन की सुविधा शामिल कर दी गई है। यानी कि अगर आप ऑफिस का नया संस्करण प्रयोग करते हैं तो बिना किसी बाहरी टूल या सेवा के इसी सॉफ्टवेयर के भीतर बोलकर टाइप कर सकते हैं—अंग्रेजी ही नहीं, हिंदी में भी। ऑफिस के माइक्रोसॉफ्ट वर्ड जैसे अनुप्रयोगों में होम टैब पर ही आपको 'डिक्टेट' नाम का बटन दिखाई दे जाएगा। इसे क्लिक कीजिए, अपनी भाषा का चयन कीजिए और बोलना शुरू कर दीजिए। याद रखिए, हम ऑफिस के नए संस्करण की बात कर रहे हैं।

दूसरी तरफ अपने एंड्रॉइड मोबाइल फोन पर गूगल इंडिक कीबोर्ड इन्स्टॉल करने के बाद गूगल वॉइस टाइपिंग की सुविधा का लाभ उठा सकते हैं। इसके लिए पहले एंड्रॉइड प्ले स्टोर पर जाकर गूगल इंडिक कीबोर्ड नाम के एप को

खोजकर डाउनलोड तथा इन्स्टॉल करें। इस कीबोर्ड में भाषाओं का चुनाव करने के लिए कहा जाएगा। यहाँ पर इंग्लिश एंड इंडिक लैंग्वेजेज का चुनाव कर लें। अगर आपको यह विकल्प दिखाई न दे या आप इसका चुनाव करने से चूक जाएँ तो अपने मोबाइल फोन की सेटिंग्स में जाकर जनरल मैनेजमेंट में जाएँ और फिर लैंग्वेज एंड इनपुट पर टैप करें। अब कीबोर्ड खंड में ऑन स्क्रीन कीबोर्ड नाम का विकल्प दिखेगा। इसे टैप करेंगे तो आपको गूगल इंडिक कीबोर्ड दिखाई देगा। इसे क्लिक करके वही दो भाषाएँ चुन लें। इसके बाद आपको गूगल वॉयस टाइपिंग में एक सेटिंग करनी है। गूगल वॉयस टाइपिंग का विकल्प गूगल इंडिक कीबोर्ड के पास ही दिखाई देगा। इसे क्लिक करें और अब लैंग्वेजेज नाम के विकल्प पर टैप करें। अब आपको कई भाषाओं की सूची दिखाई देगी, जिसमें आपको इंग्लिश (इंडिया) और हिंदी दोनों का चुनाव करना है। हिंदी का विकल्प काफी नीचे दिखाई देगा। ये सभी सेटिंग्स करने के बाद आप किसी भी एप को खोल लें, जिसमें आप टाइप करना चाहते हैं। जैसे ही आप टाइप करने लगेंगे, ऑनस्क्रीन कीबोर्ड उभर जाएगा। इसमें नीचे दिए ग्लोब के निशान पर टैप करने से भाषा बदल जाती है। हिंदी भाषा आने के बाद आप अपनी पसंद का कीबोर्ड चुन लें और टाइप करना शुरू कर दें। अगर आप वॉयस टाइपिंग का इस्तेमाल करना चाहते हैं तो इसी कीबोर्ड में दाईं तरफ माइक्रोफोन के चिह्न पर उँगली से टैप करें। अब कीबोर्ड की जगह पर वॉयस टाइपिंग का बॉक्स आ जाएगा। इसमें माइक्रोफोन के निशान पर उँगली से टैप करके बोलना शुरू कर दें। स्क्रीन पर टाइप होने लगेगा।

मोबाइल में टाइप किए गए टेक्स्ट को आप अपने आपको इ-मेल कर सकते हैं और उस इ-मेल को कंप्यूटर पर खोल सकते हैं। वैसे गूगल वॉयस इनपुट सुविधा का इस्तेमाल कंप्यूटर पर भी docs.google.com के जरिए किया जा सकता है। यहाँ पर अपने गूगल अकाउंट से लॉगिन करें और नया दस्तावेज बनाएँ। अब Tools पर जाकर Voice Typing का चुनाव करें। इससे बाईं तरफ एक छोटा सा बटन खुलेगा, जिस पर माइक्रोफोन का आइकन बना होगा। इसके नीचे अपनी भाषा का चयन करें। अब माइक्रोफोन बटन पर क्लिक करके बोलना शुरू करें। आपके द्वारा उच्चारित टेक्स्ट टाइप होने लगेगा। अब इस फाइल को सेव करके अपने कंप्यूटर में डाउनलोड कर सकते हैं।

ऑनलाइन बैठकें

एक सामान्य प्रयोक्ता के रूप में, ऑनलाइन बैठकों के लिए प्रयुक्त होनेवाले अधिकांश सॉफ्टवेयरों के निःशुल्क संस्करण से ही आपका काम चल जाएगा, इसलिए उन्हें खरीदने की आवश्यकता शायद ही कभी पड़े। लेकिन उनकी बुनियादी सीमाओं का पता अवश्य होना चाहिए।

जूम के निःशुल्क संस्करण की ऑनलाइन बैठकों में अधिकतम सौ लोग हिस्सा ले सकते हैं और ये बैठकें 40 मिनट तक के समय की हो सकती हैं। इसके बाद भी अगर आपको बैठक जारी रखनी है, तो हो सकता है कि आपको बैठक एक बार रोककर दोबारा नई बैठक शुरू करनी पड़े। हालाँकि जूम यदा-कदा अपने अनुप्रयोग के जरिए होनेवाली बैठकों को 40 मिनट से आगे चलाने की भी इजाजत दे देता है। आप भी आजमाकर देख सकते हैं।

'माइक्रोसॉफ्ट टीम्स' अपेक्षाकृत अधिक शक्तिशाली और विविधतापूर्ण सॉफ्टवेयर है और उसका सशुल्क संस्करण दर्जनों किस्म की ऐसी सेवाओं के साथ आता है, जो दूसरे सॉफ्टवेयरों में उपलब्ध नहीं हैं। उसके निःशुल्क संस्करण के जरिए की जानेवाली वीडियो कॉन्फरेंसिंग में समय की कोई सीमा नहीं है। यही बात गूगल मीट पर लागू होती है, जिसके निःशुल्क संस्करण में अधिकतम सौ लोग वीडियो कॉल में शामिल हो सकते हैं और बैठक लंबी चल सकती है।

सामग्री सहेजना

अकसर आपके कंप्यूटर में रचनाओं का ढेर मौजूद होता है और डर यही रहता है कि कभी कंप्यूटर क्रैश हो गया या हार्ड डिस्क खराब हो गई तो आप इस सारी मूल्यवान् सामग्री से हाथ धो बैठेंगे! ऐसा हम सबके साथ कभी-न-कभी जरूर होता है, लेकिन हर बार हम एहतियाती कदम उठाना भूल जाते हैं। आप चाहें तो माइक्रोसॉफ्ट की वन ड्राइव (onedrive.live.com) या गूगल ड्राइव (drive.google.com) पर अपना खाता बना लें और अपनी सभी जरूरी सामग्री को वहाँ पर अपलोड कर दें। यह सामग्री हमेशा के लिए सुरक्षित हो जाएगी। चूँकि आपका खाता पासवर्ड से सुरक्षित है, इसलिए किसी और के हाथ में पड़ जाने की भी आशंका नहीं है। अब भले ही कंप्यूटर क्रैश हो या हार्ड ड्राइव उड़ जाए, आपकी सामग्री हमेशा-हमेशा के लिए सुरक्षित है, क्योंकि वह क्लाउड पर सहेजी जाती है और वहाँ पर भी ये कंपनियाँ सुरक्षा के लिए उनकी एक से अधिक प्रतियाँ बनाकर रखती हैं।

फाइलें भेजना

कल्पना कीजिए कि आप अब भी घर से ही काम कर रहे हैं और आपको अपने कार्यालय के वार्षिक प्रतिवेदन की फाइलें सही व्यक्ति तक पहुँचानी हैं, किसी प्रकाशक को किताब की पांडुलिपि भेजनी है या किसी कार्यक्रम का बड़ा सा वीडियो भेजना है। आप इस सामग्री को इ-मेल से भेज नहीं पा रहे, क्योंकि इ-मेल पर 25 मेगाबाइट के अटैचमेंट की सीमा आड़े आ गई है? कोई बात नहीं, आप किसी फाइल ट्रांसफर वेबसाइट की मदद लें और उसके जरिए फाइल को जहाँ चाहें भेज दें। ऐसी ही कुछ वेबसाइटों के नाम हैं—wetransfer.com और wesendit.com जो क्रमशः 2 गीगाबाइट और 5 गीगाबाइट तक की फाइलें भेजने की मुफ्त सुविधा देती हैं। वैसे आप चाहें तो माइक्रोसॉफ्ट वन ड्राइव या गूगल ड्राइव पर फाइलें अपलोड करके उनके लिंक भी उन लोगों के साथ साझा कर सकते हैं, जिन्हें आप अपनी बड़ी फाइलें भेजना चाहते हैं।

विंडोज अलग है, ऑफिस अलग

बहुत से लोग यह समझते हैं कि विंडोज और ऑफिस कंप्यूटर के साथ ही आते हैं। यानी कि वे कंप्यूटर का ही हिस्सा हैं। वास्तव में ऐसा बिल्कुल नहीं है। कंप्यूटर एक हार्डवेयर है, जिसे बनानेवाली कंपनियाँ अलग हैं, जबकि विंडोज और ऑफिस सॉफ्टवेयर हैं, जिन्हें माइक्रोसॉफ्ट ने विकसित किया है। विंडोज और ऑफिस को अलग से कंप्यूटर में इन्स्टॉल करना होता है। कई कंप्यूटरों के साथ विंडोज पहले से मौजूद आता है, क्योंकि कंप्यूटर बनानेवाली कंपनी और माइक्रोसॉफ्ट ने इसके लिए व्यावसायिक अनुबंध किया होता है। ऐसा प्रयोक्ता की सुविधा के लिए किया जाता है, ताकि उसे कंप्यूटर के साथ कम लागत पर विंडोज भी मिल जाए। विंडोज एक ऑपरेटिंग सिस्टम है (सॉफ्टवेयर का एक प्रकार), जो कंप्यूटर के हार्डवेयर तथा उसके भीतर काम करने वाले सॉफ्टवेयरों के संचालन का काम देखता है। लेकिन विडोज अकेला ऑपरेटिंग सिस्टम नहीं है, एप्पल मैक ओएस तथा लिनक्स दो अन्य लोकप्रिय ऑपरेटिंग सिस्टम हैं। वे भी वही काम करते हैं, जो विंडोज करता है।

निःशुल्क और मुक्त स्रोत सॉफ्टवेयर

लिनक्स एक मुक्त स्रोत ऑपरेटिंग सिस्टम है, जिसके कई संस्करण निःशुल्क

भी मिलते हैं, जैसे कि उबंतु और डेबियन। अगर आप कोई ऑपरेटिंग सिस्टम खरीदना नहीं चाहते तो इस तरह के निःशुल्क ऑपरेटिंग सिस्टमों का प्रयोग कर सकते हैं। मुक्त स्रोत से आशय यह है कि उस सॉफ्टवेयर का सोर्स कोड भी सार्वजनिक रूप से उपलब्ध है और कोई व्यक्ति अगर प्रौद्योगिकी में प्रवीण है तो वह इस कोड में आवश्यकतानुसार बदलाव भी कर सकता है। ऑपरेटिंग सिस्टम के साथ-साथ ऑफिस सुइट के भी ऐसे विकल्प आते हैं, जो मुक्त स्रोत तथा निःशुल्क हैं। इनमें अपाची ओपन ऑफिस, लिब्रे ऑफिस, पोलारिस और डब्ल्यू. पी.एस. ऑफिस के नाम उल्लेखनीय हैं। इन सुइट में ऐसे कई सॉफ्टवेयर शामिल हैं, जिनके जरिए आप अपना निजी तथा दफ्तर का ज्यादातर कामकाज कर सकेंगे। इन्हें इंटरनेट से खोजकर डाउनलोड तथा इन्स्टॉल किया जा सकता है।

निःशुल्क सॉफ्टवेयरों की बात चली है तो जान लीजिए कि अधिकांश श्रेणियों का कामकाज करने के लिए निःशुल्क सॉफ्टवेयर उपलब्ध हैं। अवास्ट और एवीजी दो अच्छे एंटीवायरस सॉफ्टवेयर हैं, जिनके निःशुल्क संस्करण भी उपलब्ध हैं और वे काफी कारगर हैं। अगर आप फोटोशॉप का विकल्प तलाश रहे हैं तो जिम्प (GIMP) और कृता (Krita) को आजमा सकते हैं। अगर मीडिया के क्षेत्र में पेजमेकिंग जैसे काम के लिए सॉफ्वटेयर चाहिए तो अनधिकृत (पाइरेटेड) सॉफ्टवेयर की बजाए स्क्राइबस (Scribus) या लिब्रे ऑफिस ड्रॉ (Draw) का प्रयोग कर सकते हैं। ये सॉफ्टवेयर कोरल ड्रा, एडोबी इनडिजाइन आदि के विकल्प के रूप में इस्तेमाल किए जा सकते हैं।

ईबुक

लेखकों और पाठकों दोनों के लिए 'ईबुक' एक क्रांति लेकर आई हैं। इलेक्ट्रॉनिक फॉरमैट में किताबें जारी होने के बाद लेखकों को भौगोलिक सीमाओं से परे नए पाठक मिल जाते हैं, जो शायद मुद्रित किताबों के लिए संभव नहीं थे। पाठकों को अच्छी किताबें अपेक्षाकृत सस्ती दरों पर और आसानी से मिल जाती हैं, जिन तक पहुँचने के लिए पहले उन्हें काफी परेशानी उठानी पड़ती थी। अमेजॉन और फ्लिपकार्ट भारत में ईबुक्स के अच्छे ठिकाने हैं, लेकिन अगर आप चाहें तो बहुत सारी ईबुक्स निःशुल्क भी डाउनलोड कर सकते हैं। कुछ ठिकानों के नाम हैं—फीडबुक्स (feedbooks), प्रोजेक्ट गुटेनबर्ग (Project Gutenberg) और ओपन लाइब्रेरी (Open Library)।

अगर आप एक लेखक हैं और आपकी कोई पुस्तक प्रकाशित होनेवाली है तो आपको उसके ईबुक के विकल्प को भी आजमाना चाहिए। याद रखिए, आज मुद्रित किताब से ज्यादा आसान है, उसका इलेक्ट्रॉनिक संस्करण बेचना, यानी कि ईबुक। ऐसी किताबों को ऑनलाइन माध्यमों से भी बेचा जा सकता है। अब ईबुक बनाना कोई मुश्किल काम नहीं रहा और मूल किताबों को डिजाइन करने के लिए इस्तेमाल किए जानेवाले अच्छे सॉफ्टवेयर ही उन्हें ईबुक में तब्दील करने की सुविधा भी देते हैं, जैसे कि एडोबी इनडिजाइन। ईबुक के बाद इन दिनों ऑडियो बुक्स का भी दौर चल रहा है। इस विकल्प को भी आजमाया जा सकता है। जब एक ही बार काम करने के बाद उसे अलग-अलग रूपों में लोगों तक पहुँचाया जा सकता है तो सिर्फ अनभिज्ञता की वजह से आप इन अवसरों से वंचित क्यों हों? जो पाठक ऑडियोबुक्स में रुचि रखते हैं, वे अमेजॉन, ऑडिबल (audible) या गूगल ऑडियोबुक्स को आजमा सकते हैं।

फोन नंबर सहेजना

अब एक छोटी, लेकिन जरूरी जानकारी। शायद ही कोई मोबाइल फोन धारक हो, जिसके साथ ऐसा नहीं हुआ हो। आपने जितने टेलीफोन नंबरों को जतन से जमा किया, वे मोबाइल फोन को गलती से रिसेट कर दिए जाने, उसके खराब हो जाने या चोरी हो जाने पर हमेशा-हमेशा के लिए आपके हाथ से निकल जाते हैं। अगर आप शुरू में ही अपने फोन नंबरों को बैकअप करने की सेटिंग कर दें तो आपको कभी इस समस्या का सामना नहीं करना पड़ेगा। हालाँकि अगर आपने शुरू में ऐसा न किया हो तो बाद में भी किया जा सकता है। तरीका इस तरह है—अपने फोन की सेटिंग्स में जाकर 'अकाउंट्स एंड बैकअप' पर जाएँ। अब 'बैकअप एंड रिस्टोर' पर टैप करें। यहाँ जहाँ पर 'गूगल अकाउंट' लिखा दिखाई दे रहा हो, वहाँ पर 'बैक अप माइ डेटा' नामक विकल्प के आगे दिए बटन को क्लिक करके सक्रिय कर दें। इसके साथ ही दिखाई देनेवाले 'बैकअप अकाउंट' विकल्प पर टैप करें। यहाँ आपका गूगल अकाउंट दिखाई देंगा। उसे चुन लें। अलग-अलग फोन मॉडल्स में ये विकल्प दूसरी जगहों पर हो सकते हैं। अगर आपको भी ये विकल्प यहाँ बताए गए क्रम में न मिलें तो सेटिंग्स में जाकर उनका नाम डालकर सर्च करें। परिणाम में से अपने मतलब के विकल्प पर उँगली से टैप करें और आगे बढ़ें।

अब समय-समय पर आपके मोबाइल फोन में सहेजी गई सामग्री, जैसे फोन

नंबर, वाईफाई पासवर्ड आदि स्वतः गूगल के उस अकाउंट पर अपडेट किए जाने लगेंगे, जिसका इस्तेमाल आप अपने कंप्यूटर या मोबाइल फोन पर इ-मेल आदि के लिए करते आए हैं। कभी फोन के साथ कुछ हो गया तो आपके तमाम फोन नंबर गूगल अकाउंट से वापस डाउनलोड किए जा सकते हैं।

अगर आप ऐसा न करना चाहें तो इसके विकल्प भी मौजूद हैं। जैसे आप अपने कॉन्टैक्ट्स एप के जरिए तमाम टेलीफोन नंबरों को किसी के साथ भी साझा (share) कर सकते हैं। इसके लिए उस एप की सेटिंग्स में जाएँ और export या share में से जो भी विकल्प उपलब्ध हो, उस पर टैप करें। अब अपने सभी फोन नंबरों को सलेक्ट कर लें और share करने के लिए इ-मेल एड्रेस, व्हाट्सएप्प अकाउंट या किसी भी दूसरे विकल्प का चुनाव कर लें। आप चाहें तो इन्हें ऑनलाइन ड्राइव (माइक्रोसॉफ्ट वन ड्राइव, गूगल ड्राइव) आदि पर भी सेव कर सकते हैं। बाद में जब भी ज़रूरत हो, उन्हें फिर से कॉन्टेक्ट्स एप में लाया जा सकता है।

□

ट्विटर और कू : क्या करे आम आदमी ?

माइक्रोब्लॉगिंग प्लेटफॉर्म ट्विटर राजनेताओं, फिल्मी सितारों और दूसरे चर्चित व्यक्तित्वों के बीच खासा लोकप्रिय है। लेकिन क्या आप हम जैसे लोगों के लिए भी इसकी कोई उपयोगिता है ? शुरुआती दिनों की भाँति ट्विटर को लेकर आम लोगों के मन में थोड़ा असमंजस और थोड़ी अनभिज्ञता है। यह उलझन बरकरार है कि ट्विटर से जुड़ना आखिर क्यों जरूरी है ? भला किसके पास इतना समय है कि वह अपने बारे में लगातार 'स्टेटस मैसेज' भेजता रहे और दूसरे लोगों के बारे में पल-पल की खबर लेता रहे ? यही बात भारतीय माइक्रोब्लॉगिंग नेटवर्क 'कू' पर लागू होती है। बहरहाल, आइए, कुछ संभावनाओं को खँगालते हैं।

यूँ तो ट्विटर और कू भी अन्य इंटरनेट आधारित माध्यमों (जैसे सर्च इंजन, ब्लॉग, वेबसाइट आदि) की ही भाँति सूचनाएँ पाने का जरिया हैं, लेकिन उन्होंने सूचना लेने और देने का तरीका उलट दिया है। जब कोई प्रयोक्ता सर्च इंजन पर जाता है तो वह सूचनाओं की माँग करता है या यूँ कहें कि सूचनाओं को 'पुल' करता है या अपनी ओर खींचता है। इंटरनेट पर अधिकांश स्थानों पर यही मॉडल कार्य करता है। लेकिन ट्विटर पर हमें सूचनाएँ 'पुल' नहीं करनी पड़तीं, वह स्वयं हमें सूचनाएँ देता है, उन्हें हमारी ओर 'पुश' करता है, यानी कि धकेलता है। वहाँ हम सूचनाएँ माँगते नहीं, हमसे जुड़े लोगों द्वारा पोस्ट की गई सूचनाएँ स्वतः हमें प्राप्त होती रहती हैं।

मगर क्या यह हमारे, आपके लिए उपयोगी है ? अधिकांश आम प्रयोक्ताओं को यह लगता है कि हमारे पास ऐसी कौन-सी विशेष सूचना है, जो ट्विटर पर मौजूद लोगों के लिए कोई अहमियत रखती हो ? लेकिन इसके बावजूद आप ट्विटर से किसी-न-किसी रूप में लाभान्वित हो सकते हैं। कल्पना कीजिए कि आपके

इलाके में भूकंप या कोई अन्य प्राकृतिक आपदा आ गई है। देश-विदेश में आपके मित्रों, रिश्तेदारों और शुभचिंतकों के बीच फैली चिंता को आप सिर्फ एक ट्वीट के जरिए एक साथ मिटा सकते हैं। 'चिंता न करें, मैं और मेरा परिवार सकुशल हैं।' और ईश्वर न करे, आपको संकट काल में किसी तरह की मदद की जरूरत है तो उसके लिए भी एक ट्वीट पर्याप्त होनी चाहिए। संकट काल में यह एक अच्छा संदेशवाहक सिद्ध हो सकता है। बहरहाल, रोजमर्रा की जिंदगी में भी ट्विटर की उपयोगिता है।

पढ़िए ताजा खबरें—अगर आपको ताजातरीन खबरें जानने में दिलचस्पी है तो ट्विटर उसका बहुत अच्छा जरिया है। सभी बड़े मीडिया घराने इसके जरिए 'ब्रेकिंग न्यूज' या अपनी 'विशेष खबरों' के बारे में सूचनाएँ देते रहते हैं। आप अपनी पसंद के अंतरराष्ट्रीय, राष्ट्रीय और स्थानीय मीडिया घरानों को फॉलो करना शुरू कर दीजिए और फिर आपको किसी से न स्कोर पूछने की जरूरत रहेगी, न किसी खबर का अपडेट जानने की। यदि आप किसी लेखक, कवि, खोजी पत्रकार या संपादक के प्रशंसक हैं तो उनकी ताजातरीन रचनाओं की जानकारी पाने के लिए भी यह एक बेहतरीन विकल्प है।

रहिए अपडेटेड—अगर आप किसी खास क्षेत्र में कार्यरत हैं और उसमें होनेवाली नवीनतम घटनाओं, उत्पादों, शोध आदि के बारे में अद्यतन रहना जरूरी समझते हैं तो अपने क्षेत्र की महत्त्वपूर्ण कंपनियों को फॉलो करना शुरू कर दीजिए या फिर संबंधित क्षेत्र की प्रमुख वेबसाइटों पर ध्यान केंद्रित कीजिए। आपको बिना खोजबीन के निरंतर नई सूचनाएँ मिलती रहेंगी। यदि आप किसी कंपनी का कंप्यूटर विभाग देखते हैं तो माइक्रोसॉफ्ट, एप्पल कंप्यूटर्स, गूगल, अमेजॉन वेब सर्विसेज, आई.बी.एम., सिस्को, ओपन ऑफिस, लेनोवो आदि को फॉलो कीजिए या फिर कंप्यूटर के क्षेत्र के प्रसिद्ध पत्र-पत्रिकाओं को। कौन-सा उत्पाद या सॉफ्टवेयर नया आया है और किसका नया संस्करण लॉन्च हुआ है, सारी जानकारी आपकी उँगलियों पर होगी।

दीजिए राय—ट्विटर और कू जैसे प्लेटफॉर्म आम आदमी को हर छोटे-बड़े मुद्दे पर अपनी राय देने का मौका प्रदान करते हैं। अगर किसी विषय, घटना, व्यक्ति, उत्पाद, राजनीतिक दल आदि के बारे में आपकी कोई राय या प्रतिक्रिया है तो बेधड़क ट्विटर पर अपनी बात कह डालिए।

कीजिए शिकायत—एक उपभोक्ता के रूप में अगर किसी कंपनी या

उत्पाद से आप निराश, दुःखी या परेशान हैं तो ट्विटर पर अपनी बात कहिए। दर्जनों टेलीफोन कॉल करने और अनगिनत इ-मेल भेजने से भी जिनकी सुनवाई नहीं होती, कई बार ट्विटर पर की गई एक टिप्पणी मात्र उनके लिए कारगर सिद्ध हो जाती है। इसके विपरीत, अगर आपको किसी कंपनी, विभाग आदि की सेवाएँ या उत्पाद अच्छे लगे हैं तो इसी प्लेटफॉर्म पर उसकी तारीफ करने से भी आपको किसी ने रोका नहीं है।

बेचिए उत्पाद—दूसरी हार्डवेयर कंपनियों की ही तरह प्रसिद्ध कंप्यूटर कंपनी डेल के पास पुराने और रिटर्न किए हुए कंप्यूटरों की कमी नहीं है। यह सब उसके ई-कचरे में गिना जाता था। फिर अचानक डेल के अधिकारियों को खयाल आया कि क्यों न ऐसी सामग्री को दुरुस्त कर नए कवर में 'रिफर्बिश' कर सस्ते दामों पर बेचा जाए? मगर सस्ते दामों की सामग्री के लिए प्रचार पर खर्च करना कोई समझदारी नहीं थी। ऐसे में उन्होंने ट्विटर पर 'डेल-आउटलेट' नाम से खाता खोला और औने-पौने दामों पर दिए जाने वाले कंप्यूटरों की सूचना देनी शुरू की। यदि आपके पास भी बेचने के लिए कोई आकर्षक सेवा या उत्पाद है तो आप भी ऐसा कर सकते हैं। डेल ने तो ट्विटर के जरिए करोड़ों की सामग्री बेच डाली है।

पाइए प्रचार—यदि आपका कोई ब्लॉग, वेबसाइट, अखबार, पत्रिका आदि है या फिर आप किसी खास क्षेत्र में लोकप्रिय होने की जुगत में हैं तो ट्विटर मुफ्त की पब्लिसिटी पाने का आसान जरिया हो सकता है। अपने लेखों के लिंक ट्वीट कीजिए और हिट्स बढ़ाइए। अखबार या पत्रिका में कोई विशेष चीज प्रकाशित होने जा रही है या कोई दिलचस्प इंटरव्यू आनेवाला है तो एक साथ हजारों लोगों को सूचित करने के लिए ट्विटर एक अच्छा तरीका है।

ढूँढ़िए जवाब—अगर कोई मुश्किल सवाल आपको परेशान कर रहा है और जवाब ढूँढ़ने से भी नहीं मिल रहा, तो वही सवाल ट्विटर पर दाग दीजिए। देखिए कुछ ही समय में कितने लोग तरह-तरह के जवाब लेकर हाजिर हो जाते हैं! लोग अंग्रेजी शब्दों के अनुवाद से लेकर भौतिकी से जुड़े जटिल प्रश्न तक ट्विटर प्रयोक्ताओं से पूछ रहे हैं।

कीजिए सूचित—अगर आप कोई उद्यमी, कलाकार, हस्तकला विशेषज्ञ, चित्रकार, लेखक, सॉफ्टवेयर डवलपर, वेब निर्माता या व्यवसायी हैं तो अपने नए उत्पाद, कृति या रचना के बाजार में आने की सूचना देने के लिए ट्विटर का प्रयोग कर सकते हैं।

कीजिए भरतियाँ—किसी खास किस्म के कर्मचारी या सहायक की जरूरत है? एक संदेश इस माइक्रोब्लॉगिंग साइट पर भी डालकर देखिए, हो सकता है कि ऐसे बहुत से लोग उसे पढ़ें, जो आपकी जरूरत पर खरे उतरते हैं।

बनाइए मित्र—किसी खास पसंदवाले मित्रों की तलाश करनी हो या खास विचारधारा, मत या दिलचस्पी से जुड़े लोगों तक पहुँचना हो तो फेसबुक की तरह ट्विटर भी काफी कारगर माध्यम सिद्ध हो सकता है।

लीजिए राय—आपका किसी फिल्म को देखने का मन है, लेकिन देखने से पहले आम लोगों की राय लेना चाहते हैं। तपाक से ट्वीट कर पूछ लीजिए कि लोगों को फिल्म कैसी लगी? जवाबों की झड़ी लग जाएगी और आप आसानी से फैसला कर सकेंगे कि थिएटर जाएँ या रहने दें! अगर आप किसी मीडिया संस्थान में काम कर रहे हैं और किसी मुद्दे पर त्वरित सर्वे करना चाहते हैं तो ट्विटर काम का सिद्ध हो सकता है।

माँगिए मदद—कल्पना कीजिए, आपके किसी रिश्तेदार को 'ओ पोजीटिव' रक्त की जरूरत है और आपकी जान-पहचान में कोई उपयुक्त रक्तदाता मौजूद नहीं है, तो ट्विटर को आजमाने में बुराई नहीं है।

आर्थिक पहलू—यदि आपके फॉलोवर्स की संख्या अच्छी-खासी है तो उसे बढ़ाते रहिए। आगे जाकर वह बहुमूल्य सिद्ध होने वाली है। सचिन तेंदुलकर, अमिताभ बच्चन, वीरेंद्र सहवाग, विराट कोहली, प्रियंका चोपड़ा जैसी हस्तियों के लाखों फॉलोवर्स हैं, जिनकी संख्या बड़े-से-बड़े अखबारों के सर्कुलेशन से होड़ लेती है। मार्केटिंग के जमाने में इतनी बड़ी एकमुश्त रीडरशिप के महत्त्व और मूल्य का अंदाजा लगाना मुश्किल नहीं है। बड़े ब्रांडवाले लोग सफल ट्विटर उपयोक्ताओं तक पहुँचकर लंबी चौड़ी डील करते हैं, ताकि वे उनके उत्पादों पर यदा-कदा अच्छी टिप्पणियाँ करते रहें।

ट्विटर और कू जैसे माइक्रोब्लॉगिंग प्लेटफॉर्म के साथ तालमेल बिठाना और उनसे लाभ उठाना मुश्किल नहीं है। थोड़ा रचनात्मक होने की जरूरत है, बस।

□□□